| 화엄학연구소총서 [1] |

화엄경초역해설

월운 해룡 역
신규탁 해설

운당문고

봉은사판 청량소초 현담 전 8권

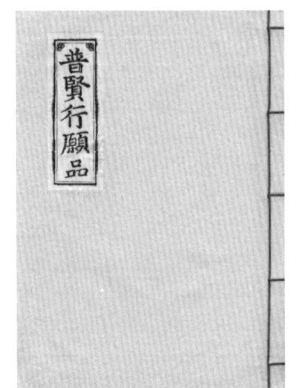 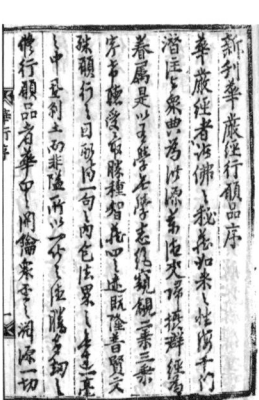

팔공산 동화사판 보현행원품, 쾌선 스님의 친필 서문

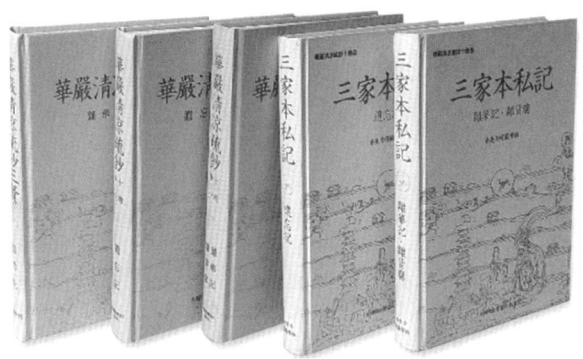

월운 탈초, 화엄경 사기류

월운 편, 화엄경소초과도집

신규탁 영인, 화엄품목

보은의 향을 사르오니

한 소리는 법성교해의 3보님께로

둘째 소리는 시방 국토와 그곳 중생들에게로

마지막 소리는 다경실 역대 조사님들께 올립니다.

脫空 신규탁 합장

개경게
開經偈

무상심심미묘법
無上甚深微妙法

백천만겁난조우
百千萬劫難遭遇

아금견문득수지
我今見聞得受持

원해여래진실의
願解如來眞實義

높고깊은 부처님법

만나옵기 어렵건만

제가이제 받아지녀

참된의미 깨치리다

월운 자서

한 방울의 거품을 보고서 바다 전부를 보았다거나, 한 가닥의 털을 보고 범 전체를 보았다 한다면 어리석은 사람이 아닐 수 없다. 반대로, 바닷물 전체를 마셔본 뒤에야 그 맛을 알겠다거나, 범의 터럭 전부를 세어본 뒤에야 범을 알겠다 한다면 그 또한 어리석은 사람이 아닐 수 없다. 그러므로 우리는 지는 낙엽 하나에서 천하의 가을을 느끼고, 산 너머 떠오르는 연기를 보고 그 밑의 불을 아는 것을 예사로운 지혜로 알고 있다.

이럴 때, 작은 것이 큰 것을 포용하고 큰 것이 작은 것을 포함하는 원리가 있음을 쉽사리 알 수 있는 것이다. 어찌 작은 것과 큰 것뿐이랴! 물질과 정신, 시간과 공간 등등, 모든 유위(有爲)의 법칙은 서로 돕고 서로 파괴하면서 하나의 커다란 조화를 이루는 것이다.

우리는 이 커다란 조화 속에서 '나'라는 환상을 쫓고 쫓기면서 살아간다. '나'의 환영이 '나'의 전부인 줄로 생각하는 관념 때문에 '나'라는 테두리에서 벗어나지 못하고,

지극히 당연한 상태로 받아들이면서 살아간다. 그러나 『화엄경』의 세계에서는 상식적으로는 상상도 할 수 없는 상황이 끝없이 벌어진다.

　더러운 땅인 예토(穢土)에 깨끗한 땅인 정토(淨土)가 전개되기도 하고, 끝없는 구름에서 끝없는 국토가 생기기도 하고, 부처님 속에서 중생이 성불하고, 중생 속에서 부처님이 윤회를 겪으시고, 찰나가 영원이 되고, 미래와 현재의 차이도 없어진다. 그러므로 예부터 이 경을 부사의교법(不思議教法)이니 생각하기 어려운 법문[難思法門]이니 하여 일승궁극(一乘窮極)의 경전으로 추앙하고 있다.

　그러나 여기서는 그러한 어려운 표현에 관계 없이 한 방울의 바닷물로 전체 바다의 맛을 짐작하려는 시도로 80권에 달하는 『화엄경』 중 일상생활에 자주 읽혔으면 하는 부분을 초역(抄譯)하여 화엄세계해(華嚴世界海)의 일지(一指)의 맛을 널리 함께 공양하려 한다.

이상은 노납(老衲)이 서기 1978년 2월 어느 날 『화엄경초역』을 탈고하면서 붙인 역자 서문이다. 40년 하고도 2년이 지난 초겨울, 탈공(脫空)이 가제본 원고를 들고 찾아왔다. 내 번역에 한문 원문을 안배하고, 자신이 닦은 화엄교학 관련 연구를 책 말미에 곁들여 요즘 독자들의 편의를 도모하겠다기에 살펴보았다.

탈공(脫空)은 대학 시절부터 내 앞에서 경을 피기 시작했는데, 그 인연으로 교학에 뜻을 두었다 한다. 동경대학에서 화엄과 선 연구로 박사학위를 받은 뒤 연세대학교에서 교편을 잡고 있다. 대견하게 여기던 바였고 또 『화엄경초역』이 절판되어 아쉬웠던 차 기쁘게 생각한다. 게다가 수종사 금해당(錦海堂) 동산(東山) 상인(上人)의 법공양 발원이 있었다니 고맙고, 바라는 바는 1978년 서문 대로이다.

2020년 12월 8일
다경실 월운 노납 記

목차

- 월운 자서 · 7
- 일러 두기 · 12

제1장 믿음의 대상
1. 부처님의 본체 ················· 15
2. 부처님의 모습 ················· 22
3. 부처님의 원행 ················· 39
4. 무수한 보살 ··················· 45
5. 끝없는 세계 ··················· 90
6. 세계 생성의 원인 ············ 105

제2장 올바른 견해
1. 믿음의 본질 ·················· 109
2. 발심의 공덕 ·················· 116
3. 물러나지 않는 믿음 ········· 123

제3장 수행의 실제
1. 보살의 행동강령 ············· 129
2. 수행의 완성 ·················· 151

- 참고 서적 · 508
- 찾아 보기 · 509
- 탈공 후기 · 515

제4장 깨달음의 경지
1. 묘각에 들어감 ············· 179
2. 보현 보살의 행원 ············· 205

해설
1. 현담으로 풀어 본 화엄교학 ············· 255
2. 금사자로 비유한 법계연기 ············· 335
3. 문답으로 가닥 쳐 읽는 『화엄경』 ············· 373

부록
1. 80화엄경 구조도 ············· 502
2. 3천대천세계설 및 화장세계해도 ············· 504
3. 3천대천세계 구상도 ············· 506

‖ 일러 두기 ‖

1. 한글 번역은 『화엄경초역』(월운 번역, 동국대학교 부설 역경원, 1978)을 사용했다.

2. 한자 원문은 80권본 『대방광불화엄경』(實叉難陀 譯, 대정장 제10권)을 사용했다. 「보현행원품」은 40권본 『화엄경』(般若 譯, 대정장 제10권)을 사용했다.

3. 한글 번역의 출전 표기는 운허 스님이 번역한 『화엄경』(한글대장경 42 상책, 1966)과 『화엄경』(한글대장경 43 하책, 1968), 그리고 『화엄경』(한글대장경 45, 1966)을 사용했다. 앞의 두 책은 80권본을 대본으로 한 번역이고, 뒤의 한 책은 40권본을 대본으로 한 번역이다.

4. 이 책에 사용한 부호는 다음과 같다.
   『   』: 서명
   「   」: 품명
   <   > : 과목명
   대정장 : 大正新修大藏經
   신찬속장 : 卍新纂大日本續藏經
   고려본 : 80권본 『화엄경』(高麗大藏經本)
   한불전 : 韓國佛敎全書
   대만본 : 『大方廣佛華嚴經』(全 10冊, 臺北; 圓道禪院本)
   『청량소초』: 『大方廣佛華嚴經隨疏演義鈔』(奉恩寺本)

제1장 믿음의 대상

깊고도 미묘한 화엄의 세계에는 중생들이 보기에는 모두가 황홀하고 불가사의한 일이 많아 믿음을 내기에 족하다. 먼저 법회의 시작과 부처님의 모습과 원행(願行)에 갖추어진 거룩하심을 듣기로 한다. 다음에 무수한 보살들의 입을 통한 찬탄, 끝없이 펼쳐지는 장엄한 세계 관련 법문을 추려보기로 한다. 모두가 우리들의 믿음을 내게 하는 동기가 될 것이기에 차례로 추려낸다.

1. 부처님의 본체

> **해설**
>
> 부처님의 설법이 이루어지기 위해서는 인연이 구족되어야 한다. 전통적으로 『화엄경』에서는 10종의 인연을 말한다. 첫째는 "내가 이렇게 들었다"라는 대목을 시작으로, 둘째는 '누가·언제·어디서'를 드러내는 대목, 셋째는 법회가 열린 시간을 구체적으로 특정하는 대목, 넷째는 법회 장소를 장엄하는 대목, 다섯째는 교주의 불가사의함을 드러내는 대목, 여섯째는 모인 대중을 나열하는 대목, 일곱째는 모인 대중들이 부처님을 찬탄 인사하는 대목, 여덟째는 공양을 올리는 대목, 아홉째는 천지가 진동하는 등 상서의 대목, 열째는 이상과 같은 현상이 화장세계 모든 곳에서도 일어나고 있다는 대목이다. 이 책에서는 첫째에서 다섯째까지만 추려 번역했다.
>
> 【운허 역 : 상책 pp.1상~2하】
> 【권제1, 세주묘엄품, 대정장10, pp.1중~2상】
> ↳ p.404 참조

제1장 믿음의 대상 15

이렇게 내가 들었다.
如是我聞,

어느 때, 부처님께서는 마가다국의 고요하여 수행하기에 적합한 보리도량에서 처음으로 바른 깨달음을 이루시었다.
一時, 佛在摩竭提國, 阿蘭若法菩提場中, 始成正覺.

그 땅은 금강으로 되었는데 가장 묘한 보배 바퀴와 여러 가지 훌륭한 꽃과 깨끗한 마니 보배로 장엄하게 꾸며져 있었으므로 온갖 빛깔들이 그지없이 나타났다.
其地堅固, 金剛所成. 上妙寶輪, 及衆寶華, 淸淨摩尼, 以爲嚴飾. 諸色相海, 無邊顯現.

마니 보배의 당기는 항상 광명을 놓고, 아름다운 소리를 내며, 보배로 된 그물과 향과 꽃과 영락들이 두루 드리웠고, 마니 보배가 자재하게 변화하여 한량없는 보물을 만들어 내었다. 여러 가지 훌륭한 꽃이 땅 위에 흩어지고, 줄지어 있는 보배 나무에는 가지와 잎이 찬란하게 무성하여 부처님의 신통한 힘으로 이 도량에는 모든 장엄이 그림자처럼 그 속에 나타났다.
摩尼爲幢, 常放光明, 恒出妙音; 衆寶羅網, 妙香華纓, 周匝[1]垂布. 摩尼寶王, 變現自在. 雨無盡寶, 及衆妙華, 分散 於地. 寶樹行列, 枝葉光茂. 佛神力故, 令此道場, 一切莊嚴, 於中影現.

그 보리수는 우뚝하게 높이 솟아 금강으로 밑동이 되고, 유리로 줄기가 되고, 여러 가지 보배로 가지를 이루었으며, 보배로운 잎이 무성하여 구름같이 그늘지고 가지각색의 아름다운 꽃들이 가지마다 만발하여 그림자를 드리웠다.
其菩提樹, 高顯殊特. 金剛爲身, 瑠璃爲幹, 衆雜妙寶, 以爲 枝條. 寶葉扶疏[2], 垂蔭如雲. 寶華雜色, 分枝布影;

또, 마니로 열매가 되어 속으로 비치고 겉으로는 아름답게 꽃과 꽃 사이에 주렁주렁 달렸는데 그 나무들이 둥글게 퍼져 모두 광명을 놓으며, 광명 속에서 마니 보배가 쏟아지고, 마니 속에는 많은 보살이 구름처럼 한꺼번에 나타났다. 또, 여래의 위신력으로 보리수에서 미묘한 음성이 나서 가지가지 법문을 연설하되 끝이 없었다.
復以摩尼, 而爲其果, 含輝[3]發焰[4], 與華間列. 其樹周圓[5],

---

1) 匝; 고려본 帀, 대만본 匝.
2) 疏; 고려본 踈, 대만본 疏.
3) 輝; 고려본 輝, 대만본 暉.
4) 焰; 고려본 㷒. 대만본 㷒.

제1장 믿음의 대상

咸放光明. 於光明中, 雨摩尼寶; 摩尼寶內, 有諸菩薩, 其衆如雲, 俱時出現. 又以如來, 威神力故, 其菩提樹, 恒出妙音, 說種種法, 無有盡極.

여래의 거처하는 궁전과 누각은 넓고 아름답고 엄숙하고 화려하고 시방에 가득하여 가지각색 마니 보배로 이루어졌으며, 여러 가지 훌륭한 꽃으로 장식하였고, 모든 장엄에서는 찬란한 광명이 구름같이 흘러나왔다.

如來所處, 宮殿樓閣, 廣博嚴麗, 充遍[6]十方. 衆色摩尼之所集成. 種種寶華, 以爲莊校, 諸莊嚴具, 流光如雲.

궁전 사이에서는 그림자가 모여 당기가 되었고 한량없는 보살과 도량에 모인 대중들이 다 거기에 모였으며, 광명과 불가사의한 소리를 내는 마니 보배로 그물이 되어 있어, 여래의 자재한 신통의 힘과 모든 경계가 모두 그 속에서 나오고, 온갖 중생과 거처하는 집들이 모두 그 가운데 영상처럼 나타났으며, 부처님의 신통한 힘으로 잠깐 사이에 법계를 둘러쌌다.

從宮殿間, 萃影成幢. 無邊菩薩, 道場衆會, 咸集其所. 以能出現諸佛光明, 不思議音, 摩尼寶王, 而爲其網, 如來自在,

---

5) 圓; 고려본 圓, 대만본 圍.
6) 遍; 고려본 徧, 대만본 遍.

神通之力, 所有境界, 皆從中出. 一切衆生, 居處屋宅, 皆於此中, 現其影像. 又以諸佛, 神力所加, 一念之間, 悉包法界.

그 사자좌는 높고 넓고 기묘하고 훌륭하여 마니로 좌대가 되고 연꽃으로 그물이 되고 청정한 보배로 바퀴가 되고 여러 빛깔의 꽃으로 영락이 되고, 전당과 누각의 섬돌과 창호와 모든 물상이 알맞게 장엄되었으며, 보배 나무의 가지와 열매가 주위에 줄지어 있으며, 마니의 광명이 서로서로 비치는데 시방의 부처님이 변화하여 나타내는 구슬과 여러 보살의 상투에 있는 보배에서 광명을 놓아 보내어 찬란하게 비치었다.

其師子座, 高廣妙好; 摩尼爲臺, 蓮華爲網, 清淨妙寶, 以爲其輪, 衆色雜華, 而作瓔珞. 堂榭樓閣, 階砌戶牖, 凡諸物像, 備體莊嚴; 寶樹枝果, 周迴間列. 摩尼光雲, 互相照耀. 十方諸佛, 化現珠玉,[7] 一切菩薩, 髻中妙寶, 悉放光明, 而來瑩燭.

다시 부처님들의 위신력으로 가피하심을 받아, 여래의 크고 넓은 경지를 연설하니 미묘한 음성이 멀리 퍼져 들리지 않는 곳이 없었다.

---

7) 玉; 고려본 玉, 대만본 王.

復以諸佛威神所持, 演說如來廣大境界, 妙音遐暢, 無處不及.

그때, 세존께서 이 사자좌에 앉아 온갖 법에서 가장 바른 깨달음을 이루시니, 지혜는 3세에 들어가 모두 평등하여지고, 몸은 모든 세간에 가득하고, 음성은 시방세계의 언어에 순응하시니, 마치 허공이 여러 가지 물상을 포함하고 있으면서도 모든 경계에 차별이 없는 것 같았으며, 또 허공이 온갖 것에 두루 하여 여러 세계에 평등하게 따라주는 것과도 같았다.

爾時, 世尊處于此座, 於一切法, 成最正覺. 智入三世, 悉皆平等. 其身, 充滿一切世間, 其音, 普順十方國土. 譬如虛空, 具含衆像, 於諸境界, 無所分別. 又如虛空, 普遍[8]一切, 於諸國土, 平等隨入.

몸은 모든 도량에 헝싱 앉아 계시되 보살 대중 가운에 위엄과 빛나심이 혁혁하여 마치 찬란한 햇빛이 세계에 비치는 것 같았으며, 과거, 현재, 미래에 지으신 복덕의 바다가 모두 청정해졌고, 여러 부처님 나라에 항상 일부러 태어나시며, 그지없는 몸매와 원만한 광명이 온 법계에 두루 하되 평등하여 차별이 없으시고, 모든 법을 연설하심

---

8) 遍; 고려본 偏, 대만본 遍.

은 큰 구름이 일어나는 듯하였다.

身恒遍坐, 一切道場, 菩薩衆中, 威光赫奕, 如日輪出, 照明世界. 三世所行, 衆福大海, 悉已淸淨, 而恒示生, 諸佛國土. 無邊色相, 圓滿光明, 遍周法界, 等無差別. 演一切法, 如布大雲.

털끝마다 온갖 세계를 받아들이되 서로 장애되지 아니하며, 제각기 한량없는 신통한 힘을 나타내어 모든 중생을 교화하여 조복하시고, 몸이 시방세계에 두루 하면서도 오고가는 일이 없으셨다.

一一毛端, 悉能容受一切世界, 而無障礙. 各現無量神通之力, 敎化調伏一切衆生. 身遍十方, 而無來往,

지혜는 모든 겉모양에 들어가 법이 비고 고요함을 알았으며, 3세의 부처님들이 갖고 계신 신통 변화를 광명 속에서 모두 보게 되고, 온갖 부처님 세계와 불가사의한 겁에 있는 장엄을 모두 나타나게 하였다.

智入諸相, 了法空寂. 三世諸佛, 所有神變, 於光明中, 靡不咸睹[9]; 一切佛土, 不思議劫, 所有莊嚴, 悉令顯現.

---

9) 睹; 고려본 覩, 대만본 睹.

2. 부처님의 모습

해설

위에서도 말한 바와 같이, 이 경은 부사의한 경이다. 중생들의 분별심으로는 상상해서 알기 힘들다. 그러기에 옛 어른들은 10현(玄)의 무진법문[10]이라 하여, 열 겹, 스무 겹의 현묘한 법문이라 말씀하셨다. 부처님의 본체가 온 공간과 시간에 두루 하셨다 하니, 정반왕궁에 화생하신 석가부처님만이 아님은 자명한 일이다. 이럴 때의 부처님을 법신(法身)이라 한다.

이 법신의 모습은 어떻게 생겼을까? 「여래십신상해품 제34」에서 부처님 몸매를 18곳으로 나눠 보현 보살이 소개한다. 18곳이란, 정수리(32), 미간(1), 눈(1), 코(1), 혀(4), 입 윗잇몸(1), 어금니(4), 이(1), 입술(1), 목(1), 어깨(5), 가슴(11), 손(13), 부자지(1), 볼기(2), 넓적다리(2), 장딴지(2), 발(13) 등에 따른 이루 헤아릴 수 없는 종류의 상서와 명칭과 공덕을 열거하는데, 무려 97가지에 이르고 있다.

그러나 실은 끝없는 수효의 장엄이 있으니, 이 품의

---

10) 이 책의 [해설 2] 「금사자로 비유한 법계연기」(p.351 참조)

> 끝에 말씀하시기를, "불자여, 비로자나 여래는 이러한
> 이러한 열 화장세계바다의 티끌 수 거룩한 모습이 있
> 으니 낱낱 몸에 여러 보배 묘한 모양으로 장엄하였느
> 니라"라고 하셨다. 실로 하품이 날 지경이다.
> 이 책에서는 정수리에 있는 32종 장엄만 소개한다.
>
> 【운허 역 : 하책 pp.133상~137상】
> 【권제48, 여래십신상해품 제34, 대정장10, pp.251중~252하】
> ↳ p.434 참조

그때 보현 보살 마하살이 여러 보살에게 말하였다.
爾時, 普賢菩薩摩訶薩告諸菩薩言.

"불자여, 이제 당신들에게 여래의 (첫째) 모습바다를 말하리라."
佛子, 今當爲汝演說如來所有相海.

"불자여, 여래의 정수리에 보배로 장엄한 32가지 거룩한 모습이 있느니라."
佛子, 如來頂上有三十二寶莊嚴大人相.

"그 가운데 한 거룩한 모습이 있으니, 이름이 '모든 방위

제1장 믿음의 대상 23

에 비치는 한량없는 큰 광명 그물을 두루 놓음'11)이다. 온갖 기묘한 보배로 장엄하였고, 보배로운 머리카락이 두루하여 보드랍고 치밀한데, 낱낱이 마니 보배 광명을 놓아 그지없는 모든 세계에 가득하여 빛깔이 원만한 부처님 몸을 나타내니, 이것이 첫째 모습이니라."
其中有大人相, 名光照一切方普放無量大光明網. 一切妙寶以爲莊嚴; 寶髮周遍, 柔軟密緻, 一一咸放摩尼寶光, 充滿一切無邊世界, 悉現佛身, 色相圓滿. 是爲一.

"다음에 또 거룩한 모습이 있으니, 이름이 '부처 눈의 광명 구름'이다. 아주 큰 마니 구슬로 장엄하였고, 발하는 금빛은 미간 백호상에서 놓는 광명과 같아서 일체 세계에 비추나니, 이것이 둘째 모습이니라."
次有大人相, 名佛眼光明雲. 以摩尼王種種莊嚴; 出金色光, 如眉間毫相所放光明, 其光普照一切世界, 是爲二.

"다음에 또 거룩한 모습이 있으니, 이름이 '법계에 가득한 구름'이다. 가장 묘한 보배 바퀴로 장엄하였으며, 여래의

---

11) 월운 스님은 보살의 이름, 삼매의 이름, 광명의 이름, 당기의 이름, 곳간의 이름 등을 모두 우리말로 풀어서 번역했다. 『화엄경』에서는 이런 명칭 모두가 의미가 있어 경의 내용 이해에 중요하다. 이 점은 운허 스님의 번역도 동일.

복과 지혜 등불의 광명을 놓아 시방 일체 법계의 세계바다에 두루 비추며, 그 가운데 모든 부처님과 보살들을 두루 나타내나니, 이것이 셋째 모습이니라."

次有大人相, 名充滿法界雲. 上妙寶輪以爲莊嚴, 放於如來福智燈明, 普照十方一切法界、諸世界海, 於中普現一切諸佛及諸菩薩. 是爲三.

"다음에 또 거룩한 모습이 있으니, 이름이 '나타내어 널리 비추는 구름'이다. 순금 마니로 갖가지로 장엄하였고, 그 묘한 보배들이 모두 광명을 놓아 불가사의한 여러 부처님의 국토에 비추고, 모든 부처님이 그 속에 나타나나니, 이것이 넷째 모습이니라."

次有大人相, 名示現普照雲. 眞金摩尼種種莊嚴, 其諸妙寶, 咸放光明, 照不思議諸佛國土, 一切諸佛於中出現. 是爲四.

"다음에 또 거룩한 모습이 있으니, 이름이 '보배 광명 놓는 구름'이다. 아주 큰 마니 구슬로 청정하게 장엄하였고, '바이두우리야' 보배로 꽃술이 되었는데 빛이 시방의 모든 법계에 비추고 그 속에서 가지가지 신통 변화를 나타내어 여래가 옛적에 행하시던 지혜와 공덕을 찬탄하나니, 이것이 다섯째니라."

次有大人相, 名放寶光明雲. 摩尼寶王淸淨莊嚴, 毘瑠璃寶以爲華鬘, 光照十方一切法界, 於中普現種種神變, 讚歎如來往昔所行智慧功德. 是爲五.

"다음에 또 거룩한 모습이 있으니, 이름이 '여래를 나타내어 법계에 두루 하고 크게 자유자재하는 구름'이다. 보살이 신통 변화하는 보배 불꽃 마니로 관이 되고, 여래의 힘을 갖추어 모든 것을 깨닫는 보배 불꽃 광명 바퀴로 화만(화환)이 되었는데 그 빛이 시방세계에 비추어, 그 속에 모든 여래가 도량에 앉았으며, 온갖 지혜구름이 허공과 한량없는 법계에 가득함을 나타내나니, 이것이 여섯째니라."

次有大人相, 名示現如來遍法界大自在雲. 菩薩神變寶焰摩尼以爲其冠, 具如來力, 覺悟一切. 寶焰光輪以爲其鬘, 其光普照十方世界, 於中示現一切如來坐於道場, 一切智雲充滿虛空無量法界. 是爲六.

"다음에 또 거룩한 모습이 있으니, 이름이 '여래의 넓은 등불구름'이다. 법계의 국토를 진동하는 크게 자유자재한 보배 바다로 장엄하였고, 깨끗한 광명을 놓아 법계에 가득하며 그 속에 시방 보살들의 공덕바다와 과거, 현재, 미래의 부처님의 지혜 당기바다를 널리 나타내나니, 이것이 일곱째니라."

次有大人相, 名如來普燈雲. 以能震動法界國土, 大自在寶海而爲莊嚴. 放淨光明, 充滿法界, 於中普現十方諸菩薩功德海、過現未來佛智慧幢海. 是爲七."

"다음에 또 거룩한 모습이 있으니, 이름이 '부처님들을 두루 비추는 광대한 구름'이다. 인드라 보배와 여의왕 보배와 마니왕 보배로 장엄하였고, 보살의 불꽃 등불 광명을 놓아 사방의 일체 세계에 비추며, 그 속에 모든 부처님의 여러 빛깔과 큰 음성과 청정한 힘을 나타내나니, 이것이 여덟째니라."

次有大人相, 名普照諸佛廣大雲. 因陀羅寶, 如意王寶, 摩尼王寶, 以爲莊嚴, 常放菩薩焰燈光明, 普照十方一切世界, 於中顯現一切諸佛衆色相海、大音聲海、淸淨力海. 是爲八.

"다음에 또 거룩한 모습이 있으니, 이름이 '원만한 광명구름'이다. 가장 묘한 유리와 마니왕으로 된 가지가지 보배꽃으로 장엄하였고, 모든 보배에서 내는 큰 불꽃그물이 시방세계에 가득하였는데, 여래가 그 앞에 앉아서 부처님과 보살들의 법신의 공덕을 찬탄함을 모든 중생이 보고, 여래의 청정한 경계에 들게 하나니, 이것이 아홉째니라."

次有大人相, 名圓滿光明雲. 上妙瑠璃摩尼王種種寶華以爲莊嚴, 一切衆寶舒大焰網, 充滿十方一切世界, 一切衆生悉見如來現坐其前, 讚歎諸佛及諸菩薩法身功德, 令入如來淸淨境界. 是爲九.

"다음에 또 거룩한 모습이 있으니, 이름이 '모든 보살의 수행의 광[藏]을 비추는 광명구름'이다. 여러 보배로 된 묘한 꽃으로 장엄하였고, 보배 광명이 한량없는 세계에 비추고 보배 불꽃이 모든 국토에 덮이어 시방의 법계가 걸림 없이 통달하며 부처의 음성을 진동하여 법을 연설하나니, 이것이 열째이니라."

次有大人相, 名普照一切菩薩行藏光明雲. 衆寶妙華以爲莊嚴, 寶光普照無量世界, 寶焰普覆一切國土, 十方法界通達無礙, 震動佛音, 宣暢法海. 是爲十.

"다음에 또 거룩한 모습이 있으니, 이름이 '넓은 광명 비추는 구름'이다. '바이두우리아'와 '인드라'와 금강 마니 보배로 장엄히었고, 유리 보배 광명의 빛깔이 밝게 사무쳐 모든 세계바다에 널리 비추며, 묘한 음성을 내어 법계에 가득하며 이런 것이 다 부처님들의 지혜와 큰 공덕바다로부터 나타나는 것이니, 이것이 열하나째니라."

次有大人相, 名普光照耀雲. 毘瑠璃、因陀羅、金剛摩尼寶, 以爲莊嚴. 瑠璃寶光色相明徹, 普照一切諸世界海, 出妙音聲, 充滿法界, 如是皆從諸佛智慧大功德海之所化現. 是爲十一.

"다음에 또 거룩한 모습이 있으니, 이름이 '바로 깨달은 구름'이다. 여러 가지 보배 꽃으로 장엄하였고 그 보배 꽃들이 광명을 놓는데, 광명마다 여래가 도량에 앉아서 그지없는 세계에 가득하였으며, 여러 세계가 모두 청정하여 온갖 허망한 생각과 분별을 영원히 끊게 하나니, 이것이 열둘째이니라."

次有大人相, 名正覺雲. 以雜寶華而爲莊嚴. 其諸寶華, 悉放光明, 皆有如來坐於道場, 充滿一切無邊世界, 令諸世界普得淸淨, 永斷一切妄想分別. 是爲十二.

"다음에 또 거룩한 모습이 있으니, 이름이 '빛나는 광명이 비추는 구름'이다. 보배 꽃의 광명바다의 심왕(心王) 마니로 장엄하였고 큰 광명을 놓으며 광명 가운데는 한량없는 보살과 보살들이 행하던 행을 나타내며, 일체 여래의 지혜 몸과 법신과 여러 빛깔바다가 법계에 가득하나니, 이것이 열셋째이니라."

次有大人相, 名光明照曜[12]雲. 以寶焰[13]藏海心王摩尼而爲莊嚴. 放大光明, 光中顯現無量菩薩, 及諸菩薩所行之行, 一切如來智身、法身、諸色相海, 充滿法界. 是爲十三.

---

12) 曜; 고려본 曜, 대만본 耀.
13) 焰; 고려본 焰, 대만본 燄.

"다음에 또 거룩한 모습이 있으니, 이름이 '장엄이 널리 비추는 구름'이다. 금강 꽃과 '바이두우리야' 보배로 장엄하였고, 큰 광명을 놓으니 광명 속에 큰 보배 연꽃 사자좌가 있어 고루 장엄하여 법계를 두루 덮었으며 저절로 보살의 네 가지 행을 연설하여 그 음성이 법계바다에 두루 하나니, 이것이 열넷째이니라."

次有大人相, 名莊嚴普照雲. 以金剛華、毘瑠璃寶而爲莊嚴. 放大光明, 光中有大寶蓮華座, 具足莊嚴, 彌覆法界, 自然演說四菩薩行, 其音普遍諸法界海. 是爲十四.

"다음에 또 거룩한 모습이 있으니, 이름이 '부처의 삼매바다의 행을 나타내는 구름'이다. 한 생각 동안에 여래의 한량없는 장엄을 나타내어 일체 법계의 불가사의한 법계바다를 두루 장엄하나니, 이것이 열다섯째이니라."

次有大人相, 名現佛三昧海行雲. 於一念中, 示現如來無量莊嚴, 普遍莊嚴一切法界不思議世界海. 是爲十五.

"다음에 또 거룩한 모습이 있으니, 이름이 '변화바다가 두루 비추는 구름'이다. 수미산 같은 묘한 보배 연꽃으로 장엄하였고, 여러 보배 광명이 부처의 서원으로부터 나서 모든 변화를 나타냄이 다하지 않나니, 이것이 열여섯째이니라."

次有大人相, 名變化海普照雲. 妙寶蓮華如須彌山, 以爲莊嚴. 衆寶光明從佛願生, 現諸變化, 無有窮盡. 是爲十六.

"다음에 또 거룩한 모습이 있으니, 이름이 '여래의 해탈한 구름'이다. 청정하고 묘한 보배로 장엄하였고, 큰 광명을 놓아 모든 부처의 사자좌를 장엄하며, 온갖 부처님 형상과 한량없는 불법과 부처의 세계바다를 나타내나니, 이것이 열일곱째이니라."

次有大人相, 名一切如來解脫雲. 淸淨妙寶以爲莊嚴, 放大光明, 莊嚴一切佛師子座, 示現一切諸佛色像, 及無量佛法、諸佛刹海. 是爲十七.

"다음에 또 거룩한 모습이 있으니, 이름이 '자유자재한 방편으로 두루 비추는 구름'이다. '바이두우리야' 꽃과 진금의 연꽃과 마니왕 등과 묘한 법의 불꽃구름으로 장엄하였고, 모든 부처의 보배 불꽃과 빽빽한 구름의 청정한 광명이 법계에 가득 찼는데, 그 가운데 모든 묘하고 훌륭한 장엄거리를 나타내나니, 이것이 열여덟째이니라."

次有大人相, 名自在方便普照雲. 毘瑠璃華、眞金蓮華、摩尼王燈、妙法焰14)雲, 以爲莊嚴. 放一切諸佛寶焰15)密雲, 淸淨

---

14) 焰; 고려본 焰, 대만본 燄.

光明, 充滿法界, 於中普現一切妙好莊嚴之具. 是爲十八.

"다음에 또 거룩한 모습이 있으니, 이름이 '부처의 종성(種性)을 깨달은 구름'이다. 한량없는 보배 광명으로 장엄하였고, 살이 천 개인 바퀴를 갖추어 안팎이 청정하니, 옛날의 착한 뿌리로 난 것이며 그 빛이 시방세계에 두루 비추어 지혜의 바다를 나타내고 법바다를 선포하나니, 이것이 열아홉째이니라."

次有大人相, 名覺佛種性雲. 無量寶光以爲莊嚴, 具足千輪, 內外淸淨, 從於往昔善根所生, 其光遍照十方世界, 發明智日, 宣布法海. 是爲十九.

"다음에 또 거룩한 모습이 있으니, 이름이 '모든 여래의 모양을 나타내는 자재한 구름'이다. 뭇 보배 영락과 유리 보배 꽃으로 장엄하였고, 큰 보배 불꽃을 내어 법계에 가득하며, 그 속에 온갖 부처 세계의 티끌 수 같은 과거, 미래, 현재의 한량없는 부처님을 나타내는데, 사자왕 같이 용맹하여 두려움이 없으며 빛깔과 지혜가 모두 구족하나니, 이것이 스무째이니라."

次有大人相, 名現一切如來相自在雲. 衆寶瓔珞、瑠璃寶華,

---

15) 焰: 고려본 焰, 대만본 燄.

以爲莊嚴, 舒大寶焰[16], 充滿法界, 於中普現等一切佛刹微塵數, 去、來、現在, 無量諸佛, 如師子王, 勇猛無畏, 色相、智慧, 皆悉具足. 是爲二十.

"다음에 또 거룩한 모습이 있으니, 이름이 '일체 법계를 두루 비추는 구름'이다. 여래의 보배 형상으로 청정하게 장엄하였고, 큰 광명을 놓아 법계를 널리 비추며, 한량없고 그지없는 모든 부처와 보살의 지혜의 광을 나타내나니, 이것이 스물하나째이니라."

次有大人相, 名遍照一切法界雲. 如來寶相清淨莊嚴, 放大光明, 普照法界, 顯現一切無量無邊諸佛菩薩智慧妙藏. 是爲二十一.

"다음에 또 거룩한 모습이 있으니, 이름이 '비로자나 여래의 형상구름'이다. 묘한 보배 꽃과 '바이두우리아'의 청정한 달로 장엄하였고, 모두 한량없는 백천만 억 마니 광명을 놓아 온갖 허공과 법계에 비추며, 그 가운데 한량없는 부처 세계를 나타내는데 다 여래께서 가부하고 앉았으니, 이것이 스물둘째이니라."

次有大人相, 名毘盧遮那如來相雲. 上妙寶華及毘瑠璃清淨妙

---

16) 焰; 고려본, 대만본 燄.

月, 以爲莊嚴, 悉放無量百千萬億摩尼寶光, 充滿一切虛空法界, 於中示現無量佛刹, 皆有如來結跏趺坐. 是爲二十二.

"다음에 또 거룩한 모습이 있으니, 이름이 '모든 부처의 광명구름'이다. 여러 보배로 된 묘한 등불로 장엄하였고, 깨끗한 광명을 놓아 시방의 온갖 세계에 비추어 부처님들의 법륜 굴리는 일을 나타내나니, 이것이 스물셋째이니라."

次有大人相, 名普照一切佛光明雲. 衆寶妙燈以爲莊嚴, 放淨光明, 遍照十方一切世界, 悉現諸佛轉於法輪. 是爲二十三.

"다음에 또 거룩한 모습이 있으니, 이름이 '모든 장엄을 두루 나타내는 구름'이다. 여러 가지 보배 꽃으로 장엄하였고, 깨끗한 광명을 놓아 법계에 가득하며, 순간순간마다 말할 수 없이 많은 모든 부처님이 여러 보살과 함께 도량에 앉아 있음을 나타내나니, 이것이 스물넷째이니라."

次有大人相, 名普現一切莊嚴雲. 種種寶焰[17]以爲莊嚴, 放淨光明, 充滿法界, 念念常現不可說不可說一切諸佛與諸菩薩, 坐於道場. 是爲二十四.

---

17) 焰; 고려본, 대만본 燄.

"다음에 또 거룩한 모습이 있으니, 이름이 '온갖 법계의 음성을 내는 구름'이다. 마니바다의 가장 묘한 전단으로 장엄하였고, 큰 불꽃그물을 펴서 법계에 가득하며, 그 속에서 미묘한 음성을 내어 중생들의 모든 업바다를 보이나니, 이것이 스물다섯째이니라."

次有大人相, 名出一切法界音聲雲. 摩尼寶海、上妙栴檀, 以爲莊嚴, 舒大焰18)網, 充滿法界, 其中普演微妙音聲, 示諸衆生一切業海. 是爲二十五.

"다음에 또 거룩한 모습이 있으니, 이름이 '여러 부처님의 변화하는 바퀴를 두루 비추는 구름'이다. 여래의 청정한 눈으로 장엄하였고, 빛이 시방의 모든 세계에 비추며, 그 속에 과거, 미래, 현재의 부처님이 가지신 온갖 장엄거리를 나타내고, 또 묘한 음성을 내어 헤아릴 수 없는 광대한 법바다를 연설하나니, 이것이 스물여섯째이니라."

次有大人相, 名普照諸佛變化輪雲. 如來淨眼以爲莊嚴, 光照十方一切世界, 於中普現, 去、來、今佛所有一切莊嚴之具; 復出妙音, 演不思議廣大法海. 是爲二十六.

"다음에 또 거룩한 모습이 있으니, 이름이 '빛으로 부처바

---

18) 焰; 고려본, 대만본 燄.

다를 비추는 구름'이다. 그 광명이 일체 세계를 두루 비추어 법계가 끝나도록 장애함이 없고, 여래가 다 있어 가부하고 앉았나니, 이것이 스물일곱째이니라."

次有大人相, 名光照佛海雲. 其光普照一切世界, 盡于[19)]法界, 無所障礙, 悉有如來結跏趺坐. 是爲二十七.

"다음에 또 거룩한 모습이 있으니, 이름이 '보배 등불구름'이다. 여래의 광대한 광명을 놓아 시방의 일체 법계를 비추며, 그 가운데 모든 부처님과 보살과 불가사의한 중생바다를 두루 나타내나니, 이것이 스물여덟째이니라."

次有大人相, 名寶燈雲. 放於如來廣大光明, 普照十方一切法界, 於中普現一切諸佛及諸菩薩不可思議諸衆生海. 是爲二十八.

"다음에 또 거룩한 모습이 있으니, 이름이 '법계의 차별 없는 구름'이다. 여래의 큰 지혜 광명을 놓아 시방의 모든 부처님 국토와 일체 보살의 도량에 모인 대중과 한량없는 법바다를 두루 비치며, 그 가운데 가지가지 신통을 두루 나타내고, 또 아름다운 소리를 내어 중생들의 원하는 마음을 따라 보현 보살의 행과 원을 연설하여 회향케 하나

---

19) 于; 고려본 于, 대만본 於.

니, 이것이 스물아홉째이니라."
次有大人相, 名法界無差別雲. 放於如來大智光明, 普照十方 諸佛國土、一切菩薩道場衆會無量法海, 於中普現種種神通; 復出妙音, 隨諸衆生心之所樂, 演說普賢菩薩行願, 令其迴 向. 是爲二十九.

"다음에 또 거룩한 모습이 있으니, 이름이 '일체 세계바다 [世界海]에 편안히 머물러 널리 비추는 구름'이다. 보배 광명을 놓아 모든 허공과 법계에 가득하며, 그 가운데 깨 끗하고 묘한 도량과 부처와 보살의 장엄한 몸을 나타내어 보는 이에게 볼 것이 없게 하나니, 이것이 서른째이니라."
次有大人相, 名安住一切世界海普照雲. 放寶光明, 充滿一切 虛空法界, 於中普現淨妙道場, 及佛菩薩莊嚴身相, 令其見 者, 得無所見. 是爲三十.

"다음에 또 거룩한 모습이 있으니, 이름이 '온갖 보배의 깨끗한 빛 불꽃구름'이다. 한량없는 부처와 보살이 마니 보배의 청정한 광명을 놓아 시방의 모든 법계를 널리 비 추며, 그 가운데 여러 보살바다를 나타내는데, 모두 여래 의 신통한 힘을 갖추고 시방의 모든 허공과 온갖 세계를 다니나니, 이것이 서른한째이니라."
次有大人相, 名一切寶淸淨光焰雲. 放於無量諸佛菩薩摩尼妙寶淸淨光明, 普照十方一切法界, 於中普現諸菩薩海, 莫不具足如來神力, 常遊十方盡虛空界一切刹網. 是爲三十一.

"다음에 또 거룩한 모습이 있으니, 이름이 '일체 법계에 두루 비추는 장엄구름'이다. 정수리의 한복판에 있는데 차례대로 불룩불룩한 염부단금의 인드라 그물로 장엄하였고, 깨끗한 광명구름을 놓아 법계에 가득하였으며, 잠깐잠깐 동안에 모든 세계에 있는 부처와 보살의 도량에 모인 대중을 항상 나타내나니, 이것이 서른두째이니라."
次有大人相, 名普照一切法界莊嚴雲. 最處於中, 漸次隆起, 閻浮檀金、因陀羅網, 以爲莊嚴, 放淨光雲, 充滿法界, 念念常現一切世界、諸佛菩薩道場衆會. 是爲三十二.

"불자여, 여래의 정수리에 이러한 서른두 가지 거룩한 모습이 있어 훌륭하게 장엄하였느니라."
佛子, 如來頂上, 有如是三十二種大人相, 以爲嚴好.

3. 부처님의 원행

> **해설**
>
> 앞의 「여래십신상해품 제34」와 같이 온갖 상호가 구족하신 부처님, 즉 비로자나 부처님의 본체는 그 원행에 따라 항상 어디에나 계시건만 찾으면 쉽사리 눈에 뜨이지 않는다.
>
> 부처님은 그 모습만이 불가사의할 뿐 아니라, 「불부사의법품 제33」에서 설하듯 (1)머무시는 국토, (2)본래의 서원, (3)종성, (4)출현, (5)몸, (6)음성, (7)지혜, (8)자유자재하심, (9)걸림 없음, (10)해탈 등에도 각각 열 가지씩 끝이 없이 불가사의하다.
>
> 이하에서는 (1)의 국토 중에서 부처님의 '상주 법문(法門)'과 '두루 하신 법계(法界)' 부분만 소개하기로 한다.
>
> 【운허 역 : 하책 pp.104상~105상】
> 【권제46, 불부사의법품 제33, 대정장10, pp.242상~242중】
> ↳ p.434 참조

그때 모인 대중 가운데서 여러 보살은 이런 생각을 하였다.
爾時, 大會中有諸菩薩作是念.

'부처님들의 국토가 어찌하여 헤아릴 수 없으며, 부처님들의 본래 서원이 어찌하여 헤아릴 수 없으며, 부처님들의 종성이 어찌하여 헤아릴 수 없으며, 부처님들의 나타나심이 어찌하여 헤아릴 수 없으며, 부처님들의 몸이 어찌하여 헤아릴 수 없으며, 부처님들의 음성이 어찌하여 헤아릴 수 없으며, 부처님들의 지혜가 어찌하여 헤아릴 수 없으며, 부처님들의 자유자재하심이 어찌하여 헤아릴 수 없으며, 부처님들의 걸림 없음이 어찌하여 헤아릴 수 없으며, 부처님들의 해탈이 어찌하여 헤아릴 수 없는가?'
諸佛國土云何不思議. 諸佛本願云何不思議. 諸佛種性云何不思議. 諸佛出現云何不思議. 諸佛身云何不思議. 諸佛音聲云何不思議. 諸佛智慧云何不思議. 諸佛自在云何不思議. 諸佛無礙云何不思議. 諸佛解脫云何不思議.

그때 세존께서 보살들의 생각하는 바를 아시고, 곧 신통력으로 가피하시어 가지하시며, 지혜로 거두어 잡으시며, 광명으로 비추시며, 위엄으로 가득하게 하시어, 청련화장보살에게 부처님의 두려움 없음에 머물게 하며, 부처님의 법계에 들어가서 부처님의 위엄과 공덕을 얻게 하며, 신통이 자유자재하게 하며, 부처님의 걸림 없이 광대하게 관찰함을 얻게 하며, 모든 부처님의 종성의 차례를 알게 하며, 말할 수 없는 부처님 법의 방편에 머물게 하시었다.
爾時, 世尊知諸菩薩心之所念, 則以神力加持, 智慧攝受, 光明照曜[20], 威勢充滿, 令青蓮華藏菩薩住佛無畏, 入佛法界, 獲佛威德神通自在, 得佛無礙廣大觀察, 知一切佛種性次第, 住不可說佛法方便.

그때 청련화장 보살은 능히 걸림 없는 법계를 통달하고, 장애를 여읜 깊은 행에 편안히 머물고, 보현의 큰 서원을 만족하고, 모든 부처님의 법을 알아보고, 크게 가엾이 여기는 마음으로 중생을 살피고 청정하게 하며 부지런히 수습하게 하며 피곤해하거나 게으르지 않게 하여 모든 보살의 법을 받아 행하게 하고, 잠깐 사이에 부처의 지혜를 내어 다하지 않는 모든 지혜의 문을 알았으며, 모두 지니는 일과 변재를 다 구족하고, 부처님의 신통한 힘을 받아 연화장 보살에게 말하였다.
爾時, 青蓮華藏菩薩, 則能通達無礙法界, 則能安住離障深行, 則能成滿普賢大願, 則能知見一切佛法; 以大悲心觀察衆生, 欲令清淨, 精勤修習, 無有厭怠, 受行一切諸菩薩法. 於一念

---

20) 曜; 대만본 耀.

中, 出生佛智, 解了一切無盡智門, 總持、辯才皆悉具足. 承佛神力, 告蓮華藏菩薩言.

"불자여, 부처님 세존께는 한량없는 머무름이 있으니, 항상 큰 자비에 머무시며, 가지가지 몸에 머물러 부처의 일을 지으며, 평등한 뜻에 머물러 청정한 법 바퀴를 굴리며, 네 가지 변재에 머물러 한량없는 법을 말씀하며, 헤아릴 수 없는 모든 부처님 법에 머무시며, 청정한 음성에 머물러 한량없는 국토에 두루 하며, 말할 수 없는 깊은 법계에 머무시며, 가장 수승한 모든 신통을 나타내는 데 머무시며, 장애가 없는 최고의 법을 열어 보이는 데 머무시느니라."

佛子, 諸佛世尊有無量住. 所謂, 常住大悲; 住種種身, 作諸佛事; 住平等意, 轉淨法輪; 住四辯才, 說無量法; 住不思議一切佛法; 住清淨音, 遍無量土; 住不可說甚深法界; 住現一切最勝神通; 住能開示無有障礙究竟之法.

"불자여, 부처님 세존에게 열 가지 법이 있어 한량없고 그지없는 법계에 두루 하나니, 무엇이 열인가? 모든 부처님에게 그지없이 청정한 몸이 있어 여러 길에 들어가되 물들지 않으며, 모든 부처님에게 그지없고 막힘없는 눈이 있어 온갖 법을 모두 분명하게 보며, 모든 부처님에게 그지없고 막힘없는 귀가 있어 온갖 음성을 모두 알며, 모든 부처님에게 그지없는 코가 있어 부처님의 자유자재한 저 언덕에 이르며, 모든 부처님에게 넓고 긴 혀가 있어 묘한 음성을 내어 법계에 두루 하며, 모든 부처님에게 그지없는 몸이 있어 중생들의 마음을 따라서 다 볼 수 있게 하느니라."

佛子, 諸佛世尊有十種法, 普遍無量無邊法界. 何等爲十. 所謂, 一切諸佛有無邊際身, 色相淸淨, 普入諸趣而無染著; 一切諸佛有無邊際無障礙眼, 於一切法悉能明見; 一切諸佛有無邊際無障礙耳, 悉能解了一切音聲; 一切諸佛有無邊際鼻, 能到諸佛自在彼岸; 一切諸佛有廣長舌, 出妙音聲, 周遍法界; 一切諸佛有無邊際身, 應衆生心, 咸令得見;

"모든 부처님에게 그지없는 뜻이 있어 걸림 없이 평등한 법신에 머물며, 모든 부처님에게 그지없고 걸림 없는 해탈이 있어 다함이 없는 큰 신통을 나타내며, 모든 부처님에게 그지없이 청정한 세계가 있어 중생의 원을 따라서 여러 가지 세계를 나타내며, 한량없는 가지가지 장엄을 구족했지만 그 가운데 물들지 않으며, 모든 부처님에게 그지없는 보살행과 서원이 있어 원만한 지혜를 얻고 자유자재하게 유희하여 온갖 부처님의 법을 다 통달하느니라."

一切諸佛有無邊際意, 住於無礙平等法身; 一切諸佛有無邊際無礙解脫, 示現無盡大神通力; 一切諸佛有無邊際淸淨世界, 隨衆生樂, 現衆佛土, 具足無量種種莊嚴, 而於其中不生染著; 一切諸佛有無邊際菩薩行願, 得圓滿智, 遊戲自在, 悉能通達一切佛法.

"불자여, 이것이 여래, 응공, 정등각의 법계에 두루 가득하는 그지없는 열 가지 부처님의 법이니라."
佛子, 是爲如來、應、正等覺普遍法界無邊際十種佛法.

4. 무수한 보살들

> **해설**
>
> 법회에 모인 무수한 보살과 선신(善神)이 부처님을 뵙고 찬탄한 내용을 통해, 우리는 부처님이 어떤 분이신 지를 미루어 알 수 있다. 그중에서 대표가 될만한 찬탄을 몇 품에서 추려 이곳에 옮긴다.
>
> **1) 이 세상의 보살들**;「여래현상품 제2」에는 비로자나 부처님의 법회로 몰려든 무수한 대중들이 쏟아내는 40가지 질문이 나온다. 마침내 부처님께서 광명을 놓아 대답해주실 것을 암시하신다. 그 순간 부처님의 미간 백호에서 일체법 승음 보살이 부처님의 화현으로 나타나 무수한 보살들과 예배를 한 뒤, 부처님의 공덕을 게송으로 찬탄한다. 이어 아홉의 보살들도 그렇게 한다.
>
> **2) 딴 세상의 보살들**; 설법 장소가 도리천, 야마천, 도솔천의 천상계로 옮겨지면 그곳의 대중들도 자신이 체험한 부처님의 공덕을 게송으로 찬탄한다.
>
> 【운허 역 : 상책 pp.111하~113하】
> 【권제6, 여래현상품 제2, 대정장10, pp.29하~30상】
> ↳ p.408 참조

제1장 믿음의 대상

1) 이 세상의 보살들

이때 세존께서 모든 보살 대중에게 여래의 그지없는 경계와 신통한 힘을 얻게 하려고 미간 사이로 광명을 놓으시니, 그 광명의 이름은 '모든 보살의 지혜 광명으로 시방을 두루 비추는 광[一切菩薩智光明普耀十方藏]'이었다. 그 모양은 마치 보배 빛 등불구름 같아서 시방의 온갖 세계를 두루 비추어 그 가운데 있는 국토와 중생들을 모두 나타나게 하였다.

爾時, 世尊欲令一切菩薩大衆, 得於如來無邊境界神通力故, 放眉間光, 此光名一切菩薩智光明, 普照耀十方藏. 其狀猶如寶色燈雲, 遍照十方一切佛刹, 其中國土及以衆生, 悉令顯現.

또 모든 세계 그물을 두루 진동하여 낱낱 티끌 속에 수없는 부처님을 나타내고, 중생들의 근성과 욕망이 같지 않음을 따라 3세의 모든 부처님의 법 수레구름을 내리어 여래의 바라밀다바다를 드러내어 보이고, 또 한량없이 벗어나는 구름을 비 내려 중생에게 죽고 나는 길에서 벗어나게 하며, 다시 부처님의 큰 서원구름을 내리어 시방세계에 있는 보현 보살의 도량에 모인 대중들을 나타내었다.

又普震動諸世界網, 一一塵中, 現無數佛, 隨諸衆生性欲不同, 普雨三世一切諸佛妙法輪雲, 顯示如來波羅蜜海. 又雨無量諸出離雲, 令諸衆生永度生死; 復雨諸佛大願之雲, 顯示十方諸世界中, 普賢菩薩道場衆會.

그 광명은 이런 일들을 짓고서 오른쪽으로 부처님을 돌고 발바닥으로 들어갔다.
作是事已, 右遶於佛, 從足下入.

그때, 부처님 앞에 큰 연꽃이 나타났는데 그 연꽃에는 열 가지 장엄이 갖추어져 있어 다른 연꽃으로는 비길 수 없었다. 이른바 뭇 보배가 서로 얽힌 것으로 줄기가 되고, 마니 보배왕으로 연밥이 되고, 법계의 모든 보배로 잎이 되고, 모든 향기로운 마니로 꽃술이 되고, 염부단금으로 꽃판을 장엄하고, 묘한 그물이 위에 덮이고, 빛깔이 청정하였다. 잠깐 사이에 끝없는 부처님들의 신통 변화를 나타내며, 온갖 음성을 두루 내고, 마니 보배왕에는 부처님의 몸이 비치어 나타나며, 음성 가운데서는 모든 보살의 닦던 행과 소원을 두루 연설하였다.
爾時, 佛前有大蓮華, 忽然出現. 其華具有十種莊嚴, 一切蓮華所不能及. 所謂, 衆寶間錯以爲其莖, 摩尼寶王以爲其藏, 法界衆寶普作其葉, 諸香摩尼而作其鬚, 閻浮檀金莊瑩[21]其臺, 妙網覆上, 光色淸淨. 於一念中, 示現無邊諸佛神變, 普能發起一切音聲, 摩尼寶王影現佛身, 於音聲中, 普能演說一切菩薩所修行願.

그리고 잠깐 사이에 여래의 백호상 가운데 보살 마하살이 나타났으니, 일체법 승음이다. 세계바다의 티끌 수 보살 대중들과 함께 나와서 여래의 오른쪽으로 한량없이 돌고는 부처님의 발에 예배하였다. 그리고 승음 보살은 연꽃의 꽃판에 앉고 다른 보살 대중은 연꽃술 위에 차례차례 앉았다.

此華生已, 一念之間, 於如來白毫相中, 有菩薩摩訶薩, 名一切法勝音, 與世界海微塵數諸菩薩衆, 俱時而出, 右遶如來, 經無量匝, 禮佛足已. 時勝音菩薩坐蓮華臺, 諸菩薩衆坐蓮華鬚, 各於其上, 次第而住22).

이 일체법 승음 보살은 깊은 법계를 깨달아 큰 환희심을 내었고, 부처님의 행하던 지위에 걸림이 없으며, 부처님의 헤아릴 수 없는 법신바다에 들어갔고, 온갖 세계의 부처님 계신 데 이르며, 몸의 털구멍마다 신통을 나타내고, 잠깐 잠깐마다 온갖 법계를 두루 관찰하며, 시방의 부처님

---

21) 瑩; 고려본 瑩, 대만본 嚴.
22) 住; 고려본 住, 대만본 座.

들이 한 가지로 힘을 주어 온갖 삼매에 두루 머물게 하며, 오는 세상이 끝나도록 모든 부처님의 그지없는 법계와 공덕의 몸을 항상 보며, 나아가서는 온갖 삼매와 해탈과 신통과 변화를 모두 원만하게 갖추고 있었다.

其一切法勝音菩薩, 了深法界, 生大歡喜; 入佛所行, 智無凝[23]滯. 入不可測佛法身海, 往一切刹諸如來所. 身諸毛孔, 悉現神通, 念念普觀一切法界. 十方諸佛, 共與其力, 令普安住一切三昧, 盡未來劫, 常見諸佛無邊法界功德海身, 乃至一切三昧解脫、神通變化.

이 보살이 대중 가운데서 부처님의 위신력을 받들어 시방을 살펴보고 게송으로 말하였다.

即於衆中, 承佛威神, 觀察十方, 而說頌曰.

부처님 몸 온 법계에 가득하시니
간 곳마다 중생 앞에 나타나시며
인연 따라 골고루 나아가지만
언제나 보리좌에 항상 계시네.

佛身充滿於法界, 　　普現一切衆生前,
隨緣赴感靡不周, 　　而恒處此菩提座.

---

23) 凝: 고려본 凝, 대만본 疑.

제1장 믿음의 대상　49

여래의 털 구멍 하나하나마다
온 세계의 티끌 수 부처 계시고
보살들 무리가 둘러 있는데
보현 보살 좋은 행을 연설하시네.
如來一一毛孔中,　　一切刹塵諸佛坐,
菩薩衆會共圍遶,　　演說普賢之勝行.

여래께서 보리좌에 앉아 계신 데
한 털끝에 많은 세계 나타내시고
낱낱 털에 나타남도 그와 같으니
이러히 온 법계에 두루 하였네.
如來安處菩提座,　　一毛示現多刹海,
一一毛現悉亦然,　　如是普周於法界.

낱낱 세계 가운데 편히 앉아서
모든 세계 국토에 두루 하시니
시방의 보살이 구름처럼 모이어
도량에 찾아오지 않는 이 없네.
一一刹中悉安立[24],　　一切刹土皆周遍,
十方菩薩如雲集,　　莫不咸來詣道場.

---

24) 立; 고려본 立, 대만본 坐.

온갖 세계 티끌의 수효와 같은
공덕 높고 광명 있는 보살네들이
여래의 대중 안에 가득하시고
법계의 끝까지도 가득하시네.
一切刹土微塵數, 　　功德光明菩薩海,
普在如來衆會中, 　　乃至法界咸充遍.

온 법계 티끌같은 모든 세계의
많은 모임 가운데 두루 나타나나니
이와 같은 분신의 지혜 경계는
보현행을 닦으실 때 이미 세운 원.
法界微塵諸刹土, 　　一切衆中皆出現,
如是分身智境界, 　　普賢行中能建立.

부처님의 대중이 있는 곳마다
승지 보살 의젓이 앉아 계시어
제각기 법문 듣고 즐거워하며
곳곳에서 수행하기 무량겁일세.
一切諸佛衆會中, 　　勝智菩薩僉然坐,
各各聽法生歡喜, 　　處處修行無量劫.

보현의 넓고 큰 서원에 들어가

제각기 모든 불법 빚어내면서
비로자나 부처님 법바다에서
행을 닦아 여래 지위 증득하도다.
已入普賢廣大願,　　各各出生衆佛法,
毘盧遮那法海中,　　修行克證如來地.

보현 보살 알아서 깨달은 바를
모든 여래 한 가지로 찬탄하시니
부처님의 큰 신통을 이미 얻어서
온 법계에 두루 하지 않는 곳 없네.
普賢菩薩所開覺,　　一切如來同讚喜,
已獲諸佛大神通,　　法界周流無不遍.

모든 세계 국토가 티끌 수 같은데
구름처럼 몸을 나투어 가득하였고
중생들을 위하여 광명 놓으며
법비를 내리어서 마음에 맞추네.
一切刹土微塵數,　　常現身雲悉充滿,
普爲衆生放大光,　　各雨法雨稱其心.

2) 딴 세상의 보살들

> **해설**
>
> 보살들의 부처님께 대한 찬탄은 끝이 없다. 설법의 장소를 천상으로 옮길 때마다 그곳의 이루 다 헤아릴 수 없는 보살들의 명호, 상상할 수도 없는 화려한 찬탄 내용이 펼쳐진다. 「수미정상게찬품 제14」, 「야마천궁게찬품 제20」, 「도솔천궁게찬품 제24」에 찬탄하는 게송이 나타난다. 모두가 '부사의'라는 한 마디로 막음하고, 아래에 「수미정상게찬품 제14」의 일부만을 소개해야 할 것 같다.
>
> 【운허 역 : 상책 pp.325상~337상】
> 【권제16, 수미정상게찬품 제14, 대정장10, pp.81상~83하】
> ↳ p.429 참조

그때 시방에 각각 큰 보살이 있었는데, 부처님의 신통력으로써 낱낱 보살이 각각 부처님 세계의 티끌 수처럼 많은 보살과 함께, 백 부처님 세계의 티끌 수같이 많은 국토 밖에 있는 세계에서 와서 모였다.

爾時, 佛神力故, 十方各有一大菩薩, 一一各與佛刹微塵數菩薩俱, 從百佛刹微塵數國土外諸世界中, 而來集會.

그 이름은 법혜 보살, 일체혜 보살, 승혜 보살, 공덕혜 보살, 정진혜 보살, 선혜 보살, 지혜 보살, 진실혜 보살, 무상혜 보살, 견고혜 보살이었다.
其名曰法慧菩薩、一切慧菩薩、勝慧菩薩、功德慧菩薩、精進慧菩薩、善慧菩薩、智慧菩薩、眞實慧菩薩、無上慧菩薩、堅固慧菩薩.

그들이 떠나서 온 세계는 이른바 인드라 꽃의 세계, 파두마 꽃의 세계, 보배 꽃의 세계, 우발라 꽃의 세계, 금강 꽃의 세계, 묘향 꽃의 세계, 열의 꽃의 세계, 아로나 꽃의 세계, 나라타 꽃의 세계, 허공 꽃의 세계들이었다.
所從來土, 所謂, 因陀羅華世界、波頭摩華世界、寶華世界、優鉢羅華世界、金剛華世界、妙香華世界、悅意華世界、阿盧那華世界、那羅陀華世界、虛空華世界.

그들은 모두가 여러 부처님 계신 데서 범행을 닦았으니, 이른바 특수월불, 무진월불, 부동월불, 풍월불, 수월불, 해탈월불, 무상월불, 성수월불, 청정월불, 명료월불 등이었다.
各於佛所, 淨修梵行, 所謂, 殊特月佛、無盡月佛、不動月佛、風月佛、水月佛、解脫月佛、無上月佛、星宿月佛、淸淨月佛、明了月佛.

이 여러 보살이 부처님 계신 데 이르러 부처님의 발에 정례하고는 제각기 떠나 온 방위에다 사자좌를 신통력으로 만들고, 그 사자좌 위에서 가부좌를 틀고 앉았다.
是諸菩薩至佛所已, 頂禮佛足; 隨所來方, 各化作毘盧遮那藏師子之座. 於其座上, 結跏趺坐.

이 세계의 수미산 꼭대기에 보살들이 와서 모인 것처럼 일체 세계에서도 모두 그러하였으며, 저 보살들의 이름과 세계와 부처님 명호도 모두 같아서 차별이 없었다.
如此世界中, 須彌頂上, 菩薩來集; 一切世界, 悉亦如是. 彼諸菩薩所有名字、世界、佛號, 悉等無別.

그때 세존께서 두 발가락으로 백천 억의 묘한 빛 광명을 놓아 시방 일체 세계의 수미산 꼭대기를 비추시니, 제석천궁 안에 계시는 부처님과 대중들이 나타나지 않는 이가 없었다.
爾時, 世尊從兩足指放百千億妙色光明, 普照十方一切世界須彌頂上帝釋宮中, 佛及大衆, 靡不皆現.

그때, 법혜 보살이 부처님의 위신력을 받들어 시방을 두루 관찰하고 게송으로 말하였다.
爾時, 法慧菩薩承佛威神, 普觀十方而說頌曰

부처님이 깨끗한 광명 놓으시니
세상을 지도하는 큰 스승들께서
수미산 꼭대기의 오묘하고 훌륭한 궁전에
모이신 것, 두루두루 볼 수 있도다.
佛放淨光明,　　普見世導師,
須彌山王頂,　　妙勝殿中住.

여러 제석천왕이 청하여
부처님을 궁전에 드시게 하고
제각기 열 가지 묘한 게송으로
부처님들의 공덕을 찬양하시네.
一切釋天王,　　請佛入宮殿,
悉以十妙頌,　　稱讚諸如來.

저 모임 가운데의
모든 보살은
모두가 시방세계에서 와서
사자좌를 만드시고 앉으셨다네.
彼諸大會中,　　所有菩薩衆,
皆從十方至,　　化座而安坐.

저 모임에 오신 보살들

모두가 우리들의 이름과 같고,
계시던 모든 세계의 이름도
모두가 꼭 같네.
彼會諸菩薩,　　皆同我等名,
所從諸世界,　　名字亦如是.

본국에 계신 세존께서도
이곳의 명호와 같으사
제각기 그 부처님 회상에서
위 없는 행을 깨끗이 닦았네.
本國諸世尊,　　名號悉亦同,
各於其佛所,　　淨修無上行.

불자들이여, 그대들은
여래의 자재하신 힘을 보라.
일체의 남섬부주에서 모두 말하되
부처님이 그곳에 계신다 하네.
佛子汝應觀,　　如來自在力,
一切閻浮提,　　皆言佛在中.

우리는 지금 부처님이
수미산 꼭대기에 계심을 보는데

시방에서도 모두 그러하나니
이것이 여래의 자재한 힘이라.
我等今見佛,　　住於須彌頂,
十方悉亦然,　　如來自在力.

낱낱 세계 가운데서
발심하고 불도를 구하는 이
이러한 서원을 의지하여
보리의 행을 닦아 익히며.
一一世界中,　　發心求佛道,
依於如是願,　　修習菩提行.

부처님이 여러 가지 몸으로
온 세간에 두루 다니시는데
법계에 막히는 데 없으심을
아무도 측량할 이가 없네.
佛以種種身,　　遊行遍世間,
法界無所礙,　　無能測量者.

지혜 광명이 항상 널리 비치어
세상의 어두움 모두 멸하시니
일체 중생이 짝할 이 없거늘

어떻게 능히 측량해 알리오.
慧光恒普照,　　世闇悉除滅,
一切無等倫,　　云何可測知.

그때 일체혜 보살이 부처님의 위신력을 받들어 시방을 두루 관찰하고 게송으로 말하였다.
爾時, 一切慧菩薩承佛威力, 普觀十方而說頌言.

설사 백천 겁 동안에
여래를 항상 본다 해도
진실한 이치를 의지하지 않고
세상 구원하는 이를 본다면
假使百千劫,　　常見於如來,
不依真實義,　　而觀救世者.

이 사람은 모양만을 집착하여
어리석은 의심의 그물만 더하고
나고 죽는 옥에 얽매이리니,
눈 어두워 부처님 보지 못하리.
是人取諸相,　　增長癡惑網,
繫縛生死獄,　　盲冥不見佛.

모든 법 자세히 관찰하면
제 성품 아무것도 없나니
그 났다 없어지는 모양과 같이
다만 빈 이름만 말하는 것.
觀察於諸法,　　　自性無所有,
如其生滅相,　　　但是假名說.

온갖 법은 나지도 않고
온갖 법은 없어지지도 않나니
만일 이렇게 안다면
부처님이 항상 앞에 나타나리.
一切法無生,　　　一切法無滅,
若能如是解,　　　諸佛常現前.

법의 성품 본래 공적하여
취할 수 없고 볼 수도 없어
성품 공한 것이 곧 부처라
능히 헤아릴 수 없네.
法性本空寂,　　　無取亦無見,
性空卽是佛,　　　不可得思量

만일 온갖 법들이

자체의 성품 이런 줄 알면
이런 사람은 모든 번뇌에
물들지 아니하리라.
若知一切法,　　　體性皆如是,
斯人則不爲,　　　煩惱所染著.

범부들은 모든 법 볼 적에
모양만 따라 흔들리나니
법의 모양 없는 줄 알지 못하매
부처님을 보지 못하리라.
凡夫見諸法,　　　但隨於相轉,
不了法無相,　　　以是不見佛.

모니께서는 3세를 여의고도
모든 모양 다 구족하시니
머물 데 없는 데 머무시매
널리 두루 하셔도 동하지 않네.
牟尼離三世,　　　諸相悉具足,
住於無所住,　　　普遍而不動.

내가 온갖 법 보는 것
모두 다 분명하니

지금 여래 뵈옵는 것
조금도 의심이 없네.
我觀一切法,　　皆悉得明了,
今見於如來,　　決定無有疑.

법혜 보살 나보다 먼저
여래의 진실한 성품 말씀하시니
나는 그를 따라서
불가사의한 보리를 알게 됐노라.
法慧先已說,　　如來眞實性,
我從彼了知,　　菩提難思議.

그때 승혜 보살이 부처님의 위신력을 받들어 시방을 두루 관찰하고 게송으로 말하였다.
爾時, 勝慧菩薩承佛威力, 普觀十方而說頌言.

여래의 크신 지혜
희유하고 짝할 이 없어
일체 모든 세간
생각으론 미칠 수 없네.
如來大智慧,　　希有無等倫,
一切諸世間,　　思惟莫能及.

범부는 허망하게 관찰하여
모양만 취하매 이치와 달라
부처님은 온갖 모양 여의었으매
저들로서는 보지 못하네.
凡夫妄觀察, 　　取相不如理,
佛離一切相, 　　非彼所能見.

미혹하여 알음 없는 이
5온의 모양만 취하고
진실한 성품 알지 못하니
이 사람 부처를 보지 못하네.
迷惑無知者, 　　妄取五蘊相,
不了彼真性, 　　是人不見佛.

온갖 법들이
제 성품 없는 줄 알지니
이렇게 법의 성품 안다면
곧 노사나불을 뵈오리.
了知一切法, 　　自性無所有,
如是解法性, 　　則見盧舍那.

앞의 5온으로 인해서

뒤의 5온이 일어나나니
여기서 성품을 알면
불가사의한 부처님 보리라.
因前五蘊故,　　　後蘊相續起,
於此性了知,　　　見佛難思議.

비유컨대 어두운 데 있는 보배
등불 없으면 볼 수 없듯이
불법도 말하는 사람 없으면
지혜 있더라도 알 수 없는 일.
譬如闇中寶,　　　無燈不可見,
佛法無人說,　　　雖慧莫能了.

마치 눈에 삼눈이 서면
깨끗하고 묘한 빛 보지 못하듯
이처럼 깨끗하지 못한 마음으로는
부처님 법을 보지 못하며.
亦如目有翳,　　　不見淨妙色,
如是不淨心,　　　不見諸佛法.

또 밝고 깨끗한 해라도
소경은 볼 수 없듯이

지혜가 없는 이는
끝내 부처님 보지 못하네.
又如明淨日,　　　聾者莫能見,
無有智慧心,　　　終不見諸佛.

만일 삼눈을 제해 버리고
빛이란 생각까지 멀리 여의어
모든 법을 보지 않으면
곧 여래를 볼 수 있으리.
若能除眼翳,　　　捨離於色想,
不見於諸法,　　　則得見如來.

일체혜 보살 나보다 먼저
부처님의 보리법 말하였나니
나는 그에게서 듣고
노사나불을 뵈었노라.
一切慧先說,　　　諸佛菩提法,
我從於彼聞,　　　得見盧舍那.

그때 공덕혜 보살이 부처님의 위신력을 받들어 시방을 두루 관찰하고 게송으로 말하였다.
爾時, 功德慧菩薩承佛威力, 普觀十方而說頌言.

모두 진실하지 않은데
허망하게 진실하다 하나니
그러므로 모든 범부
나고 죽는 옥에서 헤매고 있네.
諸法無眞實,　　妄取眞實相,
是故諸凡夫,　　輪迴生死獄.

말로 설명한 법을
조그만 지혜로 허망하게 분별하매
그러므로 장애가 생겨
제 마음 알지 못하네.
言辭所說法,　　小智妄分別,
是故生障礙,　　不了於自心.

제 마음 알지 못하고
어떻게 바른 도를 알리오.
저는 잘못된 지혜로
온갖 나쁜 일만을 증장하네.
不能了自心,　　云何知正道.
彼由顚倒慧,　　增長一切惡.

모든 법이 공함은 보지 못하고

생사의 고통 항상 받으니
이 사람은 깨끗한
법의 눈이 없는 까닭이네.
**不見諸法空,　　恒受生死苦,
斯人未能有,　　淸淨法眼故.**

내가 예전에 고통을 받았다 함은
부처를 보지 못한 탓이니
마땅히 법의 눈을 깨끗이 하여
보아야 할 것을 보도록 하라.
**我昔受衆苦,　　由我不見佛,
故當淨法眼,　　觀其所應見.**

만일 부처님을 보고도
마음에 취함 없으면
이 사람은 부처님의 아시는 바
진여의 법 능히 보리라.
**若得見於佛,　　其心無所取,
此人則能見,　　如佛所知法.**

부처님의 참 법을 만일 본다면
큰 지혜 있는 이라 이름하리니

이 사람 청정한 눈 있어서
세상일을 능히 관찰하리.
若見佛眞法,　　　則名大智者,
斯人有淨眼,　　　能觀察世間.

보는 일 없음이 곧 보는 것이니
온갖 법을 능히 보겠지만
만일 법에 봄이 있으면
이것은 본 것이 없는 것이다.
無見卽是見,　　　能見一切法,
於法若有見,　　　此則無所見.

온갖 법의 성품은
나는 것 아니고 없어지는 것도 아니니
신기하다 큰 도사여,
스스로도 깨닫고 남도 깨우치네.
一切諸法性,　　　無生亦無滅,
奇哉大導師,　　　自覺能覺他.

승혜 보살이 나보다 먼저
여래의 깨달은 법 말하였으매
우리는 저에게서 듣고

부처님의 참 성품 알았노라.
勝慧先已說,　　如來所悟法,
我等從彼聞,　　能知佛真性.

그때 정진혜 보살이 부처님의 위신력을 받들어 시방을 두루 관찰하고 게송으로 말하였다.
爾時, 精進慧菩薩承佛威力, 觀察十方而說頌言.

만일 분별에 머문다면
청정한 눈 상하게 되어
어리석고 삿된 소견만 늘어
부처님을 영원히 보지 못하리.
若住於分別,　　則壞清淨眼,
愚癡邪見增,　　永不見諸佛.

만일 삿된 법인 줄 알면
실상과 같아 전도되지 않고
허망한 것이 본래 참인 줄 알면
부처님 보아 깨끗하리라.
若能了邪法,　　如實不顚倒,
知妄本自真,　　見佛則清淨.

본다는 생각 있으면 때가 되어서
이것은 본다고 할 수 없나니
보는 일 모두를 여의어야
이에 부처를 보게 되리라.
有見則爲垢,　　此則未爲見,
遠離於諸見,　　如是乃見佛.

세상에서 말로 하는 일
모두 중생의 허망한 분별
세상일 남이 없는 줄 알아야
비로소 세간을 보게 되리라.
世間言語法,　　衆生妄分別,
知世皆無生,　　乃是見世間.

만일 세상을 보는 줄 알면
그 보는 것 곧 세간의 모양
실상과 같이 다름이 없어야
참으로 보는 이라 이름하리라.
若見見世間,　　見則世間相,
如實等無異,　　此名眞見者.

실상과 같이 다름없음을 보면

물건에 분별이 없으리니
이렇게 보는 것 의혹을 여의어
샘이 없이 자재하리라.
若見等無異,　　於物不分別,
是見離諸惑,　　無漏得自在.

부처님이 일러 보이신
온갖 차별 있는 법
이것 모두 찾을 수 없나니
그 성품 청정한 까닭.
諸佛所開示,　　一切分別法,
是悉不可得,　　彼性淸淨故.

법의 성품 본래 청정해
허공과 같이 모양 없어
모든 것이 말할 수 없으매
지혜로운 이 이렇게 본다네.
法性本淸淨,　　如空無有相,
一切無能說,　　智者如是觀.

법이란 생각 멀리 떠나서
온갖 법 좋아하지 않고

이것까지 닦을 것 없으면
모니 부처님 보게 되오리.
遠離於法想,　　不樂一切法,
此亦無所修,　　能見大牟尼.

덕혜 보살 말함과 같이
이러고야 부처를 본다고 하리니
여러 가지 변천하는 법
자체의 성품은 모두가 적멸하네.
如德慧所說,　　此名見佛者,
所有一切行,　　體性皆寂滅.

그때 선혜 보살이 부처님의 위신력을 받들어 시방을 두루 관찰하고 게송으로 말하였다.
爾時, 善慧菩薩承佛威力, 普觀十方而說頌言.

희유하고 매우 용맹하신
한량없는 여러 여래
때 여의고 마음이 해탈
스스로 제도하고 남들도 제도해.
希有大勇健,　　無量諸如來,
離垢心解脫,　　自度能度彼.

세간의 등불 내가 뵈오니
실상과 같고 뒤바뀌지 않아
마치 끝없는 세월에
지혜를 쌓은 이가 보는 것 같이.
我見世間燈,　　　如實不顚倒,
如於無量劫,　　　積智者所見.

모든 범부의 행은
빨리 다하고 말거니와
그 성품 허공 같을새
다하지 않는다고 말하나이다.
一切凡夫行,　　　莫不速歸盡,
其性如虛空,　　　故說無有盡.

지혜로운 이 다함없다 하거니와
이것까지 말할 것 없나니
제 성품 다함 없을새
불가사의하게 다함이 있다 하리라.
智者說無盡,　　　此亦無所說,
自性無盡故,　　　得有難思盡.

다함이 없다는 데는

중생이랄 것도 없나니
중생의 성품 그런 줄 알면
큰 소문이 난 이를 보게 되리라.
所說無盡中,　　無衆生可得,
知衆生性爾,　　則見大名稱.

봄이 없건만 본다 말하고
남이 없건만 중생이라 말하니
보는 것이나 중생이나
자체의 성품 없을 알며.
無見說爲見,　　無生說衆生,
若見若衆生,　　了知無體性.

보는 것이나 볼 것이나
봄조차 모두를 없애 버려야
진실한 법을 무너뜨리지 않나니
이런 사람이어야 부처를 알리라.
能見及所見,　　見者悉除遣,
不壞於眞法,　　此人了知佛.

어떤 사람이 부처님을 알고
부처님이 말씀한 법을 안다면

능히 세상을 밝게 비추어
노사나 부처님같이 되리라.
若人了知佛, 　　及佛所說法,
則能照世間, 　　如佛盧舍那.

부처님께서는 오직 한 가지
청정한 법을 보이시는데
정진혜 보살은 또
한량없는 법 말씀하시네.
正覺善開示, 　　一法淸淨道,
精進慧大士, 　　演說無量法.

있다거나 있지 않다거나
그러한 생각 모두 없애면
이래야만 부처님을 뵈옵고
실상의 세계에 머물게 되리.
若有若無有, 　　彼想皆除滅,
如是能見佛, 　　安住於實際.

그때 지혜 보살이 부처님의 위신력을 받들어 시방을 두루 관찰하고 게송으로 말하였다.
爾時, 智慧菩薩承佛威力, 普觀十方而說頌言.

나는 가장 좋은 가르침 듣고
지혜의 빛 내었으며
시방의 세계에 두루 비치어
모든 부처님 다 보았네.
我聞最勝教,　　即生智慧光,
普照十方界,　　悉見一切佛.

이 속에는 아무것도 없고
다만 이름뿐이니
나와 남이 있다고 집착하면
곧 험한 길에 떨어지리라.
此中無少物,　　但有假名字,
若計有我人,　　則爲入險道.

집착하는 모든 범부
이 몸이 참말 있다고 하거니와
여래는 집착할 수 없는 것이며
저들은 마침내 보지 못하리.
諸取著凡夫,　　計身爲實有,
如來非所取,　　彼終不得見.

이 사람 지혜의 눈 없어

부처님을 보지 못하고
한량없는 세월에
나고 죽는 바다에 헤매게 되리.
此人無慧眼,　　不能得見佛,
於無量劫中,　　流轉生死海.

쟁론 있으면 생사요
쟁론 없으면 열반이라 하거니와
생사거나 열반이거나
두 가지 다 얻지 못하네.
有諍說生死,　　無諍即涅槃,
生死及涅槃,　　一[25])俱不可得.

만일 이름만 따라서
이 두 가지 법 집착하면
이 사람은 실답지 못하여
성인의 묘한 도를 알지 못하리.
若逐假名字,　　取著此二法,
此人不如實,　　不知聖妙道.

---

25) 一 ; 고려본 一, 대만본 二.

이러한 생각을 내어
이 부처님이 가장 뛰어나다 하면
뒤바뀐 것이요 참 이치 아니니
정각을 보지 못하는 것.
若生如是想,　　此佛此最勝,
顚倒非實義,　　不能見正覺.

이런 것의 진실한 자체가
적멸한 진여의 모양임을 알면
바르게 깨달은 이 보게 되어
말로는 말할 수 없으리.
能知此實體,　　寂滅眞如相,
則見正覺尊,　　超出語言道.

말로써 법을 연설하여도
실상을 드러낼 수 없고
평등한 데서야 보게 되나니
법도 그렇고 부처도 그러니라.
言語說諸法,　　不能顯實相,
平等乃能見,　　如法佛亦然.

과거와 미래와

현재의 세계를 바로 깨달아
분별하는 뿌리 영원히 끊었으매
그래서 부처라 이름하니라.
正覺過去世,　　　未來及現在,
永斷分別根,　　　是故說名佛.

그때 진실혜 보살이 부처님의 위신력을 받들어 시방을 두루 관찰하고 게송으로 말하였다.
爾時, 真實慧菩薩承佛威力, 普觀十方而說頌言.

차라리 지옥의 고통 받으며
부처님의 이름 들을지언정
한량없는 낙을 받느라고
부처님 이름 듣지 못함을 원치 않네.
寧受地獄苦,　　　得聞諸佛名,
不受無量樂,　　　而不聞佛名.

그 까닭 말하면, 지난 옛적에
수 없는 겁 동안 고통받으며
나고 죽는 데 헤매면서
부처님 이름 못 들은 까닭.
所以於往昔,　　　無數劫受苦,

流轉生死中,　　不聞佛名故.

모든 법에 전도하지 않고
여실하게 현량으로 깨달아
모든 화합한 모양 여의면
이것을 위 없는 깨달음이라 하네.
於法不顚倒,　　如實而現證,
離諸和合相,　　是名無上覺.

현재도 화합한 것 아니고
과거와 미래도 그런 것이니
온갖 법이 모양 없으면
이것이 부처의 참된 성품이니라.
現在非和合,　　去來亦復然,
一切法無相,　　是則佛眞體.

누구든지 이렇게
모든 법의 깊은 이치 관찰하면
온갖 부처님 법신의
진실한 모양 보게 되리라.
若能如是觀,　　諸法甚深義,
則見一切佛,　　法身眞實相.

진실에는 진실함을 보고
진실이 아닌 데는 진실 아님을 보아
이렇게 끝까지 이해하면
부처라고 이름하네.
於實見眞實,　　非實見不實,
如是究竟解,　　是故名爲佛.

부처님 법은 깨달을 수 없으며
이런 줄 아는 것을 깨달았다고 이름하나니
모든 부처님 이렇게 닦아
한 법도 얻을 수 없었네.
佛法不可覺,　　了此名覺法,
諸佛如是修,　　一法不可得.

하나로써 여럿을 알고
여럿으로 하나를 알거니와
모든 법이 의지한 데 없어
화합으로부터 일어난 것.
知以一故衆,　　知以衆故一,
諸法無所依,　　但從和合起.

짓는 이와 지을 것이 없고

업의 생각으로 생기는 것이니
어떻게 그런 줄 아는가
이것 말고는 없는 까닭이네.
無能作所作,　　唯從業想生,
云何知如是,　　異此無有故.

온갖 법 머문 데 없어
일정한 곳 얻을 수 없으나
모든 부처님 여기 머물러
끝까지 동요치 않아.
一切法無住,　　定處不可得,
諸佛住於此,　　究竟不動搖.

그때 무상혜 보살이 부처님의 위신력을 받들어 시방을 두루 관찰하고 게송으로 말하였다.
爾時, 無上慧菩薩承佛威力, 普觀十方而說頌言.

무상혜 보살 마하살
중생이란 생각 멀리 여의어
그보다 지날 이 없으매
무상혜라 이름하노라.
無上摩訶薩,　　遠離眾生想,

無有能過者,　　　故號爲無上.

모든 부처님께서 얻으신 곳
지음도 없고 분별도 없고
굵은 것도 없거니와
가는 것도 그러하다.
諸佛所得處,　　　無作無分別,
麁者無所有,　　　微細亦復然.

부처님들의 행하시는 경계
그 가운데서는 수효도 없어
정각은 수효를 멀리 여의었으니
이것이 부처님의 진실한 법.
諸佛所行境,　　　於中無有數,
正覺遠離數,　　　此是佛眞法.

여래의 광명 널리 비치어
모든 어두운 것 없었지만
이 광명은 비침도 없고
비치지 않음도 없네.
如來光普照,　　　滅除衆暗冥,
是光非有照,　　　亦復非無照.

법에 집착함이 없나니
생각도 없고 물들지도 않고
머무름 없고 머무는 곳도 없지만
법의 성품을 파괴하지도 않아.
於法無所著,　　無念亦無染,
無住無處所,　　不壞於法性.

이 가운데는 둘도 없고
하나도 없거니와
큰 지혜로 잘 보는 이
이치대로 공교하게 머무네.
此中無有二,　　亦復無有一,
大智善見者,　　如理巧安住.

없다는 데는 둘도 없고
둘 없다는 것도 또 없어
3계도 온갖 것도 공하니
이것이 부처님들의 보는 것.
無中無有二,　　無二亦復無,
三界一切空,　　是則諸佛見.

범부들 깨달은 지혜 없을새

부처님께서 정법에 머물게 하셨으나
모든 법 머문 곳 없나니
이를 깨달아야 제 몸 보리라.
凡夫無覺解,　　佛令住正法,
諸法無所住,　　悟此見自身.

몸이 아닌데 몸을 말하고
일어난 것 아닌데 일어남을 나타냈으나
몸도 없고 일어남도 없어야
이것이 부처님의 위 없는 몸이라.
非身而說身,　　非起而現起,
無身亦無見,　　是佛無上身.

이렇게 진실혜 보살이
부처님의 묘한 법의 성품 말하니
이 법문 들은 이는
분명 청정한 눈을 얻으리.
如是實慧說,　　諸佛妙法性,
若聞此法者,　　當得清淨眼.

그때 견고혜 보살이 부처님의 위신력을 받들어 두루 관찰하고 게송으로 말하였다.

爾時, 堅固慧菩薩承佛威力, 普觀十方而說頌言.

거룩하고 크신 광명
용맹하신 무상사께서
아득한 중생 이익 주려고
세상에 나타나셨네.
偉哉大光明,　　勇健無上士,
爲利群迷故,　　而興於世間.

부처님은 크게 자비한 마음으로
모든 중생 살펴보시니
3유 가운데 헤매면서
모든 고통 받고 있었네.
佛以大悲心,　　普觀諸衆生,
見在三有中,　　輪迴受衆苦.

정등각 이루시고
복덕 갖추신 도사를 제하고는
일체의 천상 인간 사람들
구호하여 주실 이 없어라.
唯除正等覺,　　具德尊導師,
一切諸天人,　　無能救護者.

부처님이나 보살들
세상에 나지 않으시면
어느 한 중생도
안락을 얻을 이 없네.
若佛菩薩等,　　不出於世間,
無有一衆生,　　而能得安樂.

여래이신 등정각이나
모든 성인과 현인들
세간에 출현하셔야
중생들에게 낙을 주나니,
如來等正覺,　　及諸賢聖衆,
出現於世間,　　能與衆生樂.

여래를 보기만 하여도
크게 좋은 이익 얻으며
부처님 이름 듣고 신심 낸다면
그를 일러 세간의 탑이라 하네.
若見如來者,　　爲得大善利,
聞佛名生信,　　則是世間塔.

우리가 세존 뵈오면

큰 이익 얻게 되나니
이렇게 묘한 법 듣고
모두 다 부처 이루리.
我等見世尊,　　爲得大利益,
聞如是妙法,　　悉當成佛道.

모든 보살 지난 세상에
부처님 위신력으로
청정한 지혜의 눈 얻어
부처님 경계 알았고
諸菩薩過去,　　以佛威神力,
得淸淨慧眼,　　了諸佛境界.

이번에 노사나 부처님 뵙고는
청정한 신심 거듭 늘었네.
부처님 지혜 끝이 없어
연설로 다 할 수 없나니,
今見盧舍那,　　重增淸淨信,
佛智無邊際,　　演說不可盡.

승혜 등 여러 보살과
나 견고혜까지

무수한 억 겁 동안에
말하여도 다할 수 없네.
勝慧等菩薩,　　及我堅固慧,
無數億劫中,　　說亦不能盡.

5. 끝없는 세계

해설

법회가 열리는 곳곳마다 올려지는 끝없는 찬탄은 부처님의 정보(正報)에 관한 것만이 아니다. 이에 맞서는 의보(依報), 즉 국토에 대한 찬탄도 장엄스럽다. 비로자나불의 국토를 '화장세계(華藏世界)'라 하는데 이 '화장세계'를 중심으로 하여 시방으로 끝없는 세계가 펼쳐진다. 이들 무수한 세계 역시 부처님의 원력으로 변화해 나타난 것이라 하여, 역시 부처님을 향한 믿음을 돋구고 있다.

보현 보살은 「세계성취품 제4」에서 세계 성취의 10사(事), 즉 '세계바다'의 (1)생긴 인연, (2)의지하여 머무름, (3)형상, (4)체성, (5)장엄, (6)청정함, (7)일어남, (8)겁(劫), (9)겁이 변천하는 차별, (10)차별 없음을, 각각 10문(門)으로 나누어 설명한다. 이 책에서는 '세계바다'의 (1)생긴 인연까지만 인용한다.

【운허 역 : 상책 pp.131상~135하】
【권제7, 세계성취품 제4, 대정장10, pp.34중~35중】
↳ p.416 참조

그때 보현 보살 마하살이 부처님의 위신력으로 온갖 세계바다, 온갖 중생바다, 온갖 부처님바다, 온갖 법계바다, 온갖 중생의 업바다, 온갖 중생의 근성과 욕망바다, 온갖 부처님의 법륜바다, 온갖 3세바다, 온갖 여래의 원력바다, 온갖 여래의 신통변화바다를 두루 관찰하였다.

爾時, 普賢菩薩摩訶薩以佛神力, 遍觀察一切世界海、一切衆生海、一切諸佛海、一切法界海、一切衆生業海、一切衆生根欲海、一切諸佛法輪海、一切三世海、一切如來願力海、一切如來神變海.

이렇게 관찰하고 나서 도량에 모인 모든 보살에게 말하였다. "불자들이여, 온갖 세계바다가 이룩되고 무너짐을 아시는 모든 부처님 세존의 청정한 지혜가 헤아릴 수 없으며, 온갖 중생들의 업바다를 아시는 지혜가 헤아릴 수 없으며, 온갖 법계가 나란히 벌려있는 바다를 아시는 지혜가 헤아릴 수 없으며, 온갖 그지없는 부처바다를 아시는 지혜가 헤아릴 수 없으며, 온갖 욕망과 지혜와 근성의 바다를 아시는 지혜가 헤아릴 수 없으며, 한 생각에 온갖 3세를 두루 아시는 지혜가 헤아릴 수 없으며, 온갖 여래의 한량없는 원력바다를 아시는 지혜가 헤아릴 수 없으며, 온갖 부처님의 신통변화바다를 나타내시는 지혜가 헤아릴 수 없으며, 법 수레 굴리는 지혜가 헤아릴 수 없으며,

연설바다 건립하심을 헤아릴 수 없느니라."

如是觀察已, 普告一切道場衆海諸菩薩言. 佛子, 諸佛世尊, 知一切世界海成壞淸淨智不可思議; 知一切衆生業海智不可思議; 知一切法界安立海智不可思議; 說一切無邊佛海智不可思議; 入一切欲解根海智不可思議; 一念普知一切三世智不可思議; 顯示一切如來無量願海智不可思議; 示現一切佛神變海智不可思議; 轉法輪智不可思議; 建立演說海不可思議;

"청정한 부처님 몸을 헤아릴 수 없으며, 끝없는 색신의 모습바다가 널리 비침을 헤아릴 수 없으며, 몸매와 잘생긴 모양이 모두 깨끗함을 헤아릴 수 없으며, 끝없는 색신의 모습의 광명 바퀴바다가 구족하고 청정함을 헤아릴 수 없으며, 가지가지 색신의 모습의 광명 구름바다를 헤아릴 수 없으며, 훌륭한 보배 불꽃바다를 헤아릴 수 없으며, 말과 음성바다를 성취한 것을 헤아릴 수 없으며, 세 가지 자재한 바다를 나타내어 온갖 중생을 조복하고 성숙시킴을 헤아릴 수 없으며, 중생바다를 용맹하게 조복하되 빠트림이 없는 것도 헤아릴 수 없느니라."

淸淨佛身不可思議; 無邊色相海普照明不可思議; 相及隨好皆淸淨不可思議; 無邊色相光明輪海具足淸淨不可思議; 種種色相光明雲海不可思議; 殊勝寶焰海不可思議; 成就言音海不可思議; 示現三種自在海調伏成熟一切衆生不可思議; 勇猛調

伏諸衆生海無空過者不可思議;

"부처님 지위에 편안히 머묾을 헤아릴 수 없으며, 여래의 경계에 들어감을 헤아릴 수 없으며, 위덕의 힘으로 보호하여 유지함을 헤아릴 수 없으며, 온갖 부처님 지혜로 행함을 관찰하는 것을 헤아릴 수 없으며, 모든 힘이 원만하여 꺾지 못함도 헤아릴 수 없으며, 두려울 것 없는 공덕을 초월할 이가 없음을 헤아릴 수 없으며, 차별 없는 삼매에 머묾을 헤아릴 수 없으며, 신통과 변화를 헤아릴 수 없으며, 청정하고 자재한 지혜를 헤아릴 수 없으며, 온갖 부처님 법을 깨뜨릴 수 없는 것을 헤아릴 수 없느니라."

安住佛地不可思議; 入如來境界不可思議; 威力護持不可思議; 觀察一切佛智所行不可思議; 諸力圓滿無能摧伏不可思議; 無畏功德無能過者不可思議; 住無差別三昧不可思議; 神通變化不可思議; 清淨自在智不可思議; 一切佛法無能毀壞不可思議.

"이러한 온갖 법문을 내가 부처님의 신통력을 받들며, 또 모든 여래의 위신의 힘을 받들어 구족히 말하리라."

如是等一切法, 我當承佛神力, 及一切如來威神力故, 具足宣說.

"이것은 중생들에게 부처님의 지혜바다에 들게 하려는 연고며, 모든 보살을 부처님의 공덕바다에 편안히 머물게 하려는 연고며, 온갖 세계바다를 모든 부처님의 자재함으로 장엄케 하려는 연고며, 온갖 겁바다에서 여래의 성품이 항상 끊어지지 않게 하려는 연고며, 온갖 세계해에서 모든 법의 진실한 성품을 나타내게 하려는 연고며, 온갖 중생의 한량없는 지혜를 따라 연설하게 하려는 연고며, 온갖 중생의 근성바다를 따라 방편으로 부처님 법을 내게 하려는 연고며, 온갖 중생의 좋아하는 욕망바다를 따라 온갖 장애의 산을 부수게 하려는 연고며, 온갖 중생의 마음과 행바다를 따라 벗어날 중요한 길을 다스리게 하려는 연고며, 온갖 보살에게 보현의 서원바다에 머물게 하려는 연고니라."

爲令衆生入佛智慧海故; 爲令一切菩薩於佛功德海中, 得安住故; 爲令一切世界海、一切佛自在所莊嚴故; 爲令一切劫海中, 如來種性恒不斷故; 爲令於一切世界海中, 顯示諸法真實性故; 爲令隨一切衆生, 無量解海, 而演說故; 爲令隨一切衆生諸根海方便, 令生諸佛法故; 爲令隨一切衆生樂欲海, 摧破一切障礙山故; 爲令隨一切衆生心行海, 令淨修治出要道故; 爲令一切菩薩, 安住普賢願海中故.

이때 보현 보살이 도량에 모인 한량없는 대중에게 환희심을 내게 하기 위하고, 온갖 법을 즐겨하는 마음을 더하게 하기 위하고, 넓고 크고 진실한 신심과 견해를 내게 하기 위하고, 넓은 문으로 법계장의 몸을 깨끗이 다스리게 하기 위하고, 보현의 서원바다를 잘 세우기 위하고, 3세가 평등한 데 들어가는 지혜의 눈을 다스리기 위하고, 온갖 세간을 두루 비추는 큰 지혜바다를 증장케 하기 위하고, 다라니의 힘을 내어 온갖 법수레를 지니게 하기 위하고, 온갖 도량 가운데서 부처님 경계의 끝 간 데까지를 열어 보이기 위하고, 온갖 여래의 법문을 열기 위하고, 법계의 넓고 크고 깊은 온갖 지혜의 성품을 증장케 하기 위해 게송으로 말하였다.

是時, 普賢菩薩, 復欲令無量道場衆海生歡喜故; 令於一切法增長愛樂故; 令生廣大真實信解海故; 令淨治普門法界藏身故; 令安立普賢願海故; 令淨治入三世平等智眼故; 令增長普照一切世間藏大慧海故; 令生陀羅尼力持一切法輪故; 令於一切道場中盡佛境界悉開示故; 令開闡一切如來法門故; 令增長法界廣大甚深一切智性故. 即說頌言.

깊고 깊은 지혜와 공덕바다에
시방의 많은 세계 널리 나투고
중생들이 볼 수 있는 낌새를 따라
광명을 널리 비춰 법륜 굴리네.

智慧甚深功德海,　　　普現十方無量國,
隨諸衆生所應見,　　　光明遍照轉法輪.

불가사의한 시방의 많은 세계를
오랜 겁 동안 부처님 엄정하시고
중생을 교화하여 성숙하게 하려고
한량없는 나라에 나 계시도다.
十方刹海巨思議,　　　佛無量劫皆嚴淨,
爲化衆生使成熟,　　　出興一切諸國土.

불가사의한 부처님의 깊은 경계를
중생들께 널리 보여 들게 하시나
소승을 좋아하고 집착한 마음
부처님의 깨달으신 이치 알지 못하네.
佛境甚深難可思,　　　普示衆生令得入,
其心樂小著諸有,　　　不能通達佛所悟.

깨끗한 믿음과 견고한 마음 있으면
선지식을 언제나 친근하리니,
모든 세계 부처님이 힘을 주며
그러고야 여래의 지혜에 들어가리라.
若有淨信堅固心,　　　常得親近善知識,

一切諸佛與其力,　　此乃能入如來智.

모든 아첨 다 여읜 깨끗한 마음
자비를 좋아하고 기쁜 뜻으로
생각이 너그럽고 신심 있어야
이런 법문 얻어 듣고 즐겨하리라.
離諸諂誑心淸淨,　　常樂慈悲性歡喜,
志欲廣大深信人,　　彼聞此法生欣悅.

보현의 큰 서원에 머물러 있고
보살의 청정한 도 닦아 행하며
법계가 허공 같음을 관찰해야
부처님의 행하던 곳 능히 알리라.
安住普賢諸願地,　　修行菩薩淸淨道,
觀察法界如虛空,　　此乃能知佛行處.

이런 보살 좋은 이익 모두 얻어서
부처님의 온갖 신통 보게 되지만
다른 길을 닦는 이는 알 수 없나니
보현행을 닦는 이만 깨닫게 되리.
此諸菩薩獲善利,　　見佛一切神通力,
修餘道者莫能知,　　普賢行人方得悟.

중생들이 많고 넓어 끝이 없건만
여래께서 모두 다 염려하시고
바른 법륜 골고루 굴리시나니
비로자나 부처님의 경계시니라.
衆生廣大無有邊,　　如來一切皆護念,
轉正法輪靡不至,　　毘盧遮那境界力.

온갖 세계 국토들이 내 몸에 들고
거기 계신 부처님도 그러하나니
너는 나의 털 구멍을 자세히 보라.
내가 지금 부처 경계 네게 보이리.
一切刹土入我身,　　所住諸佛亦復然,
汝應觀我諸毛孔,　　我今示汝佛境界.

보현의 행과 원이 그지없건만
내가 이미 수행하여 구족했노라.
보현의 넓은 경계와 엄청난 몸
부처님의 행함이니 자세히 들으라.
普賢行願無邊際,　　我已修行得具足,
普眼境界廣大身,　　是佛所行應諦聽.

그때 보현 보살 마하살이 여러 대중에게 말하였다.

爾時, 普賢菩薩摩訶薩告諸大衆言.

"여러 불자여, 지난 세상과 지금 세상과 오는 세상의 부처님이 세계바다에 열 가지 일이 있는 것을 이미 말씀하셨고, 지금 말씀하시고 장차도 말씀하시리라."
諸佛子, 世界海有十種事, 過去、現在、未來諸佛, 已說、現說、當說.

"무엇을 열 가지라 하는가. 이른바 세계바다가 일어나던 인연과 세계바다가 의지하여 머묾과 세계바다의 형상과 세계바다의 체성과 세계바다의 장엄과 세계바다의 청정함과 세계바다의 부처님 출현하심과 세계바다의 겁 머묾과 세계바다의 겁이 변천하는 차별과 세계바다의 차별 없는 문이니라."
何者爲十. 所謂, 世界海起具因緣、世界海所依住、世界海形狀、世界海體性、世界海莊嚴、世界海淸淨、世界海佛出興、世界海劫住, 世界海劫轉變差別、世界海無差別門.

"여러 불자여, 간략히 말하여서 세계바다에 이 열 가지 일이 있다 하지만, 만일 널리 말하자면 세계바다의 티끌 수와 같나니, 지난 세상과 지금 세상과 오는 세상의 부처님들이 이미 말씀하셨고 지금 말씀하시고 장차도 말씀하시리라."

諸佛子, 略說世界海, 有此十事; 若廣說者, 與世界海微塵數
等, 過去、現在、未來諸佛, 已說、現說、當說.

"여러 불자여, 간략히 말하면 열 가지 인연으로 말미암아
온갖 세계바다가 이미 이루어졌고 지금 이루어지며 장차
도 이루어지리라."
諸佛子, 略說以十種因緣故, 一切世界海已成、現成、當成.

"무엇을 열 가지라 하는가. 이른바 여래의 위신력인 연고
며, 으레 그러한 연고며, 온갖 중생들의 행과 업인 연고
며, 온갖 보살이 온갖 지혜를 이루어서 얻는 연고며, 모든
중생과 모든 보살이 선근을 함께 모은 연고며, 온갖 보살
이 국토를 깨끗이 하려는 원력인 연고며, 온갖 보살이 물
러나지 않는 행과 원을 성취한 연고며, 온갖 보살의 청정
하고 훌륭한 지혜가 자재한 연고며, 모든 여래의 선근에
서 흐르는 바와 모든 부처님의 성도하실 때의 자재한 세
력인 연고며, 보현 보살의 자재한 서원의 힘인 연고니라."
何者爲十. 所謂, 如來神力故; 法應如是故; 一切衆生行業故;
一切菩薩成一切智所得故; 一切衆生及諸菩薩同集善根故; 一
切菩薩嚴淨國土願力故; 一切菩薩成就不退行願故; 一切菩薩
清淨勝解自在故; 一切如來善根所流, 及一切諸佛成道時自在
勢力故; 普賢菩薩自在願力故.

"여러 불자여, 이것이 간략하게 열 가지 인연을 말한 것이지만, 만일 널리 말하자면 세계바다의 티끌 수와 같느니라."
諸佛子, 是爲略說十種因緣; 若廣說者, 有世界海微塵數.

그때 보현 보살이 이 뜻을 거듭 펴려고 부처님의 위신력을 받들어 시방을 관찰하고 게송으로 말하였다.
爾時, 普賢菩薩欲重宣其義, 承佛威力, 觀察十方, 而說頌言.

여기 말한 끝없는 모든 세계바다
비로자나 부처님이 장엄하신 것,
헤아릴 수가 없는 세존의 경계
지혜와 신통력이 이러하니라.
所說無邊衆刹海,   毘盧遮那悉嚴淨,
世尊境界不思議,   智慧神通力如是.

보살들이 수행하신 서원바다는
중생들의 욕망을 따른 것이니
중생들의 마음과 행, 끝이 없을새
보살의 많은 국토 시방에 가득.
菩薩修行諸願海,   普隨衆生心所欲,
衆生心行廣無邊,   菩薩國土遍十方.

보살이 일체 지에 나아가시고
가지가지 자재한 힘 닦아 행하여
한량없는 서원바다 모두 내시며
크고 넓은 세계들을 성취하였네.
菩薩趣於一切智,　　勤修種種自在力,
無量願海普出生,　　廣大刹土皆成就.

닦아 익힌 행과 서원 끝이 없고
들어간 부처 경계 한량없건만
시방의 모든 국토 엄정하려고
나라마다 무량 겁을 지내었도다.
修諸行海無有邊,　　入佛境界亦無量,
爲淨十方諸國土,　　一一土經無量劫.

중생들이 번뇌에 물이 들어서
가지각색 욕망이 같지도 않고
마음 따라 짓는 업이 불가사의하매
여러 가지 세계바다가 성립되었네.
衆生煩惱所擾濁,　　分別欲樂非一相,
隨心造業不思議,　　一切刹海斯成立.

불자여, 세계바다의 무수한 장엄

때를 여읜 광명보배 모아 이룬 것,
큰 신심과 지혜로 생기었나니
시방에 있는 세계 다 그러하니라.
佛子刹海莊嚴藏,　　離垢光明寶所成,
斯由廣大信解心,　　十方所住咸如是.

보살들이 보현행을 능히 닦아서
온 법계의 티끌마다 돌아다니고
티끌 속에 많은 세계 나타내나니
넓고 크고 깨끗함이 허공과 같네.
菩薩能修普賢行,　　遊行法界微塵道,
塵中悉現無量刹,　　清淨廣大如虛空.

허공같이 넓은 세계 신통 보이며
부처님들 계신 도량 모두 나아가
연화좌에 모든 몸매 나타내시니
낱낱 몸에 온갖 세계 포함하도다.
等虛空界現神通,　　悉詣道場諸佛所,
蓮華座上示衆相,　　一一身包一切刹.

한 생각에 3세를 나타내어서
한량없는 세계바다를 성립하거든

부처님이 방편으로 그 속에 드나니
이것이 비로자나 부처님 장엄하신 것이네.
一念普現於三世,　　一切刹海皆成立,
佛以方便悉入中,　　此是毘盧所嚴淨.

6. 세계 생성의 원인

해설

「화장세계품 제5」의 본문에 의하면, 한 세계를 통틀어 말할 때 '세계바다[世界海]'라 하는데 그 맨 밑에서는 풍륜(風輪)이 있어 '세계바다'를 떠받쳤고, '세계바다'의 주변에는 철위산(鐵圍山)이 있고,26) 그 안쪽에 금강으로 된 땅이 있는데 땅 위에는 수없는 향수해(香水海)가 있고, 향수해와 향수해 사이에는 향하(香河)가 이어졌다. 그리고 그 수없는 향수해 위에는 무수한 연꽃이 떠 있는데, 하나의 연꽃은 하나의 불국토(佛國土)이다. 다시 각각의 연꽃 위에는 말할 수 없는 찰종(刹種), 즉 작은 나라가 서로 서 있고, 낱낱 찰종에는 역시 말할 수 없이 많은 세계(世界)가 겹쳐져 있다고 하였다.

우리가 사는 사바세계(娑婆世界)는 '무변묘화광향수해(無邊妙華光香水海)'에 떠 있는 '일체향마니왕연화(一切香摩尼王蓮花)' 위에 솟은 '종종광명예향당

---

26) [부록2](이 책의 p.507) 참조.

> (種種光明蘂香幢)'이란 찰종 중 보조시방(普照十方)이
> 라 불리는 세계종(世界種)의 제13층에 속해 있다고
> 한다. 기가 막힌 건 이 모든 세계가 생긴 근원은 비로
> 자나불의 지난 세상의 서원이라고 한다.
>
> 【운허 역 : 상책 pp.151상】
> 【권제8, 화장세계품 제5, 대정장10, pp.39상】
> ↳ p.418 참조

그때 보현 보살이 다시 대중에게 말하였다.
"여러 불자여, 이 화장 장엄 세계해는 비로자나 부처님이 지난 옛적 세계바다의 티끌 수 겁 동안 보살행을 닦을 때 낱낱 겁마다 세계바다의 티끌 수 부처님을 친근히 하였고, 낱낱 부처님 계신 데서 세계바다의 티끌 수 큰 서원을 닦아서 깨끗하게 장엄한 것이니라."
爾時, 普賢菩薩復告大衆言, 諸佛子, 此華藏莊嚴世界海, 是毘盧遮那如來, 往昔於世界海微塵數劫, 修菩薩行時, 一一劫中, 親近世界海微塵數佛. 一一佛所, 淨修世界海微塵數大願之所嚴淨.

제2장 올바른 견해

이상에서는 「제1장 믿음의 대상」이라 제목을 붙이고, 믿음의 대상으로서 부처님의 나타나심과 보살들의 찬탄과 국토의 장엄 일부를 들었다. 그런데 믿음의 대상이 어찌 그것뿐이랴? 끝없는 화장세계의 끝없는 장엄이 모두 믿음을 내기에 족한 인연이 될 것이다.

믿음의 인연이 구비되었으니, 불법에 대한 견해가 수반되어야 그 믿음이 굳건해진다. 그리하여 『화엄경』에서는 다양한 가르침과 교리 이해에 관한 깊고 많은 설법이 이어진다. 즉, 보광명전의 제2회 법문, 그리고 천상으로 올라 설하신 도리천궁의 제3회 법문, 야마천궁의 제4회 법문, 도솔천궁의 제5회, 타화자재천궁의 제6회 법문, 그리고 다시 지상으로 내려오셔 두 번째로 보광명전에서 열린 제7회 법문, 이렇게 모두 6회의 모임을 통해 총 31품(品)이 배치된다.

그런데, 모두 6회에 걸친 총 31개 품의 법문은 모두가 불교 교리의 올바른 견해를 소개하고 있지만, 각 회에 따라 내용이 좀 다르다. 제2회차는 '믿음' 관련 견해이고, 제3회차는 '발심' 관련 견해이고, 제4회차는 '실천' 관련 견해이고, 제5회차는 '회향' 관련 견해이고, 제6회차는 '지위' 관련 견해이고, 제7회차는 '체험' 관련 견해이다.

1. 믿음의 본질

> **해설**
>
> 앞에서 과목을 설명한 대로 아래에서는 '올바른 견해'
> 라 큰 제목을 달아, 그 밑에 '믿음의 본질'을 풀이한
> 것으로서 가장 간명한 「현수품 제12」의 일부를 소개
> 한다. 믿음이란 곧 올바른 이해이며, 동시에 불교 수
> 행의 기초 내지는 완성이다. 그러므로 「범행품 제16」
> 의 끝부분에서는 "처음으로 발심할 때 이미 아뇩다라
> 삼먁삼보리를 완성한다"라고 하였고, 이 「현수품 제
> 12」에서도 믿음은 모든 불법의 수행과 완성과 회향에
> 있어서 가장 근본이 됨을 역설하였다. 믿음의 본질은
> 무엇인가? 일진법계(一塵法界)를 믿는 일이다.
>
> 【운허 역 : 상책 pp.281하~283하】
> 【권제14, 현수품 제12, 대정10, 72상~72하】
> ↳ p.428 참조

이때, 문수사리 보살이 흐리지 않고 청정한 행의 큰 공덕을 말하고 나서, 보리심의 공덕을 보이려고 게송으로 현수 보살에게 물었다.

爾時, 文殊師利菩薩, 說無濁亂淸淨行大功德已, 欲顯示菩提心功德故, 以偈問賢首菩薩曰.

내 이제 보살들 모두를 위하여
부처님의 청정한 행 말하였으니
바라건대 당신도 이 회중에서
수행하던 좋은 공덕 말씀하소서.
我今已爲諸菩薩,　　說佛往修淸淨行,
仁亦當於此會中,　　演暢修行勝功德.

그때, 현수 보살이 게송으로 대답하였다.
爾時, 賢首菩薩以偈答曰.

거룩하다 당신이여, 자세히 들으라.
그 공덕은 쉽사리 헤아릴 수 없지만
나 이제 조그만큼 말하려 하나니
큰 바다에 물 한 방울만이나 하리라.
善哉仁者應諦聽,　　彼諸功德不可量,
我今隨力說少分,　　猶如大海一滴水.

어떤 보살 처음으로 마음을 내어
부처님의 보리를 얻으려 하면

그 공덕은 끝없고 한이 없어서
말할 수도 없고 헤아릴 수도 없어 짝이 없는데.
若有菩薩初發心,　　誓求當證佛菩提,
彼之功德無邊際,　　不可稱量無與等.

하물며 한량없고 끝없는 세월
10지를 구족하게 닦은 공덕은
시방의 수가 없는 여래들께서
한꺼번에 일컬어도 다하지 못해.
何況無量無邊劫,　　具修地度諸功德,
十方一切諸如來,　　悉共稱揚不能盡.

이렇게 끝이 없는 크신 공덕을
그 가운데 조그만큼 말할 것이니
비유하자면 새의 발로 허공을 밟는 것 같고
대지 위의 한 티끌같다고나 할 것이네.
如是無邊大功德,　　我今於中說少分,
譬如鳥足所履空,　　亦如大地一微塵.

보살이 발심하여 보리 구함은
인이 없고 연이 없는 것이 아니니
불보, 법보, 승보에 신심을 내고

그러므로 넓고 큰맘 내었느니라.
菩薩發意求菩提,　　　非是無因無有緣,
於佛法僧生淨信,　　　以是而生廣大心.

5욕이나 국왕이나 부귀한 것과
나만을 위하여 큰 명예 구함 아니고
중생들의 고통을 아주 없애고
세상에 이익 주려 발심했으며,
不求五欲及王位,　　　富饒自樂大名稱,
但爲永滅衆生苦,　　　利益世間而發心.

어느 때나 중생들을 즐겁게 하고
국토를 장엄하고 부처님 공양하여
바른 법 받아 지녀 지혜 닦아서
보리를 체험하려고 발심했으며,
常欲利樂諸衆生,　　　莊嚴國土供養佛,
受持正法修諸智,　　　證菩提故而發心.

믿고 아는 깊은 마음 늘 청정하고
부처님을 공경하고 존중하오며
교법이나 스님께도 또한 그렇게
정성껏 공양하려 발심했으며,

深心信解常淸淨,　　恭敬尊重一切佛,
於法及僧亦如是,　　至誠供養而發心.

부처님과 부처님 법 깊이 믿으며
불자들의 행하는 도리도 믿고
위 없는 큰 보리를 믿음으로써
보살이 처음으로 발심하였네.
深信於佛及佛法,　　亦信佛子所行道,
及信無上大菩提,　　菩薩以是初發心.

신심은 도의 근본이며 공덕의 어미
일체의 선한 법을 길러내오며
의심의 그물 끊고 애정을 벗어나
열반의 위 없는 도를 열어 보이네.
信爲道元功德母,　　長養一切諸善法,
斷除疑網出愛流,　　開示涅槃無上道.

신심은 때가 없어 마음은 깨끗하고
교만을 멸제하고 공경의 근본이니
법 광의 첫째가는 재물도 되며
청정한 손이 되어 모든 행을 받네.
信無垢濁心淸淨,　　滅除憍慢恭敬本,

亦爲法藏第一財,　　爲淸淨手受衆行.

신심은 보시 잘해 인색하지 않고
신심은 기쁘게 불법에 들게 하고
신심은 지혜 공덕 증장하게 하며
신심은 여래의 지위에 이르게 하네.
信能惠施心無吝,　　信能歡喜入佛法,
信能增長智功德,　　信能必到如來地.

신심은 모든 감관 밝게 해 주고
믿는 힘 견고하여 깨뜨릴 이 없고
믿음은 번뇌의 근본을 아주 멸하며
신심은 부처의 공덕으로 나아가게 하네.
信令諸根淨明利,　　信力堅固無能壞,
信能永滅煩惱本,　　信能專向佛功德.

믿는 마음 경계에 집착하지 않고
장난을 멀리 떠나 어려움 없고
신심은 마의 길을 능히 뛰어나
위 없는 해탈도를 보여 주도다.
信於境界無所著,　　遠離諸難得無難,
信能超出衆魔路,　　示現無上解脫道.

믿음은 썩지 않는 공덕의 종자
믿음은 보리수를 생장케 하며
믿음은 승한 지혜 증장하게 하고
믿음은 온갖 부처 나타내도다.
信爲功德不壞種,　　信能生長菩提樹,
信能增益最勝智,　　信能示現一切佛.

그러므로 수행하는 차례를 말하려면
즐거이 믿는 것이 좋지마는 얻기 어려워
비유하자면 일체의 세간 가운데
뜻 따르는 보배 구슬 있음과 같네.
是故依行說次第,　　信樂最勝甚難得,
譬如一切世間中,　　而有隨意妙寶珠.

2. 발심의 공덕

해설

믿음은 믿지 않던 이를 믿게 하고, 믿는 이는 더욱 이해하게 하고, 이해한 이는 물러나지 않게 하고, 수행하여 깨닫게 하는 원동력이다. 그러므로 믿고 이해하여 한번 닦아보려는 생각을 내는 공덕은 한량이 없다고 하셨다.

천 리 길도 첫걸음으로부터 시작된다. 그 첫걸음이 바르지 못하면 비록 천 리 길을 다 걸었더라도 결과에는 뜻하지 않은 위치에 와 있음을 알게 될 것이다. 그러므로 아무리 우리의 목표인 천 리 밖이 화려하더라도 그 첫걸음 내딛는 일을 소홀하게 해서는 안 된다. 그러므로 이 첫걸음인 발심의 공덕은 헤아릴 수 없다. 다음은 「초발심공덕품 제17」의 첫 부분을 인용한다.

【운허 역 : 상책 pp.358하상~359하】
【권제17, 초발심공덕품 제17, 대정장10, pp.89상~89중】
↳ p.429 참조

그때 제석천왕이 법혜 보살에게 여쭈었다.
爾時, 天帝釋白法慧菩薩言.

"불자여, 보살이 처음으로 보리심을 내면 그 공덕이 얼마나 되나이까."
佛子, 菩薩初發菩提之心, 所得功德, 其量幾何.

법혜 보살이 말하였다.
法慧菩薩言.

"이 이치가 깊고 깊어서 말하기 어렵고 알기 어렵고 분별하기 어렵고 믿고 이해하기 어렵고 증득하기 어렵고 행하기 어렵고 통달하기 어렵고 생각하기 어렵고 헤아리기 어렵고 들어가기 어려우니라. 그러나 내가 마땅히 부처님의 위신력을 받자와 그대에게 말하리라."
此義甚深, 難說、難知、難分別、難信解、難證、難行、難通達、難思惟、難度量、難趣入. 雖然, 我當承佛威神之力, 而爲汝說.

"불자여, 가령 어떤 사람이 온갖 즐거운 일로서 동방의 아승기 세계에 있는 중생들에게 한 겁 동안 공양하고, 그런 뒤에 가르쳐서 5계를 깨끗이 갖게 하며, 남방, 서방, 북방과 네 간방과 상방, 하방도 또 이와 같이 하였다 하면, 불자여, 그대는 어떻게 생각하느냐. 이 사람의 공덕이 많다고 하겠는가?"
佛子, 假使有人以一切樂具, 供養東方阿僧祇世界所有衆生, 經於一劫, 然後敎令淨持五戒; 南、西、北方, 四維、上、下, 亦復如是. 佛子, 於汝意云何, 此人功德寧爲多不.

제석천왕이 말하였다.
天帝言.

"불자여, 이 사람의 공덕은 오직 부처님만이 아실 것이옵고, 헤아릴만한 사람은 아무도 없을 것입니다."
佛子, 此人功德, 唯佛能知; 其餘一切, 無能量者.

법혜 보살이 말하였다.
法慧菩薩言.

"불자여, 이 사람의 공덕을 보살이 처음 발심한 공덕에 견주어 보면, 백 분의 일에도 미치지 못하고, 백천 분의 일에도 미치지 못하며, 이같이 억 분의 일, 백억 분의 일, 천억 분의 일, 백천 억 분, 나유타 억 분, 백 나유타 억 분, 천 나유타 억 분, 백천 나유타 억 분, 수 분, 가라 분, 산수

분, 비유 분, 우파니사타 분의 일에도 미치지 못하느니라."
佛子, 此人功德, 比菩薩初發心功德, 百分不及一, 千分不及一, 百千分不及一. 如是, 億分、百億分、千億分、百千億分、那由他億分、百那由他億分、千那由他億分、百千那由他億分、數分、歌羅分、算分、諭27)分、優波尼沙陀分, 亦不及一.

"불자여, 이 비유는 차치하고, 가령 어떤 사람이 온갖 즐거운 일로써 시방의 10아승기 세계에 있는 중생들에게 백 겁 동안 공양하고, 그런 뒤에 가르쳐서 10선도를 닦게 하고, 이렇게 천 겁 동안 공양한 뒤에 4선(禪)에 머물게 하고, 백천 겁을 지낸 뒤에 4무량심에 머물게 하고, 억 겁을 지낸 뒤에 4무색정에 머물게 하고, 백억 겁을 지낸 뒤에 수다원과에 머물게 하고, 천 억 겁을 지낸 뒤에 사다함과에 머물게 하고, 백천 억 겁을 지낸 뒤에 아나함과에 머물게 하고, 나유타 억 겁을 지낸 뒤엔 아라한과에 머물게 하고, 백천 나유타 억 겁을 지낸 뒤에 가르쳐서 벽지불의 도에 머물게 하였다면, 불자여, 어떻게 생각하느냐. 이 사람의 공덕이 많다고 하겠는가?"
佛子, 且置此諭28). 假使有人, 以一切樂具, 供養十方十阿僧

---

27) 諭; 고려본 諭, 대만본 喩.

祇世界所有衆生, 經於百劫, 然後教令修十善道; 如是供養, 經於千劫, 教住四禪; 經於百千劫, 教住四無量心; 經於億劫, 教住四無色定; 經於百億劫, 教住須陀洹果; 經於千億劫, 教住斯陀含果; 經於百千億劫, 教住阿那含果; 經於那由他億劫, 教住阿羅漢果; 經於百千那由他億劫, 教住辟支佛道. 佛子, 於意云何, 是人功德寧爲多不.

제석천왕이 말하였다.
天帝言.

"불자여, 이 사람의 공덕은 오직 부처님만이 알 것입니다."
佛子, 此人功德, 唯佛能知.

보혜 보살이 말하였다.
法慧菩薩言.

"불자여, 이 사람의 공덕을 보살이 처음 발심한 공덕에 비교하면 백 분의 일에도 미치지 못하고, 천 분의 일에도 미치지 못하고, 백천 분의 일에도 미치지 못하고, 내지 우파

---

28) 諭; 고려본 諭, 대만본 喩.

니사타 분의 일에도 미치지 못하느니라."

佛子, 此人功德, 比菩薩初發心功德, 百分不及一, 千分不及一, 百千分不及一, 乃至優波尼沙陀分亦不及一.

"무슨 까닭이냐. 불자여, 모든 부처님께서 처음 발심할 때, 다만 온갖 즐거운 일로써 시방의 10아승기 세계에 있는 중생들에게 공양하기를, 백 겁 동안이나, 내지 백천 나유타 억 겁 동안을 지내기 위하여 보리심을 낸 것이 아니며, 다만 그렇게 많은 중생을 가르쳐서 5계와 10선업도를 닦게 하거나 4선정, 4무량심, 4무색정에 머물게 하거나, 수다원과, 사다함과, 아나함과, 아라한과, 벽지불의 도를 얻게 하려고 보리심을 낸 것이 아니고, 여래의 종성이 끊어지지 않게 하기 위한 연고며, 일체 세계에 두루 가득하게 하기 위한 연고며, 일체 세계의 중생을 제도하여 해탈케 하기 위한 연고며, 일체 세계의 이루고 무너짐을 알기 위한 연고며, 일체 세계에 있는 중생의 때 묻고 깨끗함을 알기 위한 연고며, 일체 세계의 성품이 청정함을 알기 위한 연고며, 일체 중생의 욕락과 번뇌와 습기를 알기 위한 연고며, 일체 중생이 여기서 죽어 저기 나는 것을 알기 위한 연고며, 일체 중생의 근성과 방편을 알기 위한 연고며, 일체 중생의 마음과 행을 알기 위한 연고며, 일체 중생의 3세의 지혜를 알기 위한 연고며, 일체 부처님의 경계가 평등함을 알기 위한 연고로 위 없는 보리심을 내었기 때문이니라."

何以故, 佛子, 一切諸佛初發心時, 不但爲以一切樂具, 供養十方十阿僧祇世界所有衆生, 經於百劫, 乃至百千那由他億劫故, 發菩提心; 不但爲敎爾所衆生, 令修五戒、十善業道, 敎住四禪、四無量心、四無色定, 敎得須陀洹果、斯陀含果、阿那含果、阿羅漢果、辟支佛道故, 發菩提心. 爲令如來種性不斷故, 爲充遍一切世界故, 爲度脫一切世界衆生故, 爲悉知一切世界成壞故, 爲悉知一切世界中衆生垢淨故, 爲悉知一切世界自性淸淨故, 爲悉知一切衆生心樂煩惱習氣故, 爲悉知一切衆生死此生彼故, 爲悉知一切衆生諸根方便故, 爲悉知一切衆生心行故, 爲悉知一切衆生三世智故, 爲悉知一切佛境界平等故, 發於無上菩提之心.

3. 물러나지 않는 믿음

> 해설

> 발심의 공덕은 이것뿐이 아니다. 시방을 통하여 끝없는 신통을 갖은 이가 있는 힘을 다해 유루·무루의 공덕을 짓더라도 한번 발심한 공덕에는 도저히 다를 수 없다 하셨다. 그런데 이렇게 발심한 믿음은 언제까지 존속해야 하는가? 모든 일이 그렇듯이 시작만 거창하고 끝맺음이 없으면 안 된다. 보살의 발심도 그와 같아서 확고부동한 자세에 안주해서 만행을 닦을 수 있어야 한다. 그 한 예로서 「십주품 제15」의 제7 '불퇴주(不退住)'의 법문을 인용한다.
> 더불어 「십주품 제15」에서는 보살이 마음 두어야 할 덕목으로 초발심, 치지(治地), 수행, 생귀(生貴), 구족방편(具足方便), 정심(正心), 불퇴(不退), 동진(童眞), 법왕자(法王子), 관정(灌頂)을 들고 있음도 밝혀둔다.

【운허 역 : 상책 pp.341하~342상】
【권제16, 십주품 제15, 대정장10, pp.85상~85중】
↳ p.429 참조

제2장 올바른 견해

"불자들이여, 어떤 것을 보살이 물러나지 않는 것[不退住]이라 하는가? 이는 보살이 열 가지 법을 듣고 견고하여 퇴전하지 않는 것이니, 무엇이 열인가?"

佛子, 云何爲菩薩不退住. 此菩薩聞十種法, 堅固不退. 何者爲十.

"이른바 부처님이 있다 없다 함을 듣고도 불법 가운데 있어 마음이 퇴전하지 아니하며, 법이 있다 없다 함을 듣고도 불법 가운데 있어 마음이 퇴전하지 아니하며, 보살이 있다 없다 함을 듣고도 불법 가운데 있어 마음이 퇴전하지 아니하며, 보살의 행이 있다 없다 함을 듣고도 불법 가운데 있어 마음이 퇴전하지 아니하며, 보살이 행을 닦아 뛰어난다거나 못한다를 듣고도 불법 가운데 있어 마음이 퇴전하지 아니하며, 지난 세상에 부처님이 있다든가 없다 함을 듣고도 불법 가운데 있어 마음이 퇴전하지 아니하며, 오는 세상에 부처님이 있다든가 없다 함을 듣고도 불법 가운데 있어 마음이 퇴전하지 아니하며, 지금 세상에 부처님이 있다든가 없다 함을 듣고도 불법 가운데 있어 마음이 퇴전하지 아니하며, 부처님의 지혜가 다 한다든가 지혜가 다하지 않는다 함을 듣고도 불법에서 마음이 퇴전하지 아니하며, 3세가 한 모양이라든가 3세가 한 모양이 아니다 함을 듣고도 불법 가운데 있어 마음이 퇴전하지 아니하나니, 이것이 열이니라."

所謂, 聞有佛、無佛, 於佛法中, 心不退轉; 聞有法、無法, 於佛法中, 心不退轉; 聞有菩薩、無菩薩, 於佛法中, 心不退轉; 聞有菩薩行、無菩薩行, 於佛法中, 心不退轉; 聞[29]菩薩修行出離、修行不出離, 於佛法中, 心不退轉; 聞過去有佛、過去無佛, 於佛法中, 心不退轉; 聞未來有佛、未來無佛, 於佛法中, 心不退轉; 聞現在有佛、現在無佛, 於佛法中, 心不退轉; 聞佛智有盡、佛智無盡, 於佛法中, 心不退轉; 聞三世一相、三世非一相, 於佛法中, 心不退轉; 是爲十.

"불자들이여, 보살이 마땅히 열 가지 광대한 법 배우기를 권할 것이니, 무엇이 열인가? 이른바 하나는 곧 많은 것이며 많은 것은 곧 하나라고 말하며, 글이 뜻을 따르고 뜻이 글을 따르며, 있지 않는 것이 곧 있는 것이고 있는 것이 곧 있지 않은 것이며, 모양 없는 것이 곧 모양이고 모양이 곧 모양이 없는 것이며, 성품 없음이 곧 성품이고 성품이 곧 성품 없음이니라."

佛子, 此菩薩應勸學十種廣大法. 何者爲十. 所謂, 說一即多, 說多即一, 文隨於義, 義隨於文, 非有即有, 有即非有, 無相即相, 相即無相, 無性即性, 性即無性.

"무슨 까닭인가? 그에게 더 나아가서 온갖 법에서 잘 뛰

---

29) 聞; 고려본 聞, 대만본 聞有.

어나게 함이며, 법을 듣고는 스스로 이해하고 남의 가르침을 말미암지 않게 하려는 연고니라."

何以故, 欲令增進, 於一切法善能出離, 有所聞法, 卽自開解, 不由他敎故.

제3장 수행의 실제

제2회~제7회의 내용은 큰 덩어리 별로 묶어 요약하면, '믿음(제2회)⇒발심(제3회)⇒수행(제4회)⇒회향(제5회)⇒지위(제6회)⇒성불(제7회)'로 향상하는 데에 필요한 '올바른 견해'를 '수행이라는 원인과 체험이라는 결과'로 짝지어 설명한 것이다.

간추린 번역이라는 특성상 이 책에서는 제5회에서 「십회향품 제25」의 회향을, 그리고 제6회에서 「십지품 제26」의 지위를, 각각 수행적 측면에 주목하여 「제3장 수행의 실제」 부분에 배치했다.

그런데 전통적인 4분과설에 의하면, 제1회는 '거과권락생신분'이라 하여 신(信)에 관한 법문으로 분류하고, 2회~제7회는 '수인계과생해분'이라 하여 해(解)에 관한 법문으로 분류하며, 제8회는 '탁법진수성행분'이라 하여 행(行)에 관한 법문으로 분류하고, 제9회는 '의인성법증덕분'이라 하여 증(證)에 관한 법문으로 분류했다. 이런 전통의 분류법으로 본다면, 이 책에서 인용한 「십회향품 제25」와 「십지품 제26」은 '해' 즉 '바른 이론' 편에 배속시켜야 하나, 앞에서 언급했듯이 그 품에 등장하는 수행적 측면에 주목해서 「제3장 수행의 실제」편에 편제했다. 그러다 보니 제8회의 「이세간품 제38」은 한 부분도 인용하지 못했지만, 이 품이 『도세경(度世經)』이란 이름으로 별행(別行)한 것을 고려하면, 독립시켜 빼더라도 『화엄경』 전체의 구조 이해에는 무방할 것이다.

1. 보살의 행동강령

해설

보살의 수행은 서원의 실천이다. 서원이란 중생을 다 건지리라, 번뇌를 다 끊으리라, 법문을 다 배우리라, 불도를 다 이루리라고 하는 넷으로 요약된다. 이 네 가지 서원 역시 궁극적으로는 중생을 위해 봉사하는 일의 하나라 하겠으니 이를 회향이라 한다.
자기가 아무리 수승한 행을 닦아서 수승한 결과를 받을지라도 모두 중생 제도로 돌리려는 서원이 바로 회향이다. 그러므로 다음에 소개하려는 「십회향 제25」는 보살행의 근간이 된다고 하겠기에 그중 일부를 인용한다.

【운허 역 : 상책 pp.486상~492상】
【권제24, 십회향품 제25~1, 대정장10, pp.124하~126하】
↳ p.431 참조

(금강당 보살이 말씀했다.)

"불자들이여, 보살 마하살의 회향에 열 가지가 있나니, 3세의 부처님들이 함께 연설하시느니라. 어떤 것이 열 가지인가? 하나는 일체 중생을 구호하면서도 중생이라는 상을 여의는 회향이요, 둘은 깨뜨릴 수 없는 회향이요, 셋은 모든 부처님과 평등한 회향이요, 넷은 온갖 곳에 이르는 회향이요, 다섯은 다함이 없는 공덕장의 회향이요, 여섯은 일체 평등한 선근에 들어가는 회향이요, 일곱은 일체 중생을 평등하게 대하고 따르는 회향이요, 여덟은 진여의 모양인 회향이요, 아홉은 속박도 없고 집착도 없는 회향이요, 열은 법계에 들어가는 무량한 회향이니라."

佛子, 菩薩摩訶薩迴向有十種, 三世諸佛咸共演說. 何等爲十, 一者救護一切衆生離衆生相迴向, 二者不壞迴向, 三者等一切諸佛迴向, 四者至一切處迴向, 五者無盡功德藏迴向, 六者入一切平等善根迴向, 七者等隨順一切衆生迴向, 八者眞如相迴向, 九者無縛無著解脫迴向, 十者入法界無量迴向.

"불자들이여, 이것을 보살 마하살의 열 가지 회향이라 하나니, 과거, 미래, 현재의 부처님들이 이미 말씀하셨고, 장차도 말씀하실 것이며, 지금 말씀하시느니라."

佛子, 是爲菩薩摩訶薩十種迴向, 過去、未來、現在諸佛, 已說、當說、今說.

"불자들이여, 무엇을 일체 중생을 구호하면서도 중생이라는 상을 여의는 보살 마하살의 회향이라 하는가?"
佛子, 云何爲菩薩摩訶薩救護一切衆生, 離衆生相迴向.

"불자들이여, 이 보살 마하살이 단나 바라밀다를 행하고, 시라 바라밀다를 청정히 하고, 찬제 바라밀다를 닦고, 정진 바라밀다를 일으키고, 선나 바라밀다에 들어가고, 반야 바라밀다에 머무르며, 대자, 대비, 대희, 대사로 이러한 무량한 선근을 닦으며 닦을 때 이렇게 생각하느니라."
佛子, 此菩薩摩訶薩行檀波羅蜜, 淨尸波羅蜜, 修羼提波羅蜜, 起精進波羅蜜, 入禪波羅蜜, 住般若波羅蜜, 大慈、大悲、大喜、大捨, 修如是等無量善根. 修善根時, 作是念言.

"이 선근으로 일체 중생을 두루 이익케 하여 모두 청정케 하며, 필경에는 지옥, 아귀, 축생, 염라왕 등의 한량없는 고통을 길이길이 여의게 하여지이다."
願此善根, 普能饒益一切衆生, 皆使淸淨, 至於究竟, 永離地獄、餓鬼、畜生、閻羅王等無量苦惱.

"보살 마하살이 선근을 심을 때 자기의 선근으로 이렇게 회향하느니라."
菩薩摩訶薩種善根時, 以己善根如是迴向.

"내가 마땅히 일체 중생의 집이 되리니, 모든 괴로운 일을 면케 하려는 연고며, 일체 중생의 구호자가 되리니, 모든 번뇌에서 해탈케 하려는 연고며, 일체 중생이 귀의할 곳이 되리니, 모든 공포를 여의게 하려는 연고며, 일체 중생이 나아갈 곳이 되리니 온갖 지혜에 이르게 하려는 연고며, 일체 중생의 안락처가 되리니, 구경의 편안한 곳을 얻게 하려는 연고며, 일체 중생의 광명이 되리니, 지혜의 빛을 얻어 어리석은 어둠을 멸하게 하려는 연고며, 일체 중생의 횃불이 되리니, 모든 무명의 암흑을 깨뜨리려는 연고며, 일체 중생의 등불이 되리니, 끝까지 청정한 곳에 머물게 하려는 연고며, 일체 중생의 길잡이가 되리니, 그들을 진실한 법에 들게 하려는 연고며, 일체 중생의 대도사가 되리니, 걸림 없는 큰 지혜를 주려는 연고니라."

我當爲一切衆生作舍, 令免一切諸苦事故; 爲一切衆生作護, 悉令解脫諸煩惱故; 爲一切衆生作歸, 皆令得離諸怖畏故; 爲一切衆生作趣, 令得至於一切智故; 爲一切衆生作安, 令得究竟安隱處故; 爲一切衆生作明, 令得智光滅癡暗故; 爲一切衆生作炬, 破彼一切無明闇故; 爲一切衆生作燈, 令住究竟淸淨處故; 爲一切衆生作導師, 引其令入眞實法故; 爲一切衆生作大導師, 與其無礙大智慧故.

"불자들이여, 보살 마하살이 모든 선근으로 이렇게 회향하여 일체 중생에게 평등하게 이익을 얻게 하며, 모두가 온갖 지혜를 얻게 하느니라."
佛子, 菩薩摩訶薩以諸善根如是迴向, 平等饒益一切衆生, 究竟皆令得一切智.

"불자들이여, 보살 마하살이 친구 아닌 이를 수호하고 회향하되, 친구와 다름이 없게 하나니 무슨 까닭인가. 보살 마하살이 일체 법이 평등한 성품에 들어간 연고로, 중생에게 잠깐도 친구가 아니란 생각을 내지 아니하며, 설사 어떤 중생이 보살을 해치려는 마음을 일으키더라도 보살은 자비한 눈으로 보고 성내지 아니하며, 중생들의 선지식이 되어 바른 법을 연설하여 닦아 익히게 하느니라."
佛子, 菩薩摩訶薩於非親友守護迴向, 與其親友等無差別. 何以故. 菩薩摩訶薩入一切法平等性故, 不於衆生而起一念非親友想. 設有衆生於菩薩所, 起怨害心, 菩薩亦以慈眼視之, 終無恚怒, 普爲衆生作善知識, 演說正法, 令其修習.

"마치 큰 바다가 모든 독한 것으로 변할 수 없음과 같이 보살도 그러하여, 어리석고 지혜 없고 은혜를 모르고 심술궂고 완악하고 교만하여 잘난 체하고 마음이 캄캄하여 선한 법을 알지 못하는 그런 종류의 나쁜 중생들이 갖가지로 못 견디게 굴더라도 능히 움직이지 못하느니라."

譬如大海, 一切衆毒不能變壞. 菩薩亦爾. 一切愚蒙、無有智慧、不知恩德、瞋很頑毒、憍慢自大、其心盲瞽不識善法, 如是等類諸惡衆生, 種種逼惱無能動亂.

"마치 해[日天子]가 세간에 나타날 적에 소경들이 보지 못한다고 해서 숨어버리지 않으며, 또 건달바 성이나 아수라의 손이나 염부제의 나무나 높은 바위나 깊은 골짜기나, 티끌, 안개, 연기, 구름 따위가 가린다고 해서 숨지 않으며, 또 시절이 변천한다 해도 숨고 나타나지 않는 일이 없음과 같느니라."

譬如日天子出現世間, 不以生盲不見故, 隱而不現; 又復不以乾闥婆城、阿脩羅手、閻浮提樹、崇巖、邃谷、塵霧、煙雲, 如是等物之所覆障故, 隱而不現; 亦復不以時節變改故, 隱而不現;

"보살 마하살도 그와 같아서 큰 복덕이 있고, 마음이 깊고 넓으며, 바른 생각으로 관찰하여 물러나지 않고, 공덕과 지혜에 끝까지 이르며, 높고 훌륭한 법에 뜻을 두어 구하며, 법의 광명이 두루 비치어 온갖 이치를 보며, 모든 법문에 지혜가 자재하여 항상 일체 중생을 이익되게 하려고 선한 법을 닦으며, 실수로라도 중생을 버리려는 마음을 내지 아니하느니라."

菩薩摩訶薩亦復如是, 有大福德, 其心深廣, 正念觀察, 無有退屈, 爲欲究竟功德智慧, 於上勝法心生志欲, 法光普照, 見一切義, 於諸法門, 智慧自在. 常爲利益一切衆生, 而修善法, 曾不誤起捨衆生心.

"중생들의 성품이 추악하고 삿된 소견인데다 성 잘 내고 흐리어 조복하기 어렵다 하여, 문득 버리고 회향하는 일을 닦지 않는 것이 아니니, 보살은 오직 큰 원력의 옷으로 스스로 장엄하여 중생을 구호하고 잠깐도 퇴전하지 아니하며, 중생들이 은혜 갚을 줄을 모른다 하여 보살의 행에서 퇴전하여 보살의 도를 버리지 아니하며, 어리석은 범부들과 한 곳에 있다 하여 모든 진실한 선근을 버리지 아니하고, 중생들이 허물을 자주 일으키니 참을 수 없다 하여 그들에게 싫증 내는 마음을 일으키지 않느니라."

不以衆生其性弊惡、邪見、瞋濁、難可調伏, 便卽棄捨, 不修迴向. 但以菩薩大願甲冑而自莊嚴, 救護衆生, 恒無退轉. 不以衆生不知報恩, 退菩薩行, 捨菩提道; 不以凡愚共同一處, 捨離一切如實善根; 不以衆生數起過惡, 難可忍受, 而於彼所生疲厭心.

"왜냐하면, 마치 해[日天子]가 한 가지 일만을 위하여 세간에 나타나는 것이 아니듯, 보살 마하살도 그와 같아서, 한 중생만을 위해 선근을 닦아 아뇩다라삼먁삼보리에 회향하는 것이 아니고, 일체 중생을 널리 구호하기 위해 선근을 닦아 아뇩다라삼먁삼보리에 회향하는 것이니라. 이와 같이 한 부처님 세계만을 깨끗이 하려거나, 한 부처님만을 믿으려하거나, 한 법만을 알기 위하여서 큰 지혜와 원력을 일으켜 아뇩다라삼먁삼보리에 회향하는 것이 아니고, 모든 부처님의 세계를 두루 청정케 하려고, 모든 부처님을 널리 믿으려고, 모든 부처님을 섬기고 공양하려고, 모든 부처님 법을 널리 알려고, 큰 서원을 세우고 선근을 닦아 아뇩다라삼먁삼보리에 회향하는 것이니라."

何以故. 譬如日天子, 不但爲一事故, 出現世間. 菩薩摩訶薩亦復如是, 不但爲一衆生故, 修諸善根, 迴向阿耨多羅三藐三菩提; 普爲救護一切衆生故, 而修善根, 迴向阿耨多羅三藐三菩提. 如是, 不但爲淨一佛刹, 不但爲信一佛故, 不但爲見一佛故, 不但爲了一法故, 起大智願, 迴向阿耨多羅三藐三菩提. 爲普淨一切佛刹故, 普信一切諸佛故, 普承事供養一切諸佛故, 普解一切佛法故, 發起大願, 修諸善根, 迴向阿耨多羅三藐三菩提.

"불자들이여, 보살 마하살이 부처님의 법으로 반연할 경계를 삼아, 광대한 마음과 물러가지 않는 마음을 내고, 한량없는 겁 동안에 희유하고 얻기 어려운 마음을 닦아서 모든 부처님과 더불어 다 평등하다. 보살이 이렇게 모든 선근을 살피고, 신심이 청정하며 대비심이 견고하여, 매우 깊은 마음, 환희한 마음, 청정한 마음, 가장 훌륭한 마음, 부드러운 마음, 자비한 마음, 불쌍히 여기는 마음, 거두어 보호하는 마음, 요익하는 마음, 안락한 마음으로써 널리 중생을 위하여 진실하게 회향하는 것이요, 입으로 말만 하는 것이 아니니라."

佛子, 菩薩摩訶薩, 以諸佛法, 而爲所緣, 起廣大心、不退轉心, 無量劫中, 修集希有難得心寶, 與一切諸佛, 悉皆平等. 菩薩如是觀諸善根, 信心淸淨, 大悲堅固, 以甚深心、歡喜心、淸淨心、最勝心、柔軟心、慈悲心、憐愍心、攝護心、利益心、安樂心, 普爲衆生眞實迴向, 非但口言.

"불자들이여, 보살 마하살이 모든 선근으로 회향할 때 생각하기를 '나의 선근으로써 모든 갈래의 중생들이 모두 청정한 공덕이 원만하여 파괴할 수 없게 되며, 다함이 없어 항상 존중하게 되며, 바르게 생각하고 잊지 아니하며, 결정적인 지혜를 얻고 한량없는 지혜를 갖추며, 몸과 입과 뜻으로 짓는 업이 일체 공덕을 원만하게 장엄하여지이다' 하느니라."

佛子, 菩薩摩訶薩以諸善根迴向之時, 作是念言. 以我善根, 願一切趣生、一切衆生, 皆得淸淨功德圓滿, 不可沮壞無有窮盡; 常得尊重, 正念不忘, 獲決定慧, 具無量智; 身、口、意業, 一切功德, 圓滿莊嚴.

"또 생각하기를 '이 선근으로 일체 중생이 모든 부처님을 받들어 섬기며 공양하여 헛되게 지내지 아니하며, 모든 부처님 계신 데서 청정한 신심이 무너지지 않으며, 바른 법을 듣고 의혹을 끊으며 기억하여 잊지 아니하고 말한 대로 수행하며, 여래에게 공경하는 마음을 내고, 몸으로 짓는 일이 청정하여 한량없이 광대한 선근에 편안히 머물며, 빈궁함을 영원히 여의고 일곱 가지 재물이 만족하며, 부처님 계신 데서 항상 따라 배우고 한량없이 기묘한 선근을 성취하여, 평등하게 깨달아 온갖 지혜에 머물며, 걸림 없는 눈으로 중생을 평등하게 보며, 모든 상호로 몸을 장엄하여 흠이 없으며, 음성이 정묘하여 공덕이 원만하고, 여러 근이 조복되어 열 가지 힘을 성취하며, 선한 마음이 만족하여 의지할 데 없는 곳에 머무르며, 일체 중생에게 부처님의 즐거움을 얻게 하며, 한량없이 머무름을 얻어 부처님이 머무시는 데 머물게 하여지이다' 하느니라."

又作是念. 以此善根, 令一切衆生承事供養一切諸佛, 無空過者. 於諸佛所, 淨信不壞, 聽聞正法, 斷諸疑惑, 憶持不忘, 如說修行. 於如來所, 起恭敬心, 身業淸淨, 安住無量, 廣大善根, 永離貧窮, 七財滿足. 於諸佛所, 常隨修學, 成就無量勝妙善根, 平等悟解, 住一切智, 以無礙眼等視衆生. 衆相嚴身,無有玷缺, 言音淨妙, 功德圓滿. 諸根調伏, 十力成就, 善心滿足, 無所依住. 令一切眾生普得佛樂, 得無量住, 住佛所住.

"불자들이여, 보살 마하살이 모든 중생이 나쁜 업을 짓고 무겁고 큰 고통을 받으며, 이런 장난으로 부처님을 보지 못하고 법을 듣지 못하고 스님네를 알지 못함을 보고는 생각하기를 '내가 저 나쁜 갈래에서 중생들을 대신하여 가지가지 괴로움을 받고 그들을 해탈케 하리라 하느니라' 한다."

佛子, 菩薩摩訶薩見諸眾生, 造作惡業, 受諸重苦. 以是障故, 不見佛, 不聞法, 不識僧, 便作是念. 我當於彼諸惡道中, 代諸眾生受種種苦, 令其解脫.

"보살이 이렇게 괴로움을 받으면서도 더욱더 정진하여 버리지도 않고 피하지도 않고 놀라지도 않고 공포하지도 않고 물러가지도 않고 겁내지도 않고 고달파하지도 않나니, 무슨 까닭인가? 그가 서원한 대로 일체 중생을 책임지고 해탈케 하려는 연고니라."

菩薩如是受苦毒時, 轉更精勤, 不捨、不避、不驚、不怖、不退、不怯, 無有疲厭. 何以故. 如其所願, 決欲荷負一切眾生, 令解脫故.

"보살이 이때 생각하되 '일체 중생이 나고 늙고 병들고 죽고 하는 여러 가지 고통 중에서 업을 따라 헤매고, 삿된 소견으로 참 지혜가 없어 선한 법을 잃어버렸으니, 내가 마땅히 구호하여 벗어나게 하리라' 하느니라."

菩薩爾時作是念言. 一切衆生在生老病死諸苦難處, 隨業流轉, 邪見無智, 喪諸善法, 我應救之, 令得出離.

"또 생각하기를 '중생들이 애욕의 그물에 얽매이고 어리석은 뚜껑에 덮였고, 모든 유(有)에 물들어 따라다니고 버리지 못하며, 고통의 우리에 들어가고, 마군의 업을 지어 복과 지혜는 모두 없어지고, 항상 의혹을 품어 편안한 것을 보지 못하고 뛰어날 길을 알지 못하며, 나고 죽는 속에서 바퀴 돌듯 쉬지 못하고 고통의 수렁에 항상 빠져 있거늘, 보살이 그것을 보고는 크게 자비한 마음과 크게 요익하려는 마음을 일으키고, 중생들에게 모두 해탈을 얻게 하려 하여 온갖 선근으로 회향하고 광대한 마음으로 회향하되, 3세 보살들이 닦는 회향과 같이 하며 『대회향경』에 말한 회향과 같이 하여, 모든 중생이 모두 청정함을 얻으며 필경에 온갖 것을 아는 지혜가 성취하여지이다' 하느니라."

又諸衆生愛網所纏, 癡蓋所覆, 染著諸有, 隨逐不捨, 入苦籠檻, 作魔業行, 福智都盡, 常懷疑惑, 不見安隱處, 不知出離道, 在於生死輪轉不息, 諸苦淤泥恒所沒溺. 菩薩見已, 起大悲心、大饒益心, 欲令衆生悉得解脫, 以一切善根迴向, 以廣大心迴向, 如三世菩薩所修迴向, 如大迴向經所說迴向, 願諸衆生普得淸淨, 究竟成就一切種智.

"또 생각하되 '내가 닦은 행은 중생에게 위가 없는 지혜의 왕을 이루게 하려는 것이요, 나 자신을 위하여 해탈을 구함이 아니며, 일체 중생을 구제하여 그들에게 온갖 지혜의 마음을 얻고 생사의 흐름에서 벗어나 모든 괴로움을 해탈케 하려는 것이로다' 하느니라."

復作是念. 我所修行, 欲令衆生皆悉得成無上智王, 不爲自身而求解脫, 但爲救濟一切衆生, 令其咸得一切智心, 度生死流, 解脫衆苦.

"또 생각하되 '내가 마땅히 일체 중생을 위하여 온갖 고통을 있는 대로 받으면서, 그들을 한량없이 나고 죽는 고통의 구렁에서 뛰어나오게 할 것이며, 내가 널리 일체 중생을 위하여 일체 세계의 온갖 나쁜 갈래에서 미래의 겁이 다하도록 온갖 고통을 받으면서도 항상 중생을 위하여 선근을 부지런히 닦을 것이니, 왜냐하면 내가 차라리 혼자서 이러한 고통을 받을지라도 중생들을 지옥에 떨어지지 않게 할 것이며, 내가 마땅히 지옥, 축생, 염라왕의 세계 등 험난한 곳에서 이 몸을 볼모로 잡혀 모든 나쁜 갈래의 중생에게 속죄하여 해탈을 얻게 하려 함이다' 하느니라."
復作是念. 我當普爲一切衆生備受衆苦, 令其得出無量生死
衆苦大壑. 我當普爲一切衆生, 於一切世界, 一切惡趣中, 盡
未來劫, 受一切苦, 然常爲衆生勤修善根. 何以故. 我寧獨受
如是衆苦, 不令衆生墮於地獄. 我當於彼地獄、畜生、閻羅
王等險難之處, 以身爲質, 救贖一切惡道衆生, 令得解脫.

"또 생각하되 '일체 중생을 보호하여 마침내 버리지 아니하려 하노니, 내 말이 성실하여 허망하지 말아지이다. 왜냐하면, 나는 일체 중생을 구호하여 제도하려고 보리심을 낸 것이요, 내 몸을 위하여 위 없는 도를 구함이 아니며, 또한 다섯 가지 탐욕의 경계나, 3계의 가지가지 낙을 구하기 위하여 보리의 행을 닦는 것이 아니기 때문이다. 왜냐하면, 세간의 낙이란 것은 모두 고통이요, 악마의 경계는 어리석은 사람이 탐하거니와 부처님들이 꾸중하신 바이니, 모든 괴로움이 이것으로 생기며, 지옥, 아귀, 축생, 염라왕의 처소는 성내고 싸우고 서로 훼방하고 능욕하나니, 이런 나쁜 일들은 다섯 가지 욕락을 탐하므로 생기기 때문이다. 다섯 가지 욕락을 탐하면 부처님을 멀리 여의게 되고, 천상에 나는 일도 장애하거든, 하물며 아뇩다라삼먁삼보리를 얻으랴' 하느니라."
復作是念. 我願保護一切衆生, 終不棄捨, 所言誠實, 無有虛

妄. 何以故. 我爲救度一切衆生, 發菩提心, 不爲自身求無上道, 亦不爲求五欲境界, 及三有中種種樂故, 修菩提行. 何以故. 世間之樂無非是苦, 衆魔境界, 愚人所貪, 諸佛所訶, 一切苦患因之而起. 地獄、餓鬼, 及以畜生, 閻羅王處, 忿恚鬪訟, 更相毁辱. 如是諸惡, 皆因貪著五欲所致. 耽著五欲, 遠離諸佛, 障礙生天, 何況得於阿耨多羅三藐三菩提.

"보살이 이렇게 세간에서 조그만 욕락을 탐하다가 한량없는 고통 받음을 관찰하고는, 저 다섯 가지 욕락을 위하여 보리를 구하거나 보살의 행을 닦지 아니하고, 다만 일체 중생을 안락하게 하려고 마음을 내어 수행하여 큰 서원을 만족하며, 중생들의 괴로움의 오랏줄을 끊고 해탈을 얻게 하느니라."

菩薩如是觀諸世間, 貪少欲味, 受無量苦, 終不爲彼五欲樂故, 求無上菩提, 修菩薩行. 但爲安樂一切衆生, 發心修習, 成滿大願, 斷截衆生諸苦羂索, 令得解脫.

"불자들이여, 보살 마하살이 또 생각하기를 '내가 마땅히 이렇게 선근을 회향하고, 일체 중생에게 끝까지 이르는 낙과, 이익하는 낙과, 받지 않는 낙과, 고요한 낙과, 의지한 곳 없는 낙과, 변동하지 않는 낙과, 한량없는 낙과, 버리지 않고 물러가지 않는 낙과, 멸하지 않는 낙과, 온갖 지혜의 낙을 얻게 하리라' 하느니라."

佛子, 菩薩摩訶薩復作是念. 我當以善根如是迴向, 令一切衆生得究竟樂、利益樂、不受樂、寂靜樂、無依樂、無動樂、無量樂、不捨不退樂、不滅樂、一切智樂.

"또 생각하기를 '내 마땅히 일체 중생을 위하여 조복하고 어거하는 스승이 되고, 군대를 맡는 신하가 되어 지혜의 횃불을 들고 편안한 것을 보여 험난을 여의게 하며, 좋은 방편으로 진실한 뜻을 알게 할 것이며, 또 나고 죽는 바다에서 온갖 지혜를 가진 좋은 뱃사공이 되어 중생들을 건네어 저 언덕에 이르게 하리라' 하느니라."

復作是念. 我當與一切衆生作調御師, 作主兵臣, 執大智炬, 示安隱道, 令離險難, 以善方便俾知實義. 又於生死海, 作一切智善巧船師, 度諸衆生, 使到彼岸.

"불자들이여, 보살 마하살이 여러 가지 선근으로 이렇게 회향하는 것은 적당한 방편으로 일체 중생을 구호하여 생사에서 뛰어나게 하며, 모든 부처님을 섬기고 공양케 하며, 모든 것을 아는 데 장애가 없는 부처님 지혜의 지혜를 얻게 하며, 악마의 무리를 여의며, 나쁜 벗을 멀리하고 모든 보살과 선지식을 친근케 하며, 모든 죄를 멸하고 청정한 업을 이루게 하며, 보살의 광대한 행과 원과 무량한 선근을 구족케 하려는 것이니라."

佛子, 菩薩摩訶薩以諸善根如是迴向, 所謂, 隨宜救護一切衆生, 令出生死; 承事供養一切諸佛, 得無障礙一切智智; 捨離衆魔, 遠惡知識, 親近一切菩薩善友; 滅諸過罪, 成就淨業, 具足菩薩廣大行願、無量善根.

"불자들이여, 보살 마하살이 모든 선근으로 옳게 회향하고는 생각하기를 '4천하의 중생이 많아서 여러 해가 뜨는 것이 아니요, 다만 한 해가 떠서 일체 중생을 모두 비추는 것이니라. 또 중생들이 자신의 광명으로 인하여 낮과 밤을 알고 다니며 관찰하며 여러 가지 업을 짓는 것이 아니라 전부 해[日天子]가 뜨므로 말미암아 이런 일을 이룬다' 하느니라."

佛子, 菩薩摩訶薩以諸善根, 正迴向已, 作如是念. 不以四天下衆生多故, 多日出現; 但一日出, 悉能普照一切衆生. 又諸衆生不以自身光明故, 知有晝夜遊行觀察興造諸業. 皆由日天子出, 成辦斯事.

"그러나 저 해는 하나뿐이요 둘이 아니니, 보살 마하살도 이와 같아서 선근을 닦아서 회향할 때 생각하되 '저 중생들이 자기도 구호하지 못하거든 어떻게 남을 구호하리요. 오직 나 한 사람만이 마음이 외로워 짝이 없도다' 하고,

제3장 수행의 실제 145

선근을 닦아서 이렇게 회향하나니, 이른바 일체 중생을 널리 제도하려는 연고며, 일체 중생을 널리 비치려는 연고며, 일체 중생을 인도하려는 연고며, 일체 중생을 깨우치려는 연고며, 일체 중생을 돌보아 기르려는 연고며, 일체 중생을 거두어 주려는 연고며, 일체 중생을 성취하려는 연고며, 일체 중생에게 환희케 하려는 연고며, 일체 중생에게 즐겁게 하려는 연고며, 일체 중생에게 의심을 끊게 하려는 연고니라."

然彼日輪但一無二. 菩薩摩訶薩亦復如是, 修集善根迴向之時, 作是念言. 彼諸衆生不能自救, 何能救他. 唯我一人, 志獨無侶, 修集善根如是迴向. 所謂, 爲欲廣度一切衆生故, 普照一切衆生故, 示導一切衆生故, 開悟一切衆生故, 顧復一切衆生故, 攝受一切衆生故, 成就一切衆生故, 令一切衆生歡喜故, 令一切衆生悅樂故, 令一切衆生斷疑故.

"불자들이여, 보살 마하살이 또 생각하기를 '해가 온갖 것에 두루 비쳐도 그 은혜를 갚으려 하지 않는 것 같이, 나는 중생들의 나쁜 일을 모두 받아들이면서도 이것으로 말미암아 서원을 버리지 않을 것이며, 한 중생이 악하다 해서 일체 중생을 버리지 않을 것이요, 다만 부지런히 선근을 닦아 회향하여 널리 중생들에게 모두 안락을 얻게 하리라' 하느니라."

佛子, 菩薩摩訶薩復作是念. 我應如日普照一切, 不求恩報. 衆生有惡, 悉能容受, 終不以此, 而捨誓願. 不以一衆生惡故, 捨一切衆生, 但勤修習善根迴向, 普令衆生皆得安樂.

"선근이 비록 적으나 중생들을 널리 포섭하여 환희한 마음으로 광대하게 회향하나니, 만일 선근이 있으면서도 일체 중생을 요익하려 하지 않으면 회향이라 이름할 수 없지만, 한 선근이라도 널리 중생이 반연할 바를 삼으면 회향이라 이름하느니라."

善根雖少, 普攝衆生, 以歡喜心廣大迴向, 若有善根, 不欲饒益一切衆生, 不名迴向. 隨一善根, 普以衆生而爲所緣, 乃名迴向.

"중생을 집착할 것이 없는 법의 성품에 평안하게 두려는 회향, 중생의 성품이 동하지 않고 변하지 않음을 보는 회향, 회향하는 데 의지함도 없고 취함도 없는 회향, 선근의 모양을 취하지 않는 회향, 업과 과보의 자체 성품을 분별하지 않는 회향. 5온의 모양에 집착하지 않는 회향, 5온의 모양을 깨뜨리지 않는 회향, 업을 취하지 않는 회향, 과보를 구하지 않는 회향, 인연에 물들지 않는 회향, 인연으로 일으킨 것을 분별하지 않는 회향, 명칭에 집착하지 않는 회향, 처소에 집착하지 않는 회향, 허망한 법에 집착하지 않는 회향, 중생의 모양, 세계의 모양, 마음의 모양에 집착하지 않는 회향, 마음의 전도, 생각의 전도, 소견의 전도를 일으키지 않는 회향, 말에 집착하지 않는 회향, 일체 법의 진실한 성품을 관하는 회향, 일체 중생의 평등한 모양을 관하는 회향, 법계의 인으로 여러 선근을 인가하는 회향, 모든 법의 탐욕을 여읜 것을 관하는 회향이니라."

安置眾生於無所著法性迴向, 見眾生自性不動不轉迴向, 於迴向無所依、無所取迴向, 不取善根相迴向, 不分別業報體性迴向. 不著五蘊相迴向, 不壞五蘊相迴向, 不取業迴向, 不求報迴向, 不染著因緣迴向, 不分別因緣所起迴向, 不著名稱迴向, 不著處所迴向, 不著虛妄法迴向, 不著眾生相、世界相、心意相迴向, 不起心顛倒、想顛倒、見顛倒迴向, 不著語言道迴向, 觀一切法真實性迴向, 觀一切眾生平等相迴向; 以法界印, 印諸善根迴向, 觀諸法離貪欲迴向.

"일체 법에 선근을 심은 일이 없다고 아는 것도 이러하고, 모든 법이 둘이 없으매 나지도 않고 멸하지도 않음을 관하는 회향도 이러하니라."

解一切法無, 種植善根亦如是. 觀諸法無二、無生、無滅, 迴向亦如是.

"이러한 선근으로 회향하면 청정하게 상대하여 다스리는

법을 수행해 생기는 선근은 모두 출세간의 법을 따라가는 것이므로 둘이란 모양을 짓지 아니하나니, 업에 나아가 온갖 지혜를 닦는 것이 아니고, 업을 여의고 온갖 지혜에 회향하는 것도 아니며, 온갖 지혜가 곧 업이 아니지만 업을 떠나서 온갖 지혜를 얻는 것도 아니니라. 업이 비치는 영상과 같이 청정하므로 과보도 영상과 같이 청정하고, 과보가 영상과 같이 청정하므로 온갖 지혜의 지혜도 영상과 같이 청정하며, 나와 내 것이란 모든 시끄러움과 분별을 여의었으며 이렇게 알고서 선근의 방편으로 회향하는 것이니라."

以如是等善根迴向, 修行淸淨對治之法, 所有善根, 皆悉隨順出世間法, 不作二相. 非卽業修習一切智, 非離業迴向一切智, 一切智非卽是業, 然不離業得一切智, 以業如光影淸淨故, 報亦如光影淸淨, 報如光影淸淨故, 一切智智亦如光影淸淨. 離我、我所一切動亂, 思惟分別, 如是了知以諸善根方便迴向.

"보살이 이렇게 회향할 적에 중생을 제도하여 쉬는 일이 없고, 법이란 모양에 머물지 않으며, 비록 모든 법이 업도 없고 과보도 없는 줄을 알지만, 모든 업과 과보를 잘 내어서 어기지 아니하나니, 이러한 방편으로 회향을 닦느니라. 보살 마하살이 이렇게 회향할 때 모든 허물을 여의어서 부처님들이 찬탄하시느니라."

菩薩如是迴向之時, 度脫衆生常無休息, 不住法相. 雖知諸法無業無報, 善能出生一切業報而無違諍, 如是方便善修迴向.
菩薩摩訶薩如是迴向時, 離一切過諸佛所讚.

"불자들이여, 이것이 보살 마하살의 일체 중생을 구호하면서도 중생이라는 상을 여의는 첫째 회향이니라."
佛子, 是爲菩薩摩訶薩第一救護一切衆生, 離衆生相迴向.

2. 수행의 완성

> **해설**
>
> 이와 같이 보살들의 서원이 확실해진 뒤에, 그들의 행은 10지(地)에 이르러 완성된다. 더구나 제8 부동지(不動地)는 보살로서의 경지에 확고히 머물러 요동치 않는 위치이다. 원(願) 바라밀을 기초로 하여 아래로 중생을 교화하고 위로 보리를 구하는 능사를 남김없이 실현한다.
>
> 【운허 역 : 상책 pp.738하~745상】
> 【권제39, 십지품 제26, 대정장10, pp.199상~200하】
> ↳ p.431 참조

그때 금강장 보살이 해탈월 보살에게 말하였다.
爾時, 金剛藏菩薩告解脫月菩薩言.

"불자여, 보살 마하살이 제7지에서 방편 지혜를 잘 닦으며, 모든 도를 잘 깨끗하게 하며, 도를 돕는 법을 잘 모으며, 큰 원력으로 붙들어 유지하고 여래의 힘으로 가피하고, 자기 선근의 힘으로 유지하므로 여래의 힘과 두려움 없음과 함께하지 않는 부처님 법을 항상 생각하며, 깊은 마음으로 생각을 청정케 하며, 행과 덕과 지혜를 성취하며, 대자대비로 중생을 버리지 않고 한량없는 지혜의 도에 들어가게 하느니라."

佛子, 菩薩摩訶薩於七地中, 善修習方便慧, 善淸淨諸道, 善集助道法. 大願力所攝, 如來力所加, 自善力所持, 常念如來力、無所畏、不共佛法, 善淸淨深心思覺, 能成就福德智慧, 大慈大悲不捨衆生, 入無量智道.

"일체 법에 들어가니, 그 자리는 본래 나는 일도 없고 일어남도 없고 모양도 없고 이룸도 없고 무너짐도 없고 다함도 없고 옮아감도 없으며, 성품이 없는 것으로 성품을 삼으며, 처음과 중간과 나중이 모두 평등하며, 분별이 없는 진여와 같은 지혜에 들어갈 경지이니라."

入一切法本來無生、無起、無相、無成、無壞、無盡、無轉、無性爲性, 初、中、後際皆悉平等, 無分別如如智之所入處.

"모든 마음과 뜻과 식(識)으로 분별하는 생각을 여의었으며, 집착함이 없으며, 허공과 같으며, 일체 법에 들어가 허공의 성품과 같나니, 이것을 말하여 무생법인을 얻었다 하느니라."

離一切心、意、識分別想, 無所取著, 猶如虛空, 入一切法如虛空性, 是名得無生法忍.

"불자여, 보살이 이 무생법인을 성취하고는 즉시 제8의 부동지에 들어가나니, 깊이 행하는 보살이 되어서 알기 어려우며, 차별이 없으며, 일체 모양과 일체 생각과 일체 집착을 여의며, 한량이 없고 끝이 없으며, 일체 성문과 벽지불이 미칠 수 없으며, 모든 시끄러움을 여의어서 적멸이 앞에 나타나느니라."

佛子, 菩薩成就此忍, 即時得入第八不動地. 爲深行菩薩, 難可知、無差別, 離一切相、一切想、一切執著, 無量無邊, 一切聲聞、辟支佛所不能及. 離諸諠諍, 寂滅現前.

"마치 비구가 신통을 구족하고 마음이 자재하게 되어, 차례로 멸진정에 들어가면 모든 동하는 마음과 기억하는 분별이 모두 쉬나니, 이 보살도 그와 같아서 부동지에 머물면, 일체 공들여 작용하는 행을 버리고 공들여 작용함이 없는 법에 들어가서, 몸과 입과 뜻으로 하는 법과 생각과 일이 모두 쉬고 과보의 행에 머무느니라."

譬如比丘, 具足神通, 得心自在, 次第乃至入滅盡定, 一切動心、憶想分別, 悉皆止息. 此菩薩摩訶薩亦復如是, 住不動地, 即捨一切功用行, 得無功用法, 身、口、意業念務皆息,住於報行.

"마치 어떤 사람이 꿈에 몸이 큰 강에 빠졌는데, 건너가기 위하여 큰 용기를 내어 방편을 베풀었으므로 꿈을 깨게 되나니, 꿈을 깨고 나면 하는 일이 모두 쉬게 됨과 같느니라. 보살도 그와 같아서 중생의 몸이 네 가지 폭류[四流]에 있음을 보고 제도하기 위하여 큰 용기를 내어 크게 정진하며, 큰 용맹으로 정진하므로 이 부동지에 이르나니, 이 경지에 이르면 일체 공들여 작용함이 모두 쉬어, 두 가지 행(二行; 생사와 열반)과 형상 있는 행(相行; 현상계를 좇는 행)이 앞에 나타나지 아니하느니라."

譬如有人, 夢中見身墮在大河, 爲欲渡30)故, 發大勇猛, 施大方便, 以大勇猛, 施方便故, 即便覺寤; 既覺寤已, 所作皆息. 菩薩亦爾, 見衆生身在四流中, 爲救度故, 發大勇猛, 起大精進, 以勇猛精進故, 至不31)動地; 既至此已, 一切功用靡不皆息, 二行、相行悉不現前.

"불자여, 마치 범천에 태어나면 욕계의 번뇌가 앞에 나타나지 아니하나니, 부동지에 머무는 것도 그와 같아서 모

---

30) 渡; 고려본 渡, 대만본 度.
31) 不; 고려본 不, 대만본 不此.

든 마음과 뜻과 식으로 하는 행이 앞에 나타나지 아니하느니라."

佛子, 如生梵世, 欲界煩惱皆不現前; 住不動地亦復如是, 一切心、意、識行皆不現前.

"이 보살 마하살은 보살이란 마음, 부처란 마음, 보리란 마음, 열반이란 마음도 일으키지 아니하거든 하물며 세간의 마음을 일으키겠는가."

此菩薩摩訶薩, 菩薩心、佛心、菩提心、涅槃心, 尚不現起, 況復起於世間之心.

"불자여, 이 지위의 보살은 본래의 원력으로 여러 부처님 세존이 그 앞에 나타나 여래의 지혜를 주어서 법의 흐르는 문에 들어가게 하고, 이같이 말하느니라."

佛子, 此地菩薩本願力故, 諸佛世尊親現其前, 與如來智, 令其得入法流門中, 作如是言.

'잘하도다. 선남자여, 이 인(忍)이란 첫째로 부처님의 법을 순종하는 것이니라. 그러나 선남자여, 우리가 가지고 있는 열 가지 힘과, 두려움 없음과, 열여덟 가지 함께하지 않는 부처님의 법을 그대는 아직 얻지 못하였으니 그대는 이 법을 성취하기 위하여 부지런히 정진할 것이요, 이 인

(忍)의 문에서 방일하지 말라.'

善哉, 善哉, 善男子, 此忍第一, 順諸佛法. 然善男子, 我等所有十力、無畏、十八不共諸佛之法, 汝今未得, 汝應爲欲成就此法, 勤加精進, 勿復放捨於此忍門.

'또 선남자여, 그대는 비록 이 고요한 해탈을 얻었지마는, 범부들은 능히 증득하지 못하였으므로 여러 가지 번뇌가 앞에 나타나기도 하고, 여러 가지 깨닫고 관찰함이 항상 침노하나니, 그대는 이런 중생들을 불쌍하게 생각하라.'

又善男子, 汝雖得是寂滅解脫, 然諸凡夫未能證得, 種種煩惱皆悉現前, 種種覺觀常相侵害, 汝當愍念如是衆生.

'또 선남자여, 그대는 본래에 세운 서원을 기억하고 일체 중생을 모두 요익케 하여 불가사의한 지혜의 문에 들어가게 하라.'

又善男子, 汝當憶念本所誓願, 普大饒益一切衆生, 皆令得入不可思議智慧之門.

'또 선남자여, 이 모든 법의 법다운 성품은 부처님이 세상에 나셨거나 나지 않았거나 간에 항상 있어 다르지 아니하며, 부처님이 이 법을 얻었다고 해서 여래라 이름하는 것 아니니, 일체 2승도 이 분별없는 법을 능히 얻느니라.'

又善男子, 此諸法法性, 若佛出世, 若不出世, 常住不異, 諸佛不以得此法故, 名爲如來, 一切二乘亦能得此無分別法.

'선남자여, 그대는 나의 몸이 한량없고 지혜가 한량없고 국토가 한량없고 방편이 한량없고 광명이 한량없고 청정한 음성이 한량없음을 보나니, 그대는 이제 이 일을 성취하도록 하라.'

又善男子, 汝觀我等身相無量, 智慧無量, 國土無量, 方便無量, 光明無量, 淸淨音聲亦無有量, 汝今宜應成就此事.

'또 선남자여, 그대는 이제 다만 한 가지 법의 밝음을 얻었나니, 일체 법은 남이 없고 분별도 없느니라. 선남자여, 여래의 법의 밝음은 한량없는 데 들어가서 한량없이 작용하고 한량없이 굴러가며, 내지 백천 억 나유타 겁에도 알 수 없나니, 그대는 마땅히 수행하여 이 법을 성취하라.'

又善男子, 汝今適得此一法明, 所謂, 一切法無生、無分別. 善男子, 如來法明無量入、無量作、無量轉, 乃至百千億那由他劫不可得知, 汝應修行, 成就此法.

'또 선남자여, 그대는 시방의 한량없는 국토와 한량없는 중생과 한량없는 법의 가지가지로 차별한 것을 보나니, 모두 사실과 같이 그런 일을 통달하라.'

又善男子, 汝觀十方無量國土、無量衆生、無量法, 種種差別, 悉應如實通達其事.

"불자여, 부처님 세존께서 이 보살에게 이렇게 한량없이 지혜를 일으키는 문을 주어서 한량없고 끝이 없이 차별하는 지혜의 업을 일으키게 하거니와, 불자여, 만일 부처님이 이 보살에게 지혜를 일으키는 문을 주지 아니하였으면, 그때는 구경의 열반에 들어서 모든 중생을 요익하는 업을 버렸을 것이언만, 여러 부처님이 이렇게 한량없고 끝이 없이 지혜를 일으키는 문을 주었으므로, 잠깐 사이에 내는 지혜의 업을 처음 발심한 때부터 7지에 이르도록 닦은 행으로는 백 분의 하나에도 미치지 못하고, 내지 천억 나유타 분의 하나에도 미치지 못하며, 이와 같이 아승기 분, 가라 분, 산수 분, 비유 분, 우바니사타 분의 하나에도 미치지 못하느니라."

佛子, 諸佛世尊與此菩薩如是等無量起智門, 令其能起無量無邊差別智業. 佛子, 若諸佛不與此菩薩起智門者, 彼時卽入究竟涅槃, 棄捨一切利衆生業. 以諸佛與如是等無量無邊起智門故, 於一念頃所生智業, 從初發心乃至七地所修諸行, 百分不及一, 乃至百千億那由他分亦不及一. 如是阿僧祇分, 歌羅分, 算數分, 譬諭32)分, 優波尼沙陀分, 亦不及一.

"무슨 까닭인가? 불자여, 이 보살이 먼저는 한 몸으로 행을 일으켰지마는, 이제 이 지(地)에서는 한량없는 몸과 한량없는 음성과 한량없는 지혜와 한량없이 태어남과 한량없이 깨끗한 국토를 얻었으며, 한량없는 중생을 교화하고 한량없는 부처님께 공양하고 한량없는 법문에 들어가고 한량없는 신통을 갖추고 한량없는 대중이 모인 도량을 가졌으며, 한량없는 몸과 말과 뜻으로 짓는 업에 머물러서 모든 보살의 행을 모으되 동요하지 않는 법으로써 하는 까닭이니라."
何以故. 佛子, 是菩薩先以一身起行, 今住此地, 得無量身、無量音聲、無量智慧、無量受生、無量淨國, 教化無量衆生, 供養無量諸佛, 入無量法門, 具無量神通, 有無量衆會道場差別, 住無量身、語、意業, 集一切菩薩行, 以不動法故.

"불자여, 마치 배를 타고 한 바다에 들어갈 적에, 한 바다에 이르기까지는 많은 공력을 써야 하지만, 한 바다에 들어가서는 바람을 따라다니고 사람의 힘을 빌리지 않음과 같나니, 한 바다에서 하루 동안 간 거리를 한 바다에 이르지 못하였을 적에 백 년 동안 간 거리로는 미치지 못함과 같느니라."
佛子, 譬如乘船欲入大海, 未至於海, 多用功力, 若至海已, 但隨風去, 不假人力以至大海. 一日所行比於未至, 其未至

---

32) 諭 ; 고려본 諭, 대만본 喩.

時, 設經百歲亦不能及.

"불자여, 보살 마하살도 그와 같아서, 광대한 선근의 양식을 모아 대승의 배를 타고 보살행의 바다에 이르면 잠깐 사이에 공력을 쓰지 않는 지혜로 온갖 지혜의 지혜 경계에 들어가는 것을, 본래 공력을 쓰는 행으로는 한량없는 백천 억 나유타 겁을 지내더라도 미치지 못하느니라."
佛子, 菩薩摩訶薩亦復如是, 積集廣大善根資糧, 乘大乘船到菩薩行海. 於一念頃, 以無功用智, 入一切智智境界, 本有功用行, 經於無量百千億那由他劫所不能及.

"불자여, 보살이 제8지에 머물러서는 큰 방편과 교묘한 지혜로 일으킨 공용이 없는 지혜로 온갖 지혜의 지혜로 행할 경계를 관찰하나니, 이른바 세간이 이루어짐을 관찰하고 세간이 망가짐을 관찰하며, 이 업이 모임으로써 이루어지는 것과 이 업이 다하여 망가지는 것과 얼마 동안 이루어졌다가 얼마 동안 망가지는 것과, 얼마 동안 이루어져 머물고 얼마 동안 망가져서 머무는가를 모두 사실대로 아느니라."
佛子, 菩薩住此第八地, 以大方便善巧智所起無功用覺慧, 觀一切智智所行境. 所謂, 觀世間成, 觀世間壞; 由此業集故成, 由此業盡故壞. 幾時成. 幾時壞. 幾時成住. 幾時壞住.

皆如實知.

"또 지대 경계의 작은 모양과 큰 모양과 한량없는 모양과 차별한 모양을 알고, 수대와 화대와 풍대가 갖는 경계의 작은 모양과 큰 모양과 한량없는 모양과 차별한 모양을 알며, 작은 티끌의 미세한 모양과 차별한 모양과 한량없이 차별한 모양을 알며, 어떠한 세계에 있는 티끌의 무더기와 티끌의 차별한 모양이라도 모두 사실대로 알며, 어떠한 세계에 있는 지대, 수대, 화대, 풍대의 경계가 각각 얼마만한 티끌인 것과 거기 있는 보물의 티끌이 얼마인 것과, 중생의 몸의 티끌이 얼마인 것과, 국토들의 티끌이 얼마인 것을 사실대로 알며, 중생의 큰 몸과 작은 몸이 각각 얼마의 티끌로 이루어졌는지를 알며, 지옥의 몸과 축생의 몸과 아귀의 몸과 아수라의 몸과 하늘의 몸과 인간의 몸이 각각 얼마의 티끌로 이루어졌는지를 알아서 이렇게 티끌의 차별을 아는 지혜를 얻느니라."

又知地界小相、大相、無量相、差別相, 知水、火、風界小相、大相、無量相、差別相, 知微塵細相、差別相、無量差別相. 隨何世界中, 所有微塵聚, 及微塵差別相, 皆如實知; 隨何世界中所有地、水、火、風界各若干微塵, 所有寶物若干微塵, 衆生身若干微塵, 國土身若干微塵, 皆如實知; 知衆生大身、小身, 各若干微塵成. 知地獄身、畜生身、餓鬼

身、阿脩羅身、天身、人身, 各若干微塵成, 得如是知微塵
差別智.

"또 욕계와 색계와 무색계의 이루어짐을 알고, 욕계와 색
계와 무색계의 망가짐을 알며, 욕계와 색계와 무색계의
작은 모양, 큰 모양, 한량없는 모양, 차별한 모양을 알아
서 이렇게 3계의 차별을 관찰하는 지혜를 얻느니라."
又知欲界、色界、無色界成, 知欲界、色界、無色界壞, 知
欲界、色界、無色界小相、大相、無量相、差別相, 得如是
觀三界差別智.

"불자여, 이 보살이 다시 지혜의 광명을 일으켜서 중생을
교화하나니, 이른바 중생의 차별한 몸을 잘 알며, 중생의
몸을 잘 분별하며, 태어나는 곳을 잘 알아서, 그 마땅한
대로 몸을 나타내어 교화하고 성숙하게 하느니라."
佛子, 此菩薩復起智明, 教化衆生. 所謂, 善知衆生身差別,
善分別衆生身, 善觀察所生處. 隨其所應而爲現身, 教化成
熟.

"이 보살이 한 3천대천세계에서 중생의 몸과 믿고 아는
차별을 따라서 지혜의 광명으로 두루 태어나는 일을 나타
내며, 이와 같이 둘이나 셋이나 백이나 천이나, 내지 말할

수 없는 3천대천세계에서 모든 중생의 몸과 믿고 아는 차별을 따라서 그 가운데서 널리 태어남을 나타내느니라.
此菩薩於一三千大千世界, 隨衆生身信解差別, 以智光明普現受生; 如是若二、若三, 乃至百千, 乃至不可說三千大千世界, 隨衆生身信解差別, 普於其中示現受生."

"이 보살이 이러한 지혜를 성취하였으므로, 한 부처님 세계에서 몸이 동요하지 아니하며, 내지 말할 수 없는 세계의 대중이 모인 가운데서 그 몸을 나타내느니라."
此菩薩成就如是智慧故, 於一佛刹其身不動, 乃至不可說佛刹衆會中, 悉現其身.

"불자여, 이 보살이 중생들의 몸과 마음과 믿음과 아는 일이 가지가지로 차별함을 따라서 그 부처님의 대중 가운데서 몸을 나타내나니, 이른바 사문의 대중 가운데서는 사문의 형상을 보이고, 바라문 대중 가운데서는 바라문의 형상을 보이고, 찰제리 대중 가운데서는 찰제리의 형상을 나타내며, 이와 같이 비사 대중, 수타 대중, 거사 대중, 사천왕 대중, 33천 대중, 야마천 대중, 도솔타천 대중, 화락천 대중, 타화자재천 대중, 마군의 대중, 범천 대중과, 내지 아가니타천 대중 가운데서도 각각 그들의 종류를 따라서 형상을 나타내느니라."

佛子, 此菩薩隨諸衆生身心信解種種差別, 於彼佛國衆會之中而現其身. 所謂, 於沙門衆中示沙門形, 婆羅門衆中示婆羅門形, 刹利衆中示刹利形. 如是毘舍衆、首陀衆、居士衆、四天王衆、三十三天衆、夜摩天衆、兜率陀天衆、化樂天衆、他化自在天衆、魔衆、梵衆, 乃至阿迦尼吒天衆中, 各隨其類而爲現形.

"또 성문의 몸으로 제도할 이에게는 성문의 형상을 나타내고, 벽지불의 몸으로 제도할 이에게는 벽지불의 형상을 나타내고, 보살의 몸으로 제도할 이에게는 보살의 형상을 나타내고, 여래의 몸으로 제도할 이에게는 여래의 형상을 나타내나니, 불자여, 보살이 이와 같이 말할 수 없는 모든 부처님의 국토에서 중생들의 믿고 좋아하는 차별을 따라서 이렇게 몸을 나타내느니라."

又應以聲聞身得度者, 現聲聞形; 應以辟支佛身得度者, 現辟支佛形; 應以菩薩身得度者, 現菩薩形; 應以如來身得度者, 現如來形. 佛子, 菩薩如是於一切不可說佛國土中, 隨諸衆生信樂差別, 如是如是而爲現身.

"불자여, 이 보살의 모든 몸이란 분별을 아주 여의고 평등한 데 머물며, 이 보살은 중생인 몸과 국토인 몸과 업으로 받는 몸과 성문의 몸과 독각의 몸과 보살의 몸과 여래의 몸과 지혜인 몸과 법인 몸과 허공인 몸을 아느니라."

佛子, 此菩薩遠離一切身想分別, 住於平等. 此菩薩知衆生身、國土身、業報身、聲聞身、獨覺身、菩薩身、如來身、智身、法身、虛空身.

"이 보살이 중생들의 마음에 좋아함을 알고는, 중생인 몸으로 자기의 몸을 짓기도 하고, 국토인 몸과 업으로 받는 몸과 내지 허공인 몸을 짓기도 하며, 또 중생들의 좋아함을 알고는 국토인 몸으로써 자기의 몸을 짓기도 하고, 중생인 몸과 업으로 받는 몸과 내지 허공인 몸을 짓기도 하며, 또 중생들의 좋아함을 알고는 업으로 받는 몸으로써 자기의 몸을 짓기도 하고, 중생인 몸과 국토인 몸과 내지 허공인 몸을 짓기도 하며, 또 중생들의 몸과 국토인 몸과 내지 허공인 몸을 짓나니, 중생들의 좋아함이 같지 아니하기 때문에 각각 좋아함을 따라서 이 몸으로 이러한 형상을 나타내느니라."

此菩薩知諸衆生心之所樂, 能以衆生身作自身, 亦作國土身、業報身, 乃至虛空身. 又知衆生心之所樂, 能以國土身作自身, 亦作衆生身、業報身, 乃至虛空身. 又知諸衆生心之所樂, 能以業報身作自身, 亦作衆生身、國土身, 乃至虛空身. 又知衆生心之所樂, 能以自身作衆生身、國土身, 乃至虛空身. 隨諸衆生所樂不同, 則於此身現如是形.

"이 보살이 중생들의 업이 모인 몸[集業身]과 갚아진 몸[報身]과 번뇌의 몸과 형상 있는 몸[色身]과 형상 없는 몸[無色身]을 알며, 또 국토인 몸의 작은 모양, 큰 모양, 한량없는 모양, 더러운 모양, 깨끗한 모양, 넓은 모양, 거꾸로 있는 모양, 바로 있는 모양, 널리 들어간 모양, 사방으로 그물처럼 차별한 모양을 아느니라."

此菩薩知衆生集業身、報身、煩惱身、色身、無色身. 又知國土身小相、大相、無量相; 染相、淨相、廣相; 倒住相、正住相、普入相、方網差別相.

"또 업으로 갚아진 몸이란 가명(假名)으로 차별한 것임을 알고, 성문의 몸과 보살의 몸과 독각의 몸이란 것이 가명을 가져 차별한 것임을 알고, 여래의 몸에 보리의 몸[菩提身], 서원의 몸[誓身], 나툰 몸[化身], 힘으로 유지하는 몸[力持身], 몸매로 장엄한 몸[相好莊嚴身], 위엄과 세력 있는 몸[威勢身], 뜻대로 나는 몸[意生身], 복덕의 몸, 법의 몸, 지혜의 몸이 있음을 아느니라."

知業報身假名差別, 知聲聞身、獨覺身、菩薩身假名差別. 知如來身有菩提身、願身、化身、力持身、相好莊嚴身、威勢身、意生身、福德身、法身、智身.

"또 지혜의 몸에 잘 생각하는 모양, 사실대로 결정하는 모양, 결과와 행에 거두어진 모양, 세간과 출세간의 차별한 모양, 3승이 차별한 모양, 함께하는 모양, 함께하지 않는 모양, 뛰어난 모양, 뛰어나지 않은 모양, 배우는 모양, 배울 것 없는 모양을 아느니라."

知智身善思量相、如實決擇相、果行所攝相; 世間出世間差別相、三乘差別相; 共相、不共相; 出離相、非出離相; 學相、無學相.

"또 법의 몸에 평등한 모양, 깨뜨릴 수 없는 모양, 때를 따르고 시속을 따라 붙인 이름으로 차별한 모양, 중생과 중생 아닌 법의 차별한 모양, 부처님 법과 거룩한 스님의 법이 차별한 모양을 아느니라."

知法身平等相、不壞相; 隨時隨俗假名差別相、衆生非衆生法差別相、佛法聖僧法差別相.

"또 허공인 몸에 한량없는 모양, 두루한 모양, 형상 없는 모양, 다르지 않은 모양, 그지없는 모양, 형상으로 몸을 나타내는 모양을 아느니라."

知虛空身無量相、周遍相、無形相、無異相、無邊相、顯現色身相.

"불자여, 보살이 이러한 몸과 지혜를 성취하고는 목숨에 자유롭고, 마음에 자유롭고, 재물에 자유롭고, 업에 자유롭고, 나는데 자유롭고, 서원에 자유롭고, 아는데 자유롭고, 뜻대로 하는데 자유롭고, 지혜에 자유롭고, 법에 자유로움을 얻나니, 이 열 가지 자유로움을 얻었으므로 헤아릴 수 없이 지혜로운 이, 한량없이 지혜로운 이, 넓고 크게 지혜로운 이, 깨뜨릴 수 없이 지혜로운 이가 되느니라."

佛子, 菩薩成就如是身智已, 得命自在、心自在、財自在、業自在、生自在、願自在、解自在、如意自在、智自在、法自在. 得此十自在故, 則爲不思議智者、無量智者、廣大智者、無能壞智者.

"이 보살이 이렇게 들어가고 이렇게 성취하고는 끝까지 허물없는 몸의 업과 허물없는 말의 업과 허물없는 뜻의 업을 얻으며, 몸과 말과 뜻으로 짓는 업이 지혜를 따라 행하며, 반야바라밀다가 늘어나고 가엾이 여기는 마음이 으뜸이 되어 공교한 방편으로 잘 분별하며, 큰 서원을 일으키고 부처님의 힘으로 보호하는 바 되어, 중생을 요익할 지혜를 부지런히 닦으며, 그지없이 차별한 세계에 널리 머무느니라."

此菩薩如是入已, 如是成就已, 得畢竟無過失身業、無過失語業、無過失意業. 身、語、意業隨智慧行, 般若波羅蜜增上, 大悲爲首, 方便善巧, 善能分別, 善起大願, 佛力所護,常勤修習利衆生智, 普住無邊差別世界.

"불자여, 중요함을 들어 말하면, 보살이 이 부동지에 머물러서는 몸과 말과 뜻의 업으로 하는 일이 모두 온갖 부처의 법을 쌓아 모으느니라."
佛子, 擧要言之, 菩薩住此不動地, 身、語、意業諸有所作, 皆能積集一切佛法.

"불자여, 보살이 이 지에 머물고, 잘 머무른 깊은 마음의 힘을 얻나니 모든 번뇌가 행하지 않는 연고며, 잘 머무른 훌륭한 마음의 힘을 얻나니 도를 여의지 않는 연고며, 잘 머무른 대비의 힘을 얻나니 중생을 요익하기를 버리지 않는 연고며, 잘 머무른 대자의 힘을 얻나니 모든 세간의 구호하는 연고며, 잘 머무른 다라니의 힘을 얻나니 법을 잊지 않는 연고며, 잘 머무른 변재의 힘을 얻나니 모든 법을 관찰하여 분별하는 연고며, 잘 머무른 신통의 힘을 얻나니 그지없는 세계에 널리 머무는 연고며, 잘 머무른 큰 서원의 힘을 얻나니 모든 보살의 지을 것을 버리지 않는 연고며, 잘 머무른 바라밀다의 힘을 얻나니 모든 불법을 성취하는 연고며, 여래의 호념하시는 힘을 얻나니 갖가지 지혜와 온갖 지혜의 지혜가 앞에 나타나는 연고니라."
佛子, 菩薩住此地, 得善住深心力, 一切煩惱不行故; 得善住勝心力, 不離於道故; 得善住大悲力, 不捨利益衆生故; 得善住大慈力, 救護一切世間故; 得善住陀羅尼力, 不忘於法故; 得善住辯才力, 善觀察、分別一切法故; 得善住神通力, 普往無邊世界故; 得善住大願力, 不捨一切菩薩所作故; 得善住波羅蜜力, 成就一切佛法故; 得如來護念力, 一切種、一切智智現前故.

"이 보살이 이러한 지혜의 힘을 얻고는 지어야 할 모든 일을 능히 나투며, 모든 일에 허물이 없느니라."
此菩薩得如是智力, 能現一切諸所作事, 於諸事中無有過咎.

"불자여, 이 보살의 지혜의 지(地)를 부동지(地)라 이름하나니 깨뜨릴 수 없는 연고며, 굴러가지 않는 지(地)라 이름하나니 깨뜨릴 수 없는 연고며, 얻기 어려운 지(地)라 이름하나니 일체 세간에서 헤아릴 수 없는 연고며, 동진지(地)라 이름하나니 모든 허물을 여의는 연고며, 내는 지(地)라 이름하나니 따라 즐거워함이 자유로운 연고며, 이루어진 지(地)라 이름하나니 다시 지을 것이 없는 연고며, 구경지(地)라 이름하나니 지혜가 결정적인 연고이며, 변화하는 지(地)라 이름하나니 소원을 따라 성취하는 연고며, 힘으로 유지하는 지(地)라 이름하나니 다른 이가 동하지 못하는 연고며, 힘의 작용이 없는 지(地)라 이름하나니 이미 성취한 연고이니라."

佛子, 此菩薩智地, 名爲不動地, 無能沮壞故; 名爲不轉地, 智慧無退故; 名爲難得地, 一切世間無能測故; 名爲童眞地, 離一切過失故; 名爲生地, 隨樂自在故; 名爲成地, 更無所作故; 名爲究竟地, 智慧決定故; 名爲變化地, 隨願成就故; 名爲力持地, 他不能動故; 名爲無功用地, 先已成就故.

"불자여, 보살이 이런 지혜를 이루고는 부처님의 경계에 들어가며, 부처님의 공덕을 비쳐보며, 부처님의 위의를 따르며, 부처님 경지가 앞에 나타나며, 항상 여래의 호념하심이 되며, 범천과 제석천과 사천왕과 금강역사가 항상 따라 모시고 호위하며, 여러 큰 삼매를 떠나지 아니하며, 한량없는 여러 가지 몸의 차별함을 나타내며, 낱낱 몸마다 큰 세력이 있으며, 과보로 신통을 얻으며, 삼매에 자유로우며, 교화할 중생이 있는 곳에서 그 중생을 따라 바른 깨달음을 이루느니라."

佛子, 菩薩成就如是智慧, 入佛境界, 佛功德照, 順佛威儀, 佛境現前. 常爲如來之所護念, 梵釋四王、金剛力士, 常隨侍衛, 恒不捨離諸大三昧, 能現無量諸身差別, 於一一身有大勢力, 報得神通三昧自在, 隨有可化衆生之處, 示成正覺.

"불자여, 보살이 이와 같이 대승의 모임에 들어가서 큰 신통을 얻으며, 큰 광명을 놓으며, 걸림이 없는 법계에 들어가며, 세계의 차별함을 알며, 모든 큰 공덕을 나타내며, 마음대로 자유로우며, 앞 세상, 뒷세상을 잘 통달하며, 모든 마군과 외도들을 굴복하며, 여래의 행하시는 경지에 깊이 들어가느니라."

佛子, 菩薩如是入大乘會, 獲大神通, 放大光明, 入無礙法界, 知世界差別, 示現一切諸大功德, 隨意自在, 善能通達前際後際, 普伏一切魔邪之道, 深入如來所行境界.

"한량없는 국토에서 보살의 행을 닦아서 물러나지 않는 법을 얻었으므로 부동지에 머물렀다고 이름하느니라."

於無量國土, 修菩薩行, 以能獲得不退轉法, 是故說名住不動地.

"불자여, 보살이 이 부동지에 머물고는, 삼매의 힘으로써 한량없는 부처님을 항상 떠나지 않고 받들어 섬기며 공양하느니라. 이 보살이 모든 겁마다 낱낱 세계에서 한량없는 백 부처님, 한량없는 천 부처님과 내지 한량없는 백천억 나유타 부처님을 뵙고 공경하며 존중하며 섬기고 공양하며, 온갖 필수품을 모두 이바지하며, 여러 부처님에게서 여래의 깊고 깊은 법장을 얻고, 차별한 세계와 같은 한량없는 법을 밝게 하는 능력을 받았으므로 세계의 차별함을 묻는 이가 있더라도 그런 일로는 굽힐 수 없느니라. 이렇게 한량없는 백 겁, 한량없는 천 겁과, 내지 한량없는 백천 억 나유타 겁을 지내었으므로 선근이 점점 더 밝고 깨끗하여지느니라."

佛子, 菩薩住此不動地已, 以三昧力, 常得現見無量諸佛, 恒不捨離承事供養. 此菩薩於一一劫、一一世界, 見無量百佛、無量千佛, 乃至無量百千億那由他佛, 恭敬尊重, 承事供養, 一切資生悉以奉施. 於諸佛所, 得於如來甚深法藏, 受世界差別等無量法明; 若有問難世界差別, 如是等事, 無能屈者. 如是經於無量百劫、無量千劫, 乃至無量百千億那由他劫, 所有善根轉增明淨.

"비유컨대, 진금으로 보배 관을 만들어 염부제 임금이 머리에 쓰면, 모든 신하가 장엄한 것으로는 따를 수가 없음과 같나니, 이 지(地)의 보살이 가진 착한 뿌리도 그와 같아서 모든 2승이나, 내지 제7지 보살이 가진 착한 뿌리로는 미칠 수 없느니라. 이 지에 머물러서는 큰 지혜의 광명으로는 중생들의 캄캄한 번뇌를 멸하고 지혜의 문을 잘 여는 까닭이니라."

譬如眞金, 治作寶冠, 置閻浮提主聖王頂上, 一切臣民諸莊嚴具無與等者; 此地菩薩所有善根亦復如是, 一切二乘, 乃至第七地菩薩所有善根無能及者. 以住此地大智光明, 普滅衆生煩惱黑闇, 善能開闡智慧門故.

"불자여, 마치 일천 세계의 주인인 대범천왕은 자비한 마음을 널리 운전하고 광명을 두루 놓아서 일천 세계에 가득하나니, 이 지의 보살도 그와 같아서 광명을 놓아 백만 세계의 티끌 수 같은 세계를 비추어, 중생들에게 번뇌의 불길을 멸하고 서늘하게 하느니라."

佛子, 譬如千世界主大梵天王, 能普運慈心, 普放光明, 滿千世界; 此地菩薩亦復如是, 能放光明, 照百萬佛刹微塵數世界, 令諸衆生滅煩惱火而得淸涼.

"이 보살이 10바라밀 중에서는 서원 바라밀다가 더욱 느나니, 다른 바라밀다를 닦지 않는 것은 아니지만 힘을 따르고 분한을 따를 뿐이니라."

此菩薩, 十波羅蜜中, 願波羅蜜增上; 餘波羅蜜非不修行, 但隨力隨分.

"이것이 보살 마하살의 제8 부동지를 간략히 말함이라 하거니와, 만일 널리 말하자면 한량없는 겁을 지나더라도 다 할 수 없느니라."

是名略說諸菩薩摩訶薩第八不動地; 若廣說者, 經無量劫不可窮盡.

"불자여, 보살 마하살이 이 지에 머물러서는 흔히 대범천왕이 되어 일천 세계를 주관하며, 가장 훌륭하고 자유롭게 여러 이치를 말하여 성문이나 벽지불에게 보살의 바라밀을 일러주며, 만일 세계의 차별을 힐난하는 이가 있더라도 능히 굽히지 못하느니라.

보시하고 좋은 말을 하고 이익한 행을 하고 일을 함께하나니, 이렇게 여러 가지 짓는 업이 모두 부처님 생각함을 떠나지 아니하며, 내지 갖가지 지혜와 온갖 지혜의 지혜를 생각함을 떠나지 아니하느니라."

佛子, 菩薩摩訶薩住此地, 多作大梵天王, 主千世界, 最勝自在, 善說諸義, 能與聲聞、辟支佛、諸菩薩波羅蜜道. 若有問難世界差別, 無能退屈. 布施、愛語、利行、同事——如是一切諸所作業, 皆不離念佛, 乃至不離念一切種、一切智智.

"또 생각하기를 '내가 중생들 가운데 머리가 되고 나은 이가 되며, 내지 온갖 지혜의 지혜에 의지함이 되리라' 하느니라. 이 보살이 만일 크게 정진하는 힘을 내면, 잠깐 사이에 백만 3천대천세계의 티끌 수 같은 삼매를 얻으며, 내지 백만 3천대천세계의 티끌 수 보살로 권속을 삼거니와, 만일 보살의 수승한 원력으로 자유롭게 나타내면, 이보다 지나가서, 내지 백천 억 나유타 겁에도 세어서 알지 못하느니라."

復作是念, 我當於一切衆生中, 爲首爲勝, 乃至爲一切智智依止者. 此菩薩若以發起大精進力, 於一念頃, 得百萬三千大千世界微塵數三昧, 乃至示現百萬三千大千世界微塵數菩薩, 以爲眷屬. 若以菩薩殊勝願力, 自在示現, 過於是數, 乃至百千億那由他劫, 不能數知.

제4장 깨달음의 경지

모든 설법은 깨달음을 얻는 것이 궁극의 목적이다. 깨달음이란 부처님의 경지를 실제로 체험하는 것을 뜻한다. 믿음, 이해, 수행을 토대로 한 깨달음은 『화엄경』에서 마지막 관문이다. 이를 「입법계품」이라 하여, 선재 동자란 인물을 등장시켜 53인의 선지식을 차례로 찾으면서 여러 지위의 과정을 닦아 나아가게 한다.

처음 문수 보살을 만나 10신(信)을 얻고, 이어 덕운 비구, 해운 비구, 선주 비구, 미가 장자, 해탈 장자, 해당 비구, 휴사 우바이, 비목 선인, 승렬 바라문, 자행 동녀를 만나 각각 한 법문씩을 듣고서 10주(住)의 법을 깨닫는다.

이어, 선견 비구, 자재주 동자, 구족 우바이, 명지 거사, 법보계 장자, 보안 장자, 무염족왕, 대광왕, 부동 우바이, 변행 외도에게는 10행(行)을 얻고, 다시 남쪽으로 가서 육향 장자, 바시라 뱃사공, 무상승 장자, 사자빈신 비구니, 바수밀다 여인, 비슬지라 거사, 관자재 보살, 정취 보살, 대천신, 안주 주지신에게는 각각 10회향(廻向)의 법을 얻는다.

다시 남쪽으로 가면서 바산바연저 주야신, 보덕정광 주야신, 희목관찰 중생신 주야신, 보구중생묘덕 주야신, 적정음해 주야신, 수호일체성 주야신, 개부일체수화 주야신, 대원정진력 주야신, 묘덕원만 주야신, 구바 석종녀 등에게는 10지(地)의 법을 얻는다.

다시 남쪽으로 가면서 마야 부인, 천주광녀, 모든 이의 벗이 되는 꼬마 선생, 모든 예술에 통달한 동자, 현승 우바이, 견고한 해탈 장자, 묘월 장자, 무승군 장자, 최적정 바라문, 덕생 동자, 미륵 보살을 만나고, 다시 마지막으로 문수 보살을 만나는데 여기에서 등각(等覺)의 법을 얻는다.

마지막으로 보현 보살을 만나서 열 가지 깨뜨릴 수 없는 지혜 법문을 얻고, 보현 보살의 털 구멍에 들어가 수 없는 세계를 지나 모든 경계가 부처님과 평등하게 되니, 이는 묘각(妙覺)의 법으로서 궁극의 과위가 된다.

1. 묘각에 들어감

> **해설**
>
> 이하에서는 「입법계품」의 마지막 부분인 보현 보살을 만나는 대목을 소개한다.
>
> 【운허 역 : 하책 pp.770하~778상】
> 【권제80, 입법계품 제39, 대정장10, pp.440상~442중】
> ↳ p.488 참조

이때, 선재 동자는 이 열 가지 빛나는 모양을 보고 이렇게 생각하였다.
時, 善財童子見此十種光明相已, 卽作是念.

'나는 이제 반드시 보현 보살을 보고 선근을 더할 것이며, 모든 부처님을 보고 보살의 광대한 경지에 대하여 결정적인 지혜를 내어 온갖 지혜를 얻으리라.'
我今必見普賢菩薩, 增益善根, 見一切佛; 於諸菩薩廣大境界, 生決定解, 得一切智.

이때 선재 동자는 여러 감관을 거두어 일심으로 보현 보살을 보려고 크게 정진하며 마음이 물러나지 아니하였고, 넓은 눈으로 시방의 모든 부처님과 여러 보살을 관찰하면서, 보이는 것마다 보현 보살을 뵈옵는 생각을 지었으며, 지혜의 눈으로 보현의 도를 보니, 마음이 광대하기 허공과 같았고, 크게 가엾이 여김이 견고하기 금강과 같았으며, 오는 세월이 끝나도록 보현 보살을 따라다니면서 생각 생각마다 보현의 행을 순종하여 닦으려 하였고, 지혜를 성취하고 여래의 경지에 들어 보현의 지위에 머물려 하였다.

於時, 善財普攝諸根, 一心求見普賢菩薩, 起大精進, 心無退轉. 卽以普眼觀察十方一切諸佛·諸菩薩衆, 所見境界, 皆作得見普賢之想; 以智慧眼觀普賢道, 其心廣大猶如虛空, 大悲堅固猶如金剛; 願盡未來常得隨逐普賢菩薩, 念念隨順, 修普賢行, 成就智慧入如來境, 住普賢地.

이때 선재 동자가 보니, 보현 보살이 여래의 앞에 모인 대중 가운데서 보배 연꽃의 사자좌에 앉았는데 모든 보살이 함께 둘러 모셨으며, 가장 특수하여 세간에 짝할 이가 없으며, 지혜의 경지는 한량없고 그지없으며 헤아리기 어렵고 생각하기 어려워 3세 부처님과 평등하며 모든 보살이 살펴볼 수 없었다.

時, 善財童子卽見普賢菩薩, 在如來前衆會之中, 坐寶蓮華師子之座, 諸菩薩衆所共圍遶, 最爲殊特, 世無與等; 智慧境界無量無邊, 難測難思, 等三世佛一切菩薩, 無能觀察.

또 보니, 보현 보살의 몸에 있는 낱낱 털구멍에서 모든 세계의 티끌 수 광명구름을 내어 법계와 허공계의 모든 세계에 두루 하며, 모든 중생의 괴로움과 근심을 멸하여 보살들을 매우 환희하게 하였다.
見普賢身一一毛孔, 出一切世界微塵數光明雲, 遍法界、虛空界、一切世界, 除滅一切衆生苦患, 令諸菩薩生大歡喜.

또 낱낱 털구멍에서 모든 세계의 티끌 수같이 많은 갖가지 빛깔의 향의 불꽃구름을 내어, 법계와 허공계에 있는 모든 부처님이 모인 도량에 두루 하여 널리 풍김을 보았다.
見一一毛孔, 出一切佛刹微塵數種種色香焰雲, 遍法界、虛空界一切諸佛衆會道場, 而以普熏.

또 낱낱 털구멍에서 모든 세계의 티끌 수같이 많은 여러 가지 꽃구름을 내어, 법계와 허공계에 있는 모든 부처님이 모인 도량에 두루 하여 묘한 꽃들을 비 내림을 보았다.
見一一毛孔, 出一切佛刹微塵數雜華雲, 遍法界、虛空界一切諸佛衆會道場, 雨衆妙華.

또 낱낱 털구멍에서 모든 세계의 티끌 수같이 많은 향나무 구름을 내어, 법계와 허공계에 있는 모든 부처님이 모인 도

제4장 깨달음의 경지 181

량에 두루 하여 여러 가지 묘한 향을 비 내림을 보았다.
見一一毛孔, 出一切佛刹微塵數香樹雲, 遍法界、虛空界一切諸佛衆會道場, 雨衆妙香.

또 낱낱 털구멍에서 모든 세계의 티끌 수같이 많은 옷구름을 내어, 법계와 허공계에 있는 모든 부처님이 모인 도량에 두루 하여 여러 가지 묘한 옷을 비 내림을 보았다.
見一一毛孔, 出一切佛刹 微塵數妙衣雲, 遍法界、虛空界一切諸佛衆會道場, 雨衆妙衣.

또 낱낱 털구멍에서 모든 세계의 티끌 수같이 많은 보배 나무구름을 내어, 법계와 허공계에 있는 모든 부처님이 모인 도량에 두루 하여 마니 보배를 비 내림을 보았다.
見一一毛孔, 出一切佛刹微塵數寶樹雲, 遍法界、虛空界一切諸佛衆會道場, 雨摩尼寶.

또 낱낱 털구멍에서 모든 세계의 티끌 수같이 많은 형상 세계의 하늘의 몸구름을 내어, 법계에 가득하여 보리심을 찬탄함을 보았다.
見一一毛孔, 出一切佛刹 微塵數色界天身雲, 充滿法界, 歎菩提心.

또 낱낱 털구멍에서 모든 세계의 티끌 수같이 많은 범천의 몸구름을 내어 여러 여래에게 묘한 법륜을 굴리도록 권함을 보았다.
見一一毛孔, 出一切佛刹 微塵數梵天身雲, 勸諸如來轉妙法輪.

또 낱낱 털구멍에서 모든 세계의 티끌 수같이 많은 욕심세계의 천왕의 몸구름을 내어, 모든 여래의 법륜을 보호하고 유지함을 보았다.
見一一毛孔, 出一切佛刹微塵數欲界天主[33]身雲, 護持一切如來法輪.

또 낱낱 털구멍에서 잠깐 잠깐마다 모든 세계의 티끌 수같이 많은 3세 부처님의 세계구름을 내어, 법계와 허공계에 두루 하여 모든 중생 가운데 돌아갈 곳 없는 이에게는 돌아갈 곳을 지어주고, 보호할 이 없는 이에게는 보호할 이를 지어주고, 의지할 곳 없는 이에게는 의지할 곳을 지어줌을 보았다.
見一一毛孔, 念念中出一切佛刹微塵數三世佛刹雲, 遍法界、虛空界, 爲諸衆生無歸趣者爲作歸趣, 無覆護者爲作覆護, 無

---

33) 主; 고려본 主, 대만본 王.

依止者爲作依止.

또 낱낱 털구멍에서 잠깐 잠깐마다 모든 세계의 티끌 수 같이 많은 청정한 부처님의 세계구름을 내어, 법계와 허공계에 두루 하여 모든 부처님이 그 가운데 나시고 보살 대중이 가득함을 보았다.
見一一毛孔, 念念中出一切佛刹微塵數清淨佛刹雲, 遍法界、虛空界, 一切諸佛於中出世, 菩薩衆會悉皆充滿.

또 낱낱 털구멍에서 잠깐 잠깐마다 모든 세계의 티끌 수 같이 많은 깨끗하면서 부정한 부처님의 세계구름을 내어 법계와 허공계에 두루 하여 섞여 물든 중생들을 모두 청정케 함을 보았다.
見一一毛孔, 念念中出一切佛刹微塵數淨不淨佛刹雲, 遍法界、虛空界, 令雜染衆生皆得清淨.

또 낱낱 털구멍에서 잠깐 잠깐마다 모든 세계의 티끌 수 같이 많은 청정하치 못하면서 깨끗한 부처님의 세계구름을 내어 법계와 허공계에 두루 하여 섞여 물든 중생들을 청정케 함을 보았다.
見一一毛孔, 念念中出一切佛刹微塵數不淨淨佛刹雲, 遍法界、虛空界, 令雜染衆生皆得清淨.

또 낱낱 털구멍에서 잠깐 잠깐마다 모든 세계의 티끌 수 같이 많은 부정한 부처님의 세계구름을 내어 법계와 허공계에 두루 하여 순결함에 물든 중생들을 모두 청정케 함을 보았다.
見一一毛孔, 念念中出一切佛刹微塵數不淨佛刹雲, 遍法界、虛空界, 令純染衆生皆得淸淨.

또 낱낱 털구멍에서 잠깐 잠깐마다 모든 세계의 티끌 수 같이 많은 중생의 몸구름을 내어 법계와 허공계에 두루 하여 교화 받을 중생들의 능력을 따라서 다 아뇩다라삼먁삼보리심을 내게 함을 보았다.
見一一毛孔, 念念中出一切佛刹微塵數衆生身雲, 遍法界、虛空界, 隨其所應敎化衆生, 皆令發阿耨多羅三藐三菩提心.

또 낱낱 털구멍에서 잠깐 잠깐마다 모든 세계의 티끌 수 같이 많은 보살의 몸구름을 내어, 법계와 허공계에 두루 하여 가지가지 부처님의 이름을 칭찬하여, 중생들의 착한 뿌리를 증장하게 함을 보았다.
見一一毛孔, 念念中出一切佛刹微塵數菩薩身雲, 遍法界、虛空界, 稱揚種種諸佛名號, 令諸衆生增長善根.

또 낱낱 털구멍에서 잠깐 잠깐마다 모든 세계의 티끌 수

같이 많은 보살의 몸구름을 내어, 법계와 허공계에 두루
하여 모든 세계에서 여러 부처님과 보살들이 처음 마음을
낸 때부터 생긴 착한 뿌리를 드날림을 보았다.
見一一毛孔, 念念中出一切佛刹微塵數菩薩身雲, 遍法界、
虛空界一切佛刹, 宣揚一切諸佛菩薩從初發意所生善根.

또 낱낱 털구멍에서 잠깐 잠깐마다 모든 세계의 티끌 수
같이 많은 보살의 몸구름을 내어, 법계와 허공계에 두루
하여 모든 세계의 낱낱 세상에서 여러 보살의 서원바다와
보현 보살의 청정하고 묘함을 칭찬하여 드날림을 보았다.
見一一毛孔, 念念中出一切佛刹微塵數菩薩身雲, 遍法界、
虛空界, 於一切佛刹一一刹中, 宣揚一切菩薩願海及普賢菩
薩淸淨妙行.

또 낱낱 털구멍에서 잠깐 잠깐마다 보현 보살의 수행구름
을 내어 모든 중생의 마음을 만족하게 하고 온갖 지혜의
도를 고루 닦아 익힘을 보았다.
見一一毛孔, 念念中出普賢菩薩行雲, 令一切衆生心得滿足,
具足修集一切智道.

또 낱낱 털구멍에서 잠깐 잠깐마다 모든 세계의 티끌 수
같이 많은 바른 깨달음의 몸구름을 내어 온갖 세계에서

바른 깨달음을 이루며, 보살들에게 큰 법을 증장케 하고 온갖 지혜를 이루게 함을 보았다.
見一一毛孔, 出一切佛刹微塵數正覺身雲, 於一切佛刹現成正覺, 令諸菩薩增長大法、成一切智.

이때 선재 동자는 이렇게 자유자재하고 신통한 보현 보살의 경계를 보고 몸과 마음이 두루 기쁘기 한량없었다.
爾時, 善財童子見普賢菩薩如是自在神通境界, 身心遍喜, 踊躍無量.

보현 보살 몸의 부분마다 낱낱 털구멍에, 모두 3천대천세계의 바람 둘레, 물 둘레, 땅 둘레, 불 둘레와 바다와 강과, 보배산인 수미산과 철위산, 마을, 성문, 도시, 궁전, 동산, 지옥, 아귀, 축생, 염마왕의 세계, 하늘 용, 8부, 사람과 사람 아닌 이, 욕심 세계, 형상 세계, 무명 세계, 해, 달, 별, 바람, 구름, 우뢰, 번개들이 있음을 거듭거듭 보며, 시간과 낮과 밤과 달과 해와 겁으로 부처님이 세상에 나심과 보살의 모임과 도량의 장엄과 이런 일을 모두 분명하게 보았다.
重觀普賢一一身分、一一毛孔, 悉有三千大千世界風輪、水輪、地輪、火輪, 大海、江河, 及諸寶山、須彌、鐵圍, 村營、城邑、宮殿、園苑, 一切地獄、餓鬼、畜生、閻羅王界,天龍八部、人與非人, 欲界、色界、無色界處, 日月星宿、風雲雷電、晝夜月時及以年劫、諸佛出世、菩薩衆會、道場莊嚴. 如是等事, 悉皆明見.

이 세계를 보는 것처럼 시방에 있는 모든 세계도 그렇게 보고, 현재의 시방세계를 보는 것처럼 과거와 미래의 모든 세계도 그렇게 보는데, 제각기 다른 것이 서로 섞이거나 어지럽지 아니하였다.
如見此世界, 十方所有一切世界悉如是見; 如見現在十方世界, 前際、後際一切世界亦如是見, 各各差別, 不相雜亂.

이 비로자나 여래의 처소에서 이렇게 신통한 힘을 나타내는 것 같이 동방의 연화덕 세계의 현수 부처님 처소에서 신통한 힘을 나타내는 것도 그러하였으며, 현수 부처님 처소에서와 같이 동방의 모든 세계에서도 그러하고, 동방에서와 같이 남방, 서방, 북방과 네 간방과 상방, 하방의 모든 세계의 여러 처소에서 신통한 힘을 나타냄도 모두 그러한 줄을 알게 되었다.
如於此毘盧遮那如來所, 示現如是神通之力, 於東方蓮華德世界賢首佛所, 現神通力亦復如是. 如賢首佛所, 如是東方一切世界; 如東方, 南西北方, 四維上下, 一切世界諸如來所, 現神通力, 當知悉爾.

시방의 모든 세계와 같이 시방의 모든 세계의 낱낱 티끌 속에도 모두 법계의 여러 부처님 대중이 있고, 낱낱 부처님 처소에서 보현 보살이 보배 연꽃 사자좌에 앉아서 신통한 힘을 나타냄도 모두 그러하였으며, 저 낱낱 보현 보살의 몸에는 3세의 모든 경계와 모든 부처님 세계와 모든 중생과 모든 부처님의 나타나심과 모든 보살 대중이 나타났으며, 또 모든 중생의 음성과 모든 부처님의 음성과 모든 여래가 굴리시는 법륜과 모든 보살이 이루는 행과 모든 여래가 신통으로 유희함을 들었다.

如十方一切世界, 如是十方一切佛刹一一塵中, 皆有法界諸佛衆會; 一一佛所, 普賢菩薩坐寶蓮華師子座上, 現神通力悉亦如是. 彼一一普賢身中, 皆現三世一切境界、一切佛刹、一切衆生、一切佛出現、一切菩薩衆, 及聞一切衆生言音、一切佛言音、一切如來所轉法輪、一切菩薩所成諸行、一切如來遊戲神通.

선재 동자는 이렇게 한량없고 불가사의한 보현 보살의 큰 신통의 힘을 보고 곧 10가지 지혜 바라밀다를 얻었다. 무엇이 열인가. 이른바 잠깐 잠깐 동안에 모든 부처님 세계에 두루 하는 지혜 바라밀다와, 잠깐 잠깐 동안에 모든 부처님 처소에 나아가는 지혜 바라밀다와, 잠깐 잠깐 동안에 모든 여래께 공양하는 지혜 바라밀다와, 잠깐 잠깐 동안에 모든 여래가 계신 데서 법을 듣고 받아 가지는 지혜 바라밀다와, 잠깐 잠깐 동안에 모든 여래의 법륜을 생각하는 지혜 바라밀다와, 잠깐 잠깐 동안에 모든 부처님의 불가사의한 큰 신통의 일을 아는 지혜 바라밀다와, 잠깐 잠깐 동안에 한 구절의 법을 말하는 것을 듣고서 오는 세상이 끝나도록 변재가 다하지 않는 지혜 바라밀다와, 잠깐 잠깐 동안에 깊은 반야로 모든 법을 관찰하는 지혜 바라밀다와, 잠깐 잠깐 동안에 모든 법계와 실상의 바다에 들어가는 지혜 바라밀다와, 잠깐 잠깐 동안에 모든 중생의 마음을 아는 지혜 바라밀다와, 잠깐 잠깐 동안에 보현 보살의 지혜와 행이 모두 앞에 나타나는 지혜 바라밀다니라.

善財童子見普賢菩薩如是無量不可思議大神通力, 卽得十種智波羅蜜. 何等爲十. 所謂, 於念念中, 悉能周遍一切佛刹智波羅蜜; 於念念中, 悉能往詣一切佛所智波羅蜜; 於念念中, 悉能供養一切如來智波羅蜜; 於念念中, 普於一切諸如來所聞法受持智波羅蜜; 於念念中, 思惟一切如來法輪智波羅蜜; 於念念中, 知一切佛不可思議大神通事智波羅蜜; 於念念中, 說一句法盡未來際辯才無盡智波羅蜜; 於念念中, 以深般若觀一切法智波羅蜜; 於念念中, 入一切法界實相海智波羅蜜; 於念念中, 知一切衆生心智波羅蜜; 於念念中, 普賢慧行皆現在前智波羅蜜.

선재 동자가 이것을 얻은 뒤에는 보현 보살이 오른손을 펴서 그 정수리를 만졌고, 정수리를 만진 뒤에는 곧 모든 세계의 티끌 수같이 많은 삼매문을 얻었는데, 각각 모든 세계의 티끌 수같이 많은 삼매로 권속을 삼았다.

善財童子既得是已, 普賢菩薩即伸右手摩觸其頂. 既摩頂已, 善財即得一切佛刹微塵數三昧門, 各以一切佛刹微塵數三昧而爲眷屬.

낱낱 삼매에서 옛날에 보지 못하던 모든 세계의 티끌 수와 같이 많은 부처님의 큰 바다를 보았고, 모든 세계의 티끌 수와 같이 많은 온갖 지혜의 도를 돕는 기구를 보았고, 모든 세계의 티끌 수와 같이 많은 온갖 지혜의 가장 묘한 법을 내었고, 모든 세계의 티끌 수와 같이 많은 온갖 지혜의 큰 서원을 세웠고, 모든 세계의 티끌 수와 같이 많은 큰 서원바다에 들어갔고, 모든 세계의 티끌 수와 같이 많은 온갖 지혜의 뛰어나는 요긴한 길에 머물렀고, 모든 세계의 티끌 수와 같이 많은 보살의 수행을 닦았고, 모든 세계의 티끌 수와 같이 많은 온갖 지혜의 큰 정진을 일으켰고, 모든 세계의 티끌 수와 같이 많은 온갖 지혜의 깨끗한 광명을 얻었다.

一一三昧, 悉見昔所未見一切佛刹微塵數佛大海, 集一切佛刹微塵數一切智助道具, 生一切佛刹微塵數一切智上妙法, 發一

切佛刹微塵數一切智大誓願, 入一切佛刹微塵數大願海, 住一切佛刹微塵數一切智出要道, 修一切佛刹微塵數諸菩薩所修行, 起一切佛刹微塵數一切智大精進, 得一切佛刹微塵數一切智淨光明.

이 사바세계의 비로자나 부처님 처소에서 보현 보살이 선재 동자의 정수리를 만진 것처럼, 시방에 있는 세계들과 그 세계의 낱낱 티끌 속에 있는 모든 세계의 모든 부처님 처소에 있는 보현 보살도 모두 이와 같이 선재 동자의 정수리를 만졌고, 얻은 법문도 또한 같았다.
如此娑婆世界毘盧遮那佛所, 普賢菩薩摩善財頂; 如是十方所有世界, 及彼世界一一塵中一切世界、一切佛所, 普賢菩薩悉亦如是摩善財頂, 所得法門亦皆同等.

이때 보현 보살 마하살이 선재 동자에게 말하였다.
爾時, 普賢菩薩摩訶薩告善財言.

"선남자여, 그대는 나의 이 신통한 힘을 보았는가?"
善男子, 汝見我此神通力不.

"그러하외다. 보았나이다. 큰 성인이시여, 이 불가사의한 대신통은 오직 여래께서만 알겠나이다."

唯然, 已見. 大聖, 此不思議大神通事, 唯是如來之所能知.

보현 보살이 말하였다.
普賢告言.

"선남자여, 나는 과거에 말할 수 없이 많은 세계에서 티끌 수같이 많은 겁 동안 보살의 행을 행하였으며 온갖 지혜를 구하였노라."
善男子, 我於過去不可說不可說佛刹微塵數劫, 行菩薩行, 求一切智.

"낱낱 겁 동안 보리심을 청정케 하려고, 말할 수 없이 많은 수없는 세계의 티끌 수 같은 부처님을 받들어 섬겼노라."
一一劫中, 爲欲淸淨菩提心故, 承事不可說不可說佛刹微塵數佛.

"낱낱 겁 동안에 온갖 지혜와 복덕을 모으려고, 말할 수 없이 많은 세계의 티끌 수와 같은 보시를 하여 그 모둠을 마련하고, 모든 세간이 다 듣고 알게 하였으며, 무릇 구하는 것을 다 만족하게 하였노라."
一一劫中, 爲集一切智福德具故, 設不可說不可說佛刹微塵數廣大施會, 一切世間咸使聞知, 凡有所求悉令滿足.

"낱낱 겁 동안에 온갖 지혜의 법을 구하려고 말할 수 없이 많은 세계의 티끌 수 같은 재물로 보시하였노라."
一一劫中, 爲求一切智法故, 以不可說不可說佛刹微塵數財物布施.

"낱낱 겁 동안에 부처님 지혜를 구하려고 말할 수 없이 많은 세계의 티끌 수 같은 도시와 마을과 국왕의 지위와 처자 권속과, 눈, 귀, 코, 혀, 몸, 살, 손, 발과, 목숨까지도 보시하였노라."
一一劫中, 爲求佛智故, 以不可說不可說佛刹微塵數城邑、聚落、國土、王位、妻子、眷屬、眼、耳、鼻、舌、身、肉、手、足, 乃至身命而爲布施.

"낱낱 겁 동안에 온갖 지혜의 머리 구하려고 말할 수 없이 많은 세계의 티끌 수 같은 머리로 보시하였노라."
一一劫中, 爲求一切智首故, 以不可說不可說佛刹微塵數頭而爲布施.

"낱낱 겁 동안에 온갖 지혜를 구하려고 말할 수 없이 많은 세계의 티끌 수 같은 여래의 처소에서 공경하고 존중하고 받들어 섬기고 공양하며, 의복, 방석, 음식, 탕약 등 필요한 것을 모두 보시하였고, 그 법 가운데서 출가하여 도를 배우고 불법을 수행하고 바른 교법을 보호하였노라."

一一劫中, 爲求一切智故, 於不可說不可說佛刹微塵數諸如來所, 恭敬尊重, 承事供養, 衣服、臥具、飮食、湯藥, 一切所須悉皆奉施, 於其法中出家學道, 修行佛法, 護持正敎.

"선남자여, 내가 생각건대, 나는 그러한 겁바다에서 잠깐 사이라도 부처님 교법을 순종치 않았거나, 잠깐 사이라도 성내는 마음, 나와 내 것이란 마음, 나와 남을 차별하는 마음, 보리를 여의려는 마음을 내거나, 죽고 나고 하는 사이에라도 고달픈 마음, 게으른 마음, 장애하는 마음, 미혹한 마음을 일으키지 않았고, 다만 위가 없고 무너뜨릴 수 없고, 온갖 지혜를 모으는 도를 돕는 법인 큰 보리심에만 머물렀노라."

善男子, 我於爾所劫海中, 自憶未曾於一念間不順佛敎, 於一念間生瞋害心、我我所心、自他差別心、遠離菩提心. 於生死中起疲厭心、懶惰心、障礙心、迷惑心, 唯住無上不可沮壞、集一切智助道之法大菩提心.

"선남자여, 나는 부처님 국토를 장엄하되, 크게 가엾이 여기는 마음으로 중생을 구호하고 교화하여 성취하며, 부처님께 공양하고 선지식을 섬기며, 바른 법을 구하여 널리 선전하고 보호하며 유지하기 위하여 안과 밖의 모든 것을 다 버리고 목숨까지도 아끼지 않았으며, 모든 겁바다에서 인연을 말하였나니, 겁바다는 다할지언정 이 일은 다함이 없느니라."

善男子, 我莊嚴佛土, 以大悲心, 救護衆生, 教化成就, 供養諸佛, 事善知識, 爲求正法, 弘宣護持, 一切內外悉皆能捨, 乃至身命亦無所吝. 一切劫海說其因緣, 劫海可盡, 此無有盡.

"선남자여, 나의 법바다에는 한 글자나 한 글귀도 전륜왕의 지위를 버려서 구하지 않은 것이 없으며, 가진 모든 것을 버려서 얻지 않은 것이 없느니라."

善男子, 我法海中, 無有一文, 無有一句, 非是捨施轉輪王位而求得者, 非是捨施一切所有而求得者.

"선남자여, 내가 법을 구한 것은 모든 중생을 구호하기 위한 것이니, 한결같은 마음으로 생각하기를 '모든 중생이 이 법을 들어지이다. 지혜의 광명으로 세간을 두루 비추어지이다. 출세간의 지혜를 열어 보여지이다. 중생들이 모두 안락함을 얻어지이다. 모든 부처님이 가지신 공덕을 두루 칭찬하여지이다' 하였노라."

善男子, 我所求法, 皆爲救護一切衆生. 一心思惟, 願諸衆生得聞是法, 願以智光普照世間, 願爲開示出世間智, 願令衆生悉得安樂, 願普稱讚一切諸佛所有功德.

"나의 이러한 과거의 인연은 말할 수 없이 많은 세계의 티끌 수 같은 겁 동안을 말하여도 다할 수 없느니라."
我如是等往昔因緣, 於不可說不可說佛刹微塵數劫海, 說不可盡.

"그러므로 선남자여, 나는 이러한 도를 돕는 법의 힘과, 착한 뿌리의 힘과, 크게 좋아하는 힘과, 공덕을 닦은 힘과, 모든 법을 사실대로 생각하는 힘과, 지혜의 눈의 힘과, 부처님의 위덕과 신통의 힘과, 크게 자비한 힘과 깨끗한 신통의 힘과, 선지식의 힘으로써, 3세에 평등하고 청정하며 가장 으뜸인 법의 몸을 얻고, 청정하고 위가 없는 육신을 얻어서 세간을 초월하고, 중생의 바라는 마음을 따라서 형상을 나타내며, 모든 세계에서 들어가고 온갖 곳에 두루 하여, 여러 세계에서 신통을 나타내어 보는 이에게 모두 기쁘게 하노라."
是故, 善男子, 我以如是助道法力、諸善根力、大志樂力、修功德力、如實思惟一切法力、智慧眼力、佛威神力、大慈悲力、淨神通力、善知識力故, 得此究竟三世平等淸淨法身. 復得淸淨無上色身, 超諸世間, 隨諸衆生心之所樂而爲現形, 入一切刹, 遍一切處, 於諸世界廣現神通, 令其見者靡不欣樂.

"선남자여, 그대는 나의 이 육신을 보라. 이 육신은 그지없는 겁바다에서 이루어진 것이니, 한량없는 천 억 나유타 겁에도 보기 어렵고 듣기 어려우니라."
善男子, 汝且觀我如是色身. 我此色身, 無邊劫海之所成就, 無量千億那由他劫難見難聞.

"선남자여, 만일 중생이 착한 뿌리를 심지 아니하거나, 착한 뿌리를 조금 심은 성문이나 보살들로서는 나의 이름도 듣지 못할 것이어든 하물며 나의 몸을 볼 수 있겠느냐."
善男子, 若有衆生未種善根, 及種少善根聲聞、菩薩, 猶尚不得聞我名字, 況見我身.

"선남자여, 만일 중생이 내 이름을 듣기만 하여도 아뇩다라삼먁삼보리에서 물러가지 않을 것이며, 만일 나를 보거나, 나와 접촉하거나, 맞이하고 보내거나 잠깐 사이 따라다니거나, 꿈에 나를 보거나, 들은 이도 역시 그러하니라."
善男子, 若有衆生得聞我名, 於阿耨多羅三藐三菩提不復退轉; 若見若觸, 若迎若送, 若暫隨逐, 乃至夢中見聞我者, 皆亦如是.

"하룻낮, 하룻밤 동안 나를 생각하기만 해도 곧 성숙할 중생이 있는가 하면, 혹은 7일, 7야, 보름, 한 달, 반년, 일년, 백 년, 천 년, 한 겁, 백 겁, 내지 말할 수 없이 많은 세계의 티끌 수 같은 겁 동안 나를 생각하고서야 성숙할 이도 있으며, 혹 1생, 100생, 내지 말할 수 없이 많은 세계의 티끌 수같은 생 동안 나를 생각하고서야 성숙할 이도 있으며, 혹 내가 광명을 놓는 것을 보거나, 내가 세계를 진동하는 것을 보고 무서워하거나 즐거워 한 이들까지도 모두 성숙하게 될 것이니라."

或有眾生, 一日一夜憶念於我, 即得成熟. 或七日七夜、半月一月、半年一年、百年千年、一劫百劫, 乃至不可說不可說佛剎微塵數劫, 憶念於我而成熟者. 或一生, 或百生, 乃至不可說不可說佛剎微塵數生, 憶念於我而成熟者. 或見我放大光明, 或見我震動佛剎, 或生怖畏, 或生歡喜, 皆得成熟.

"선남자여, 나는 이러한 세계의 티끌 수 같이 많은 방편문으로써 모든 중생들을 아뇩다라삼먁삼보리에서 물러가지 않게 하느니라."

善男子, 我以如是等佛剎微塵數方便門, 令諸眾生於阿耨多羅三藐三菩提得不退轉.

"선남자여, 만일 중생이 나의 청정한 세계를 보거나 들은 이는 반드시 이 청정한 세계에 날 것이요, 만일 중생이나 나의 청정한 몸을 보고 들은 이는 반드시 나의 청정한 몸 가운데 날 것이니라."
善男子, 若有衆生見聞於我淸淨刹者, 必得生此淸淨刹中; 若有衆生見聞於我淸淨身者, 必得生我淸淨身中.

"선남자여, 그대는 마땅히 나의 청정한 몸을 보아야 하느니라."
善男子, 汝應觀我此淸淨身.

이때 선재 동자는 보현 보살의 몸을 보니 잘생긴 모습과 사지 골절의 낱낱 털구멍에 말할 수 없이 훌륭한 부처님의 세계바다가 있고, 낱낱 세계바다에는 부처님이 세상에 나시는데, 큰 보살들이 둘러 모시었다.
爾時, 善財童子觀普賢菩薩身, 相好肢節, 一一毛孔中, 皆有不可說不可說佛刹海; 一一刹海, 皆有諸佛出興于世, 大菩薩衆所共圍遶.

또 보니, 모든 세계바다가 갖가지로 건립되어 있는데 갖가지 형상을 했고, 갖가지로 장엄하였고, 갖가지 큰 산이 둘러쌌으며, 갖가지 빛구름이 허공에 덮이고 갖가지 부처님이 나시어서 온갖 법을 연설하시는 일들이 제각기 같지 아니하였다.

又復見彼一切刹海, 種種建立、種種形狀、種種莊嚴、種種大山周匝圍遶, 種種色雲彌覆虛空, 種種佛興演種種法, 如是等事, 各各不同.

또 보니, 보현 보살이 낱낱 세계바다에서 모든 세계의 티끌 수같이 많은 몸구름을 내어 시방의 모든 세계에 가득하고 중생들을 교화하여 아뇩다라삼먁삼보리로 향하게 하며, 선재 동자는 또 자기의 몸이 보현 보살의 몸속에 있는 시방의 모든 세계에 있으면서 중생을 교화함을 보았다.

又見普賢於一一世界海中, 出一切佛刹微塵數佛化身雲, 周遍十方一切世界, 教化衆生, 令向阿耨多羅三藐三菩提. 時, 善財童子又見自身在普賢身內, 十方一切諸世界中教化衆生.

또 선재 동자가 세계의 티끌 수같이 많은 선지식을 친근히 하여 얻은 선근의 지혜 광명을 보현 보살이 얻은 선근에 비하면, 백 분의 일에도 미치지 못하고, 백천 분의 일에도 미치지 못하며, 백천 억 분의 일, 내지 산수와 비유로도 미치지 못하였다.

又, 善財童子親近佛刹微塵數諸善知識, 所得善根智慧光明, 比見普賢菩薩所得善根, 百分不及一, 千分不及一, 百千分不及一, 百千億分乃至算數譬諭[34]亦不能及.

제4장 깨달음의 경지 201

이 선재 동자가 처음 마음을 낸 때부터 보현 보살을 보던 때까지, 그 중간에 들어갔던 모든 부처님 세계바다와 지금 보현 보살의 한 털구멍 속에서 잠깐 사이에 들어간 부처님 세계바다를 비교하면 앞의 것보다 말할 수 없이 많은 세계의 티끌 수의 배가 지나며, 이 한 털구멍과 같이 모든 털구멍도 역시 그러하니라.

是善財童子從初發心, 乃至得見普賢菩薩, 於其中間所入一切諸佛刹海, 今於普賢一毛孔中, 一念所入諸佛刹海, 過前不可說不可說佛刹微塵數倍. 如一毛孔, 一切毛孔悉亦如是.

선재 동자가 보현 보살의 털구멍에 있는 세계에서 한 걸음을 걸으면 말할 수 없이 많은 세계의 티끌 수의 세계를 지나가며, 이와 같이 걸어서 오는 세월이 끝나도록 걸어도, 한 털구멍 속에 있는 세계바다의 차례와 세계바다의 갈무리와 세계바다의 차별과 세계바다의 두루 들어감과 세계바다의 이루어짐과 세계바다의 무너짐과 세계바다의 장엄이 끝나는 곳을 알지 못하느니라.

善財童子於普賢菩薩毛孔刹中行一步, 過不可說不可說佛刹微塵數世界; 如是而行, 盡未來劫, 猶不能知一毛孔中刹海次第、刹海藏、刹海差別、刹海普入、刹海成、刹海壞、刹海

---

34) 諭; 고려본 諭, 대만본 喩.

莊嚴所有邊際.

또 부처바다의 차례, 부처바다의 갈무리와 부처바다의 차별과 부처바다의 두루 들어감과 부처바다의 생김과 부처바다의 없어짐이 끝나는 곳을 알지 못하느니라.
亦不能知佛海次第、佛海藏、佛海差別、佛海普入、佛海生、佛海滅所有邊際.

또 보살 대중바다의 차례와 보살 대중바다의 갈무리와 보살 대중바다의 차별과 보살 대중바다의 두루 들어감과 보살 대중바다의 모임과 보살 대중바다의 흩어짐이 끝나는 곳을 알지 못하느니라.
亦不能知菩薩衆海次第、菩薩衆海藏、菩薩衆海差別、菩薩衆海普入、菩薩衆海集、菩薩衆海散所有邊際.

또 중생 세계에 들어가서 중생의 근성을 아는 일과 중생들을 교화하고 조복하는 지혜와 보살이 머무르는 깊은 자재함과 보살이 들어가는 여러 경지와 길과 이 바다들이 끝나는 곳을 알지 못하느니라.
亦不能知入衆生界、知衆生根、教化調伏諸衆生智、菩薩所住甚深自在、菩薩所入諸地諸道, 如是等海所有邊際.

선재 동자에게 보현 보살의 털구멍 세계에서, 혹은 한 세계에서 한 동안을 지내면서 걷기도 하고, 내지 말할 수 없이 많은 세계의 티끌 수 같은 겁 동안을 지내면서 걷기도 하고, 또 이 세계에서 없어지고 저 세계에 나타나지도 않으면서 잠깐잠깐 동안에 그지없는 세계바다에 두루 하여 중생들을 교화하여 아뇩다라삼먁삼보리에 향하게 하였다.
善財童子於普賢菩薩毛孔刹中, 或於一刹、經於一劫, 如是而行, 乃至或有經不可說不可說佛刹微塵數劫如是而行. 亦不於此刹沒, 於彼刹現, 念念周遍無邊刹海, 教化衆生, 令向阿耨多羅三藐三菩提.

이때를 당하여 선재 동자는 차례로 보현 보살의 행과 원의 바다를 얻어서 보현 보살과 평등하고, 부처님들과 평등하며, 한 몸이 모든 세계에 가득하여 세계가 평등하고, 행이 평등하고, 바르게 깨달음이 평등하고, 신통이 평등하고, 법륜이 평등하고, 변재가 평등하고, 말씀이 평등하고, 음성이 평등하고, 힘과 두려움 없음이 평등하고, 부처님과 같은 곳에 머물고, 대자대비가 평등하고, 불가사의한 해탈과 자재함이 모두 평등하였다.
當是之時, 善財童子則次第得普賢菩薩諸行願海, 與普賢等, 與諸佛等. 一身充滿一切世界, 刹等、行等、正覺等、神通等、法輪等、辯才等、言辭等、音聲等、力無畏等、佛所住等、大慈悲等、不可思議解脫自在悉皆同等.

2. 보현 보살의 행원

해설

깨달음의 경지에 들어 자기 혼자만 법의 즐거움을 즐기는 것이 아니다. 중생들을 위해 더욱 끝없는 행과 원을 세우고, 닦고 회향한다. 보살들의 그러한 원과 행을 가장 이상적으로 잘 풀이한 것이 「보현행원품」이다. 원래 이 「보현행원품」은 40권본 『화엄경』 속에 들어있는 제40권을 독립시켜 유통한 별행(別行) 경전이다.

40권본 『화엄경』은 『대방광불화엄경 입부사의 해탈경계 보현행원품』으로 제목을 붙이기도 하는데, 60권본 『화엄경』 또는 80권본 『화엄경』의 끝에 붙은 「입법계품」의 별역(別譯)이다. 예부터 이 「보현행원품」은 보살행의 완성과 부처님의 경지에 오르는 불가사의한 관계를 가장 잘 소개한 것으로 평가되었기에, 다음에 든다.

【40권본 『화엄경』 운허 역 pp.591상~605상】
【40권본 『화엄경』 권제40, 보현행원품, 대정장10, pp/844중~848중】
↳ p.495 참조

그때, 보현 보살 마하살이 부처님의 거룩하신 공덕을 찬탄하기를 마치시고 여러 보살과 선재 동자에게 말씀하셨다.
爾時, 普賢菩薩摩訶薩稱歎如來勝功德已, 告諸菩薩及善財言.

"선남자야, 여래의 공덕은 가사 시방에 계시는 일체 부처님네가 말할 수 없이 많은 세계를 부순 티끌 수효와 같이 많은 겁을 지내면서 계속하여 말씀하시더라도 다 끝낼 수가 없느니라."
善男子, 如來功德, 假使十方一切諸佛, 經不可說不可說佛刹極微塵數劫, 相續演說, 不可窮盡.

"만일 이러한 공덕을 성취하려 하거든 마땅히 넓고 큰 열 가지 행과 원을 닦아야 하나니라."
若欲成就此功德門, 應修十種廣大行願.

"열 가지란 것은 무엇인가?
첫째는 부처님께 예경하는 것이요, 둘째는 부처님을 찬탄하는 것이요, 셋째는 여러 가지로 공양하는 것이요, 넷째는 업장을 참회하는 것이요, 다섯째는 다른 이의 공덕을 기뻐하는 것이요, 여섯째는 부처님께 법문 연설하시기를 청하는 것이요, 일곱째는 부처님께서 이 세상에 오래오래 계시기를 청하는 것이요, 여덟째는 항상 부처님을 따라 배우는 것이요, 아홉째는 중생을 수순하는 것이요, 열째는 내가 지은 선근을 모두 회향하는 것이니라."
何等爲十. 一者禮敬諸佛, 二者稱讚如來, 三者廣修供養, 四者懺悔業障, 五者隨喜功德, 六者請轉法輪, 七者請佛住世, 八者常隨佛學, 九者恒順衆生, 十者普皆迴向.

선재 동자가 사뢰었다.
善財白言.

"크신 성인이시여, 어떻게 예경하오며, 내지 어떻게 회향하나이까?"
大聖, 云何禮敬, 乃至迴向.

보현 보살이 선재 동자에게 말씀하셨다.
普賢菩薩告善財言.

"선남자야, 부처님께 예경한다는 것은, 끝없는 법계, 허공계에 있는 시방 3세의 세계를 가루를 내고, 그 가는 티끌과 같이 많은 부처님네를 보현행원의 법력으로 깊이 믿되 눈앞에 뵈옵는 듯이 하고, 깨끗한 몸과 말과 뜻을 극진히 하여 항상 예경하는 것이다. 따라서 그 낱낱의 부처님이 계시는 말할 수 없이 많은 세계를 가루를 내고, 그 가는 티끌의 수효같이 많은 몸을 나타내고, 낱낱 몸으로 말할 수 없이 많은 세계를 또 가루를 내어 그 가는 티끌의 수효같이 많은 부처님께 예경하는 것이니라."

善男子, 言禮敬諸佛者, 所有盡法界、虛空界, 十方三世一切佛刹極微塵數諸佛世尊, 我以普賢行願力故, 起[35])深信解, 如對目前, 悉以淸淨身、語、意業, 常修禮敬. 一一佛所, 皆現不可說不可說佛刹極微塵數身; 一一身, 遍禮不可說不可說佛刹極微塵數佛.

"허공계가 끝나면 나의 예경도 끝나려니와 허공계가 끝날 수 없으므로 나의 예경하는 것도 끝나지 아니하며, 이와 같이 내지 중생계가 끝나고, 중생의 업이 끝나고, 중생의 번뇌가 끝나면 나의 예경도 끝나려니와, 중생계와 내지 중생의 번뇌가 끝날 수 없으므로 나의 예경도 끝나지 아니한다 할 것이며, 차례로 계속하여 잠깐도 끊이지 아니하되 몸과 입과 뜻으로 짓는 일이 피곤하거나 만족하다는 생각이 없어야 하느니라."

虛空界盡, 我禮乃盡; 而[36])虛空界不可盡故, 我此禮敬, 無有

---

35) 起: 고려본 起, 대만본 起 자 없음.
36) 而: 고려본 而, 대만본 以.

窮盡. 如是乃至衆生界盡, 衆生業盡, 衆生煩惱盡, 我禮乃盡; 而衆生界乃至煩惱無有盡故, 我此禮敬無有窮盡. 念念相續, 無有間斷, 身、語、意業無有疲厭.

"또 선남자야, 부처님을 찬탄한다는 것은 끝없는 법계, 허공계에 있는 시방 3세의 모든 세계를 가루를 내고, 그 가는 티끌마다 일체 세계가 있고, 거기에 다시 그 가는 티끌과 같이 많은 수효의 많은 부처님이 계시고, 낱낱 부처님의 계신 곳마다 한량이 없는 보살들이 둘러앉으신 것을 내가 깊고 수승한 알음알이로 앞에 계신 듯이 뵈옵고, 모든 곳에서 말 잘하는 천녀보다 더 훌륭하게 말을 잘하고, 낱낱 혀마다 한량없는 음성을 내고 낱낱 음성마다 온갖 말을 내어서 일체 부처님의 한량없는 공덕을 찬탄할 것이며, 오는 세상이 끝나도록 차례로 계속하여 끊이지 아니하며, 끝없는 법계에 두루해야 하느니라."

復次, 善男子, 言稱讚如來者, 所有盡法界、虛空界, 十方三世一切刹土, 所有極微一一塵中, 皆有一切世界極微塵數佛; 一一佛所, 皆有菩薩海會圍遶. 我當悉以甚深勝解, 現前知見, 各以出過辯才天女微妙舌根, 一一舌根, 出無盡音聲海, 一一音聲, 出一切言辭海, 稱揚讚歎一切如來諸功德海, 窮未來際, 相續不斷, 盡於法界, 無不周遍.

"이와 같이 허공계가 끝나고, 중생계가 끝나고, 중생의 업이 끝나고, 중생의 번뇌가 끝나면 나의 찬탄도 끝나려니와, 허공계와, 내지 중생의 번뇌가 끝날 수 없으므로 나의 찬탄도 끝나지 아니하고, 차례로 계속하여 잠깐도 끊이지 아니하되 몸과 입과 뜻으로 짓는 일이 피곤하거나 만족하다는 생각이 없어야 하느니라."

如是虛空界盡, 衆生界盡, 衆生業盡, 衆生煩惱盡, 我讚乃盡. 而虛空界乃至煩惱無有盡故, 我此讚歎無有窮盡. 念念相續, 無有間斷, 身、語、意業無有疲厭.

"또 선남자야, 여러 가지 공양한다는 것은, 끝없는 법계, 허공계에 있는 시방 3세의 일체 세계를 가루를 내고, 그 가는 티끌마다 일체 세계가 있고, 그 티끌 수같이 많은 부처님이 계시고, 낱낱 부처님의 계신 곳마다 한량없는 보살들이 둘러앉으셨거든, 내가 보현행원의 법력으로 깊은 신심과 알음알이를 일으켜 앞에 계신 듯이 뵈옵고, 모두 가장 좋은 공양거리로 공양하옵나니, 이른바 구름같이 많은 꽃과 꽃꿰미와 하늘 풍류와 하늘 일산과 하늘 의복과 여러 가지 하늘 향과 바르는 향과 사루는 향과 가루 향들이 낱낱이 크기가 수미산 같으며, 여러 가지 등을 켜되 우유 기름으로 켜는 등과 기름으로 켜는 등과 향유로 켜는 등들이 낱낱이 심지는 수미산 같고 기름은 바닷물 같나니 이러한 여러 가지 공양거리로 항상 공양하는 것이니라."
復次, 善男子, 言廣修供養者, 所有盡法界、虛空界, 十方三世一切佛刹極微塵中, 一一各有一切世界極微塵數佛, 一一佛所, 種種菩薩海會圍遶. 我以普賢行願力故, 起深信解, 現前知見, 悉以上妙諸供養具而爲供養. 所謂, 華雲、鬘雲、天音樂雲、天傘蓋雲、天衣服雲、天種種香、塗香、燒香、末香, 如是等雲, 一一量如須彌山王. 然種種燈, 酥燈、油燈、諸香油燈, 一一燈炷如須彌山, 一一燈油如大海水. 以如是等諸供養具, 常爲供養.

"선남자야, 모든 공양 가운데는 법 공양이 가장 으뜸이 되나니 이른바 말씀과 같이 수행하는 공양이며, 중생들을 이롭게 하는 공양이며, 중생들을 섭수하는 공양이며, 선근을 부지런히 닦는 공양이며, 보살의 업을 버리지 않는 공양이며, 보리심을 여의지 않는 공양이니라."
善男子, 諸供養中, 法供養最. 所謂, 如說修行供養、利益衆生供養、攝受衆生供養、代衆生苦供養、勤修善根供養、不捨菩薩業供養、不離菩提心供養.

"선남자야, 앞에 말한 여러 가지 공양거리로 공양한 공덕을 이 법 공양과 비교하면 잠깐 법 공양한 공덕보다 백 분의 일도 되지 못하며 천 분의 일도 되지 못하며, 백, 천,

구지, 나유타 분의 일도 되지 못하며, 가라 분의 일도 되지 못하며, 산 분의 일도, 수 분의 일도, 비유 분의 일도, 우바니사타 분의 일도 되지 못하느니라."

善男子, 如前供養無量功德, 比法供養一念功德, 百分不及一, 千分不及一, 百千俱胝那由他分、迦羅分、算分、數分、諭分、優婆37)尼沙陀分, 亦不及一.

"무슨 까닭인가? 여러 부처님이 존중하는 법인 까닭이며, 말씀한 대로 행하면 부처님이 되는 까닭이며, 보살이 법공양을 행하면 그것이 곧 여래께 공양함이 되는 까닭이니, 이렇게 수행하는 것이 진정한 공양이 되는 까닭이니라."

何以故. 以諸如來尊重法故, 以如說修行出生諸佛故. 若諸菩薩行法供養, 則得成就供養如來, 如是修行是眞供養故.

"이렇게 넓고 크고 훌륭한 공양은 허공계가 끝나고, 중생계가 끝나고, 중생의 업이 끝나고, 중생의 번뇌가 끝나면, 나의 공양도 끝나려니와, 허공계와 내지 중생의 번뇌가 끝날 수 없으므로 나의 공양도 끝나지 아니하고, 차례로 계속하여 잠깐도 끊이지 아니하되, 몸과 입과 뜻으로 짓

---

37) 婆 : 고려본 婆, 대만본 波.

는 일이 피곤하거나 만족하다는 생각이 없느니라."
此廣大最勝供養虛空界盡、衆生界盡、衆生業盡、衆生煩惱盡, 我供乃盡. 而虛空界乃至煩惱不可盡故, 我此供養亦無有盡, 念念相續, 無有間斷, 身、語、意業無有疲厭.

"또 선남자야, 업장을 참회한다는 것은 보살이 생각하기를 '내가 지나간 세상의 끝없는 겁으로부터 탐하는 마음과 성내는 마음과 어리석은 마음으로 말미암아 몸과 입과 뜻을 놀려서 지은 나쁜 업이 한량이 없고 끝이 없나니, 이 나쁜 업을 끝없는 허공에 담을 수 있다 해도 다 담을 수 없을 것이지만, 나는 이제 깨끗한 3업으로 법계의 가는 티끌과 같이 많은 세계에 계신 부처님과 보살 앞에서 지성으로 참회하고 다시는 업을 짓지 아니하며 항상 청정한 계율의 일체 공덕에 머물러 있으리라' 하나니, 이와 같이 허공계가 끝나고, 중생의 번뇌가 끝나면 나의 참회도 끝나려니와, 허공계나 내지 중생의 번뇌가 끝날 수 없으므로 나의 참회도 끝나지 아니하고, 차례로 계속하여 잠깐 끊이지 아니하되 몸과 입과 뜻으로 짓는 일이 피곤하거나 만족하다는 생각이 없느니라."
復次, 善男子, 言懺除業障者, 菩薩自念, 我於過去無始劫中, 由貪瞋癡, 發身口意, 作諸惡業無量無邊. 若此惡業有體相者, 盡虛空界不能容受. 我今悉以清淨三業, 遍於法界極微塵刹一切諸佛菩薩衆前, 誠心懺悔, 後不復造, 恒住淨戒一切功德. 如是虛空界盡, 衆生界盡, 衆生業盡, 衆生煩惱盡, 我懺乃盡. 而虛空界乃至衆生煩惱不可盡故, 我此懺悔無有窮盡. 念念相續, 無有間斷, 身語意業無有疲厭.

"또 선남자야, 다른 이의 공덕을 기뻐한다는 것은, 끝없는 법계, 허공계에 있는 시방 3세의 모든 세계의 티끌 수같이 많은 부처님께서 처음 발심할 적부터 일체 지혜를 얻기 위하여 부지런히 복덕을 닦을 적에 몸과 목숨을 돌보지 아니하고, 말할 수 없이 많은 티끌 수효같이 많은 겁을 지내면서 낱낱 겁마다 말할 수없이 많은 티끌 수효같이 많은 머리와 눈과 손과 발을 버리는 등, 이렇게 행할 수 없는 고행으로 가지각색의 바라밀을 원만히 하고 가지각색의 보살 지혜를 증득하여 부처님의 위 없는 보리를 성취하여 열반에 드신 뒤에 사리를 분포할 때까지의 모든 선근을 내가 모두 따라서 기뻐하며, 또 저 시방 3세의 일체 세계의 6취의 4생 중생들이 지은 온갖 공덕을 티끌만한 것까지라도 내가 모두 따라서 기뻐하며, 시방 3세에 있는 일체 성문과 일체 벽지불의 유학과 무학들이 지은 공덕까지도 모두 따라서 기뻐하며, 일체의 보살이 한량없는 고행을 닦아서 위 없는 삼먁삼보리를 구하고 얻는 많은 공덕을 내가 모두 따라서 기뻐하는 것이니라."

復次, 善男子, 言隨喜功德者, 所有盡法界、虛空界, 十方三世一切佛刹極微塵數諸佛如來, 從初發心, 爲一切智勤修福聚, 不惜身命, 經不可說不可說佛刹極微塵數劫. 一一劫中, 捨不可說不可說佛刹極微塵數頭目手足; 如是一切難行苦行, 圓滿種種波羅蜜門, 證入種種菩薩智地, 成就諸佛無上菩提, 及般涅槃分布舍利, 所有善根, 我皆隨喜. 及彼十方一切世界, 六趣四生一切種類所有功德, 乃至一塵, 我皆隨喜. 十方三世一切聲聞及辟支佛, 有學無學所有功德, 我皆隨喜. 一切菩薩所修無量難行苦行, 志求無上正等菩提廣大功德, 我皆隨喜.

"이와 같이 허공계가 끝나고, 중생계가 끝나고, 중생의 업이 끝나고, 중생의 번뇌가 끝나더라도 나의 따라 기뻐함은 끝나지 아니하고, 차례로 계속하여 잠깐도 끊이지 아니하되, 몸과 입과 뜻으로 짓는 일이 피곤하거나 만족하다는 생각이 없어야 하느니라."

如是虛空界盡, 衆生界盡, 衆生業盡, 衆生煩惱盡, 我此隨喜無有窮盡. 念念相續無有間斷, 身語意業無有疲厭.

"또 선남자야, 부처님께 법문 연설하시기를 청한다는 것은, 끝없는 법계, 허공계에 있는 시방 3세의 일체 세계를 가루로 만들고, 그 가는 티끌마다 말할 수 없이 많은 티끌

같이 많은 부처님 세계가 있고, 그 낱낱 부처님 세계 가운데서 시시각각으로 말할 수 없이 많은 세계의 티끌 수같이 많은 일체 부처님이 등정각을 이루시고, 일체 보살들이 둘러앉았거든 내가 몸과 입과 뜻으로 짓는 가지각색 방편으로 은근하게 권하여 법문 연설하시기를 청하는 것이니라."

復次, 善男子, 言請轉法輪者, 所有盡法界、虛空界十方三世一切佛刹極微塵中, 一一各有不可說不可說佛刹極微塵數廣大佛刹, 一一刹中, 念念有不可說不可說佛刹極微塵數一切諸佛成等正覺, 一切菩薩海會圍遶. 而我悉以身口意業, 種種方便, 慇懃勸請轉妙法輪.

"이와 같이 허공계가 끝나고, 중생계가 끝나고, 중생의 업이 끝나고, 중생의 번뇌가 끝나더라도 내가 일체 부처님께 법문 연설하시기를 청하는 것은 끝나지 아니하고 차례로 계속하여 잠깐도 끊어지지 아니하되, 몸과 입과 뜻으로 짓는 일이 피곤하거나 만족하다는 생각이 없어야 하느니라."

如是虛空界盡, 眾生界盡, 眾生業盡, 眾生煩惱盡, 我常勸請一切諸佛轉正法輪, 無有窮盡. 念念相續無有間斷, 身語意業無有疲厭.

"또 선남자야, 부처님이 이 세상에 오래오래 계시기를 청한다는 것은, 끝없는 법계, 허공계에 있는 시방 3세의 일체 세계의 티끌 수같이 많은 부처님네가 시현하기 위해서 열반에 드시려 하시거나, 모든 보살과 성문과 연각의 유학이나 무학들과, 내지 일체 선지식에 이르기까지 내가 모두 권청하여 열반에 들지 말고 일체 세계의 티끌 수같이 많은 겁을 지내도록 일체 중생을 요익하게 하여지이다 하는 것이니라."

復次, 善男子, 言請佛住世者, 所有盡法界、虛空界, 十方三世一切佛刹極微塵數諸佛如來, 將欲示現般涅槃者; 及諸菩薩、聲聞、緣覺、有學、無學, 乃至一切諸善知識, 我悉勸請莫入涅槃, 經於一切佛刹極微塵數劫, 爲欲利樂一切衆生.

"이와 같이 허공계가 끝나고, 중생계가 끝나고, 중생의 업이 끝나고, 중생의 번뇌가 끝나더라도 나의 권청하는 것은 끝나지 아니하고 차례로 계속하여 잠깐도 끊이지 아니하되, 몸과 입과 뜻으로 짓는 일이 피곤하거나 만족하다는 생각이 없어야 하느니라."

如是虛空界盡, 衆生界盡, 衆生業盡, 衆生煩惱盡, 我此勸請無有窮盡. 念念相續無有間斷, 身語意業無有疲厭.

"또 선남자야, 항상 부처님을 따라 배운다는 것은, 이 사바세계의 비로자나 부처님께서 처음으로 발심할 적부터 정진하여 물러나지 아니하면서 말할 수 없이 많은 몸과 목숨을 보시한 일과, 가죽을 벗기어 종이를 삼고 뼈를 쪼개어 붓을 삼고 피를 뽑아 먹을 삼아 경전을 쓰기를 수미산 같이하여, 불법을 존중하게 여기므로 신명을 아끼지 아니하였거든 하물며 임금의 지위나, 성이나, 고을이나, 촌락이나, 궁전이나, 정원이나, 산림을 아꼈겠는가. 그 외에 여러 가지 고행하시던 것이나, 내지 보리수 아래서 보리를 이루시던 것과 가지각색 신통을 나타내시던 것과 가지각색 변화를 일으키던 것과 여러 가지 몸을 나투시어 여러 가지 회상에 계실 적에, 혹은 일체 대보살 회상에 계시며, 혹은 성문과 벽지불 회상에 계시며, 혹은 전륜성왕과 작은 국왕과 권속의 회상에 계시며, 혹은 찰제리와 바라문과 장자와 거사의 회상에 계시며, 내지 하늘과 용과 8부와 사람과 사람 아닌 이의 도량에 계시면서, 이러한 가지가지 회상에서 원만하신 음성으로 우렛소리와 같이 그들의 좋아함을 따라서 중생을 성숙시키던 것이나, 내지 나타내어 가리키기 위해 열반에 드시던 여러 가지 일을 내가 모두 따라서 배우며, 이 세상에 지금 계시는 비로자나 부처님을 배우는 것과 같이 끝없는 법계, 허공계에 있는 시방 3세 일체 세계의 티끌같이 많이 계시는 부처님네의 일도 역시 이와 같이 시시각각으로 내가 모두 따라서 배우리라하는 것이다."

復次, 善男子, 言常隨佛學者, 如此娑婆世界毘盧遮那如來, 從初發心精進不退, 以不可說不可說身命而爲布施, 剝皮爲紙, 折骨爲筆, 刺血爲墨, 書寫經典積如須彌. 爲重法故, 不惜身命, 何況王位、城邑、聚落、宮殿、園林一切所有, 及餘種種難行苦行, 乃至樹下成大菩提; 示種種神通, 起種種變化, 現種種佛身, 處種種衆會. 或處一切諸大菩薩衆會道場, 或處聲聞及辟支佛衆會道場, 或處轉輪聖王、小王眷屬衆會道場, 或處刹利及婆羅門、長者、居士衆會道場, 乃至或處天龍八部、人、非人等衆會道場. 處於如是種種衆會, 以圓滿音, 如大雷震, 隨其樂欲, 成熟衆生, 乃至示現入於涅槃. 如是一切, 我皆隨學. 如今世尊毘盧遮那, 如是盡法界、虛空界, 十方三世一切佛刹, 所有塵中一切如來, 皆亦如是, 於念念中, 我皆隨學.

"이와 같이 허공계가 끝나고, 중생계가 끝나고, 중생의 업이 끝나고, 중생의 번뇌가 끝나더라도 나의 따라 배우는 것은 끝나지 아니하고 차례로 계속되어 잠깐도 끊이지 아니하되 몸과 입과 뜻으로 짓는 일이 피곤하거나 만족하다는 생각이 없어야 하느니라."

如是虛空界盡, 衆生界盡, 衆生業盡, 衆生煩惱盡, 我此隨學無有窮盡. 念念相續無有間斷, 身語意業無有疲厭.

"또 선남자야, 중생을 수순한다는 것은 끝없는 법계, 허공계에 있는 시방 3세의 중생들에게 여러 가지 차별이 있는데, 이른바 알로 낳은 것, 태로 낳은 것, 습기로 나는 것, 화하여 나는 것들이 지대, 수대, 화대, 풍대를 의지하여 살기도 하며, 허공을 의지하여 살기도 하며, 초목을 의지하여 살기도 하거든, 그 여러 가지 종류와 여러 가지 몸과 여러 가지 형상과 여러 가지 모양과 여러 가지 수명과 여러 가지 종족과 여러 가지 명칭과 여러 가지 성품과 여러 가지 알음알이와 여러 가지 욕망과 여러 가지 행동과 여러 가지 위의와 여러 가지 의복과 여러 가지 음식과 여러 가지 촌락과 여러 가지 성과 여러 가지 궁전에 사는 이들과, 내지 일체 하늘 사람과 용과 8부와 사람과 사람 아닌 이들이며, 발 없는 것, 두 발 가진 것, 네 발 가진 것, 여러 발 가진 것들이며, 빛깔 있는 것, 빛깔 없는 것, 생각 있는 것, 생각 없는 것, 생각 있는 것도 아니요 생각 없는 것도 아닌 것들이며, 이러한 여러 가지 중생들을 내가 모두 잘 수순하되 가지각색으로 받들어 섬기며, 가지각색으로 공양하기를 부모와 같이 공경하고 스승과 같이 받들고 어른과 아라한과 같이 존경하며 부처님과 같이 여겨 조금도 다르게 생각하지 아니하며, 병이 있는 이에게는 의원이 되고, 길을 잘못 든 이에게는 바른길을 가리키고, 어두운 밤중에는 등불이 되고, 가난한 이에게는 보배를 얻게 하나니 보살은 이렇게 평등하게 중생들을 요익하게 하나니라. 어찌하여 그러한가? 보살이 중생을 수순하는 것이 곧 부처님을 수순하고 공양하는 것이며, 중생들을 소중하게 여기고 받자와 섬기는 것이 곧 부처님을 받자와 섬기는 것이며, 중생들을 즐겁게 하는 것이 곧 모든 부처님네를 즐겁게 하기 때문이다. 무슨 까닭인가? 모든 부처님네는 대비심으로 체성을 삼기 때문에 중생을 인하여 대비심을 일으키고, 대비심을 인하여 보리심을 내고, 보리심을 인하여 정각을 이루기 때문이니라."

復次, 善男子, 言恒順衆生者, 謂盡法界, 虛空界, 十方刹 海, 所有衆生種種差別, 所謂, 卵生, 胎生, 濕生, 化生, 或有依於 地, 水, 火, 風而生住者, 或有依空及諸卉木而生住者, 種種生 類, 種種色身, 種種形狀, 種種相貌, 種種壽量, 種種族類, 種種名號, 種種心性, 種種知見, 種種欲樂, 種種意行, 種種 威儀, 種種衣服, 種種飮食, 處於種種村營, 聚落, 城邑, 宮 殿, 乃至一切天龍八部, 人 非人等, 無足, 二足, 四足, 多足, 有色, 無色, 有想, 無想 非有想, 非無想. 如是等類, 我皆於 彼隨順而轉. 種種承事, 種種供養, 如敬父母, 如奉師長及阿羅 漢, 乃至如來, 等無有異. 於諸病苦爲作良醫, 於失道者示其正 路, 於闇夜中爲作光明, 於貧窮者令得伏藏. 菩薩如是平等饒益 一切衆生. 何以故, 菩薩若能隨順衆生, 則爲隨順供養諸佛; 若 於衆生尊重承事, 則爲尊重承事如來; 若令衆生生歡喜者, 則令一切如來歡喜. 何以故, 諸佛如來以大悲心而爲體故, 因於衆生 而起大悲, 因於大悲生菩提心, 因菩提心成等正覺.

"비유하면, 넓은 벌판 모래밭에 섯는 큰 나무의 뿌리가 물을 만나면 가지나 잎과 꽃과 열매가 무성하는 것과 같이 죽고 나는 넓은 벌판에 있는 보리 나무도 역시 그러하여 일체 중생은 나무뿌리와 같고 부처님과 보살들은 열매와 꽃과 같거든, 대자비의 물로 중생을 요익하게 하면 부처님과 보살들의 지혜 꽃과 지혜 열매를 이루나니, 무슨 까닭인가. 보살들이 대자비의 물로 중생을 요익하게 하면 아뇩다라삼먁삼보리를 성취하기 때문이니라. 그러므로 보리와 중생은 한 가지이며, 만일 중생이 없으면 일체 보살이 마침내 위 없는 정각을 이루지 못 하나니라."

譬如曠野沙磧之中, 有大樹王, 若根得水, 枝葉, 華果悉皆繁茂. 生死曠野菩提樹王, 亦復如是, 一切衆生而爲樹根, 諸佛菩薩而爲華果, 以大悲水饒益衆生, 則能成就諸佛菩薩智慧華果. 何以故, 若諸菩薩以大悲水饒益衆生, 則能成就阿耨多羅三藐三菩提故. 是故菩提屬於衆生, 若無衆生, 一切菩薩終不能成無上正覺.

"선남자야, 너는 이 이치를 이렇게 알아야 하느니라.
'중생에게 마음이 평등한 연고로 원만한 대자비심을 성취하는 것이며, 대자비심으로 중생을 수순하는 연고로 부처님께 공양함을 성취하나니라'고. 보살은 이와 같이 중생을 수순할 적에 허공계가 끝나고 중생계가 끝나고 중생의 업이 끝나고 중생의 번뇌가 끝나더라도 보살의 수순하는 것은 끝나지 아니하고, 차례로 계속되어 잠깐도 끊이지 아니하되 몸과 입과 뜻으로 짓는 일이 피곤하거나 만족하다는 생각이 없나니라."

善男子, 汝於此義應如是解. 以於眾生心平等故, 則能成就圓滿大悲, 以大悲心隨眾生故, 則能成就供養如來. 菩薩如是隨順眾生, 虛空界盡, 眾生界盡, 眾生業盡, 眾生煩惱盡, 我此隨順無有窮盡. 念念相續, 無有間斷, 身語意業無有疲厭.

"또 선남자야, 내가 지은 선근을 모두 회향한다는 것은, 처음 부처님께 예경하는 것으로부터 중생을 수순하는 것까지 지은 공덕을 통틀어 끝없는 법계, 허공계의 일체 중생에게 회향하여 중생들에게 항상 안락하고 온갖 병고가 없기를 원하며, 나쁜 일을 하려는 것은 하나도 성취되지 말고, 착한 업을 닦는 것은 빨리 성취되기를 원하며, 일체 나쁜 갈래로 가는 문은 꼭꼭 닫히고, 인간에나 천상에나 열반으로 가는 길은 훤하게 열리기를 원하며, 만일 여러 중생이 그 지어 모은 악업으로 말미암아 받게 되는 괴로운 과보가 있으면, 그 모두 내가 대신 받고 저 중생들은 모두 해탈을 얻게 하며,

필경에는 위 없는 보리를 성취케 하는 것이니라. 보살은 이와 같이 지은 공덕을 회향할 적에 허공계가 끝나고 중생계가 끝나고 중생의 업이 끝나고 중생의 번뇌가 끝나더라도 회향은 끝나지 아니하고, 차례로 계속되어 잠깐도 끊이지 아니하되 몸과 입과 뜻으로 지은 일이 피곤하거나 만족하다는 생각이 없느니라."

復次, 善男子, 言普皆迴向者, 從初禮拜乃至隨順所有功德, 皆悉迴向盡法界、虛空界一切眾生. 願令眾生, 常得安樂, 無諸病苦; 欲行惡法, 皆悉不成, 所修善業, 皆速成就; 關閉一切諸惡趣門, 開示人天涅槃正路. 若諸眾生, 因其積集諸惡業故, 所感一切極重苦果, 我皆代受, 令彼眾生悉得解脫, 究竟成就無上菩提. 菩薩如是所修迴向, 虛空界盡, 眾生界盡, 眾生業盡, 眾生煩惱盡, 我此迴向無有窮盡. 念念相續無有間斷, 身語意業無有疲厭.

"선남자야, 이것이 보살 마하살의 열 가지 큰 원을 구족하게 원만히 하는 것이니, 만일 보살이 이러한 큰 원에 수순하여 나아가면 능히 일체 중생을 성숙하게 할 것이며, 능히 아뇩다라삼먁삼보리를 수순할 것이며, 능히 보현 보살의 모든 행과 원을 원만하게 성취할 것이니라."

善男子, 是爲菩薩摩訶薩十種大願, 具足圓滿. 若諸菩薩於此大願隨順趣入, 則能成熟一切眾生, 則能隨順阿耨多羅三藐三菩提, 則能成滿普賢菩薩諸行願海.

"선남자야, 너는 이 뜻을 이렇게 알아야 하나니라. 만일 어떤 선남자나 선여인이 시방에 있는 무량무변하고 말로 다할 수 없이 티끌같이 많은 일체 세계에 미묘한 7보를 가득하게 쌓고, 또 인간과 천상의 가장 좋은 쾌락한 일을 맡아서 저렇게 많은 일체 세계의 중생에게 보시하며, 저렇게 많은 일체 세계의 부처님과 보살에게 공양하기를 저렇게 많은 세계의 티끌같이 많은 겁을 지내도록 항상 계속하여 끊이지 아니하여 얻은 공덕과, 어떤 사람이 이 열 가지 원을 한 번만 귀에 들은 공덕을 비교하면, 저 사람의 얻은 공덕으로는 백 분의 일에도 미치지 못하며 천 분의 일에도 미치지 못하며, 내지 우바니사타 분의 일에도 미치지 못 하나니라."

是故, 善男子, 汝於此義, 應如是知. 若有善男子、善女, 人以滿十方無量無邊、不可說不可說佛刹極微塵數一切世界上妙七寶, 及諸人天最勝安樂, 布施爾所一切世界所有衆生, 供養爾所一切世界諸佛菩薩, 經爾所佛刹極微塵數劫, 相續不斷, 所得功德; 若復有人聞此願王, 一經於耳所有功德, 比前功德, 百分不及一, 千分不及一, 乃至優波尼沙陀分亦不及一.

"다시 어떤 사람이 갸륵한 신심으로 이 큰 원을 받아 지니거나 읽거나 외우거나 쓰기를 한 게송만 하더라도 즉시 다섯 가지 무간지옥에 떨어질 죄업이 소멸될 것이며, 이 세상에서 받을 몸 또는 마음의 병이나 여러 가지 고통이나, 내지 이 세계의 티끌 수와 같이 많은 나쁜 죄업이 모두 소멸되고 일체의 악마와 야차와 나찰과 구반다와 바사차와 부단나 등, 여러 가지 피를 빨아 먹고 살을 갉아 먹는 나쁜 귀신들은 모두 멀리 도망하여 갈 것이며, 혹은 착한 마음을 내어 가까이 와서 친근하며 보호하느니라. 그러므로 이 큰 원을 외우는 사람은 이 세상에 다닐 적에 조금도 장애 되지 아니함이, 마치 허공에 달이 가려진 구름을 벗어나는 듯하며 부처님네와 보살들의 칭찬을 받으며, 이 세상 사람, 하늘 사람들이 모두 예경할 것이며, 일체 중생이 모두 공양할 것이니라."

或復有人以深信心, 於此大願受持讀誦, 乃至書寫一四句偈, 速能除滅五無間業; 所有世間身心等病, 種種苦惱, 乃至佛刹極微塵數一切惡業, 皆得銷[38]除; 一切魔軍、夜叉、羅刹, 若鳩槃茶、若毘舍闍、若部多等, 飮血噉肉諸惡鬼神, 皆悉遠離, 或時發心親近守護. 是故, 若人誦此願者, 行於世間無有障礙, 如空中月出於雲翳, 諸佛菩薩之所稱讚, 一切人天皆應禮敬, 一切衆生悉應供養.

---

38) 銷; 고려본 銷, 대만본 消.

"또 이 선남자는 항상 사람들의 몸을 받아서 보현 보살의 공덕을 원만히 하고 오래지 않아서 보현 보살과 같이 미묘한 몸을 성취하여 32상을 구족할 것이며, 만일 인간과 천상에서는 간 데마다 훌륭한 문중에 태어나게 될 것이며, 일체의 나쁜 갈래는 모두 파괴하고, 모든 나쁜 친구는 모두 쫓아 버리고, 모든 외도들을 굴복시킬 것이며, 온갖 번뇌에서 해탈하는 것은 저 사자가 뭇 짐승을 굴복하는 것과 같아서 일체 중생의 공양을 받을지니라."

此善男子善得人身, 圓滿普賢所有功德, 不久當如普賢菩薩, 速得成就微妙色身, 具三十二大丈夫相. 若生人天所在之處, 常居勝族, 悉能破壞一切惡趣, 悉能遠離一切惡友, 悉能制伏一切外道, 悉能解脫一切煩惱, 如師子王摧伏群獸, 堪受一切衆生供養.

"또 이 사람이 목숨을 마치려는 마지막 시각에 이목구비는 모조리 작용이 없어지고, 일체 친속들은 모조리 떠나게 되고, 모든 권세와 위엄은 모조리 소멸되고, 나를 호위하고 도와주던 시종과 대신과, 그리고 궁전과 성곽과 코끼리와 말과 수레와 안팎 살림살이와 재물과 보배와 이런 것들은 하나도 나를 따라 오는 것이 없지만, 이 원력만은 잠깐도 나를 여의지 아니하고 어느 때나 항상 내 앞길을 인도하여 잠깐 동안에 극락세계에 가서 나게 하나니라."

又復是人臨命終時, 最後刹那, 一切諸根悉皆散壞, 一切親屬悉皆捨離, 一切威勢悉皆退失, 輔相、大臣、宮城內外、象馬車乘、珍寶伏藏, 如是一切, 無復相隨; 唯此願王不相捨離, 於一切時, 引導其前, 一刹那中, 即得往生極樂世界.

"극락세계에 왕생하는 대로 곧 아미타불을 뵈올 적에 문수 보살, 보현 보살, 관자재 보살, 미륵 보살 등, 이런 이들이 몸매가 단정하고 공덕이 구족하여 아미타불을 모시고 둘러앉으셨거든 이 사람은 연꽃 위에 나게 되어 부처님의 수기를 받을 것이요, 수기를 받고는 수 없는 백천만억 나유타 겁을 지내도록 시방의 말할 수 없이 많은 세계로 다니면서 수승한 지혜로 중생들의 마음을 따라 요익케 할 것이며, 오래되지 아니하여 보리도량에 앉아서 마군 무리를 항복받고 정각을 이루며 법륜을 굴려 부처님 세계의 티끌 수와 같이 많은 세계에 있을 중생들에게 보리심을 발하게 하며, 그 근기나 성품을 따라서 교화하여 성숙하게 하며 내지 미래제가 다하도록 일체 중생을 요익케 할 것이니라."

到已, 即見阿彌陀佛、文殊師利菩薩、普賢菩薩、觀自在菩薩、彌勒菩薩等. 此諸菩薩色相端嚴, 功德具足, 所共圍遶. 其人自見生蓮華中, 蒙佛授記. 得授記已, 經於無數百千萬億那由他劫, 普於十方不可說不可說世界, 以智慧力, 隨眾生心而爲利益. 不久當坐菩提道場, 降伏魔軍, 成等正覺, 轉妙法輪. 能令佛刹極微塵數世界衆生發菩提心, 隨其根性教化成熟, 乃至盡於未來劫海, 廣能利益一切衆生.

"선남자야, 저 중생들이 이 큰 원을 듣거나, 믿고 받아 지니거나, 읽거나 외우거나, 다른 이들을 위하여 말하거나 하면, 그 지은 바 공덕은 부처님을 제하고는 다른 이는 알지 못 하나니라. 그러므로 너희들이 이 원을 듣거든 의심을 내지 말고 자세히 받을 것이며, 받고는 읽을 것이며, 읽고는 외울 것이며, 외우고는 그대로 지닐 것이며, 내지 쓰고 또 다른 이를 위하여 연설하면 그 사람들이 품고 있는 소원을 잠깐 사이에 모두 성취할 것이며, 그 얻은 복덕이 한량이 없고 끝이 없으며 번뇌의 고해에서 중생들을 제도하며, 그리하여 생사에서 벗어나서 모두 아미타불의 극락세계에 왕생하게 되리라."

善男子, 彼諸衆生, 若聞、若信此大願王, 受持讀誦, 廣爲人說所有功德, 除佛世尊, 餘無知者. 是故汝等聞此願王, 莫生疑念, 應當諦受, 受已能讀, 讀已能誦, 誦已能持, 乃至書寫, 廣爲人說. 是諸人等, 於一念中, 所有行願皆得成就, 所獲福聚無量無邊, 能於煩惱大苦海中, 拔濟衆生令其出離, 皆得往生阿彌陀佛極樂世界.

그때 보현 보살 마하살이 이러한 이치를 다시 펴시려고 시방을 살펴보시면서 게송으로 말씀하시었다.
爾時, 普賢菩薩摩訶薩欲重宣此義, 普觀十方而說偈言.

끝없는 시방의 허공 세계에
과거, 미래, 현재의 부처님네를
깨끗한 이내 몸과 말과 뜻으로
하나도 빼지 않고 예경하올제.[39]

보현의 행과 원과 위신력으로
한량없는 부처님 앞에 나아가
한 몸에 티끌같이 많은 몸을 나투어
티끌같이 많은 부처님께 예배하리라.
所有十方世界中,　　三世一切人師子,
我以淸淨身語意,　　一切遍禮盡無餘.

普賢行願威神力,　　普現一切如來前,
一身復現剎塵身,　　一一遍禮剎塵佛.

한 티끌에 수없이 많은 부처님 계시고

---

[39] 이하 게송의 번역을 월운 강백은 4구씩 일정하게 나열했는데, 해설자 신규탁이 청량 국사의 『보현행원품소』에 따라 과목별로 묶었다.

간 곳마다 보살들의 모임 가운데 계시옵거든
온 법계의 티끌 속에도 그와 같아서
부처님이 가득하심 깊이 믿삽고

곳곳마다 가지각색 음성을 내고
음성마다 가지각색 미묘한 말로
그지없는 미래 겁이 다할 때까지
부처님의 크신 공덕 찬탄하리라.

於一塵中塵數佛, 　　各處菩薩衆會中,
無盡法界塵亦然, 　　深信諸佛皆充滿.

各以一切音聲海, 　　普出無盡妙言辭,
盡於未來一切劫, 　　讚佛甚深功德海.

훌륭하고 아름다운 꽃다발들과
좋은 풍류, 좋은 향수, 좋은 일산과
이와 같이 가장 좋은 공양거리로써
시방 법계 부처님께 공양하오며

으뜸가는 의복들과 좋은 향들과
가루향과 꽂는 향과 등과 촛불과
낱낱 것이 수미산과 같은 것으로

시방 법계 부처님께 공양하오며

넓고 크고 수승하온 이내 마음으로
시방 3세 부처님을 깊이 믿삽고
간 곳마다 보현 보살의 행원력으로
한량없는 부처님께 공양하리라.

以諸最勝妙華鬘,　　妓樂塗香及傘蓋,
如是最勝莊嚴具,　　我以供養諸如來.

最勝衣服最勝香,　　末香燒香與燈燭,
一一皆如妙高聚,　　我悉供養諸如來.

我以廣大勝解心,　　深信一切三世佛,
悉以普賢行願力,　　普遍供養諸如來.

지난 세상 지어 놓은 모든 악업은
비롯없는 탐심, 진심, 치심으로써
몸과 입과 뜻을 놀려 지었사올세
제가 지금 지성으로 참회합니다.

我昔所造諸惡業,　　皆由無始貪恚40)癡,
從身語意之所生,　　一切我今皆懺悔.

---

40) 恚 ; 고려본 恚, 대만본 瞋.

시방세계 여러 종류의 많은 중생과
성문, 연각의 유학들과 아라한들과
부처님과 보살들의 온갖 공덕을
제가 지금 지성으로 기뻐합니다.
十方一切諸衆生,　　二乘有學及無學,
一切如來與菩薩,　　所有功德皆隨喜.

시방의 모든 세간 비추시는 등불,
처음으로 보리도를 성취한 이들
위 없이 묘한 법륜 굴리옵기를
제가 지금 지성으로 청하옵니다.
十方所有世間燈,　　最初成就菩提者,
我今一切皆勸請,　　轉於無上妙法輪.

대열반에 드시려는 여러 부처님
이 세상에 오래오래 계시오면서
일체 중생 제도하여 이롭게 하시기를
제가 지금 지성으로 권하옵니다.
諸佛若欲示涅槃,　　我悉至誠而勸請,
惟願久住刹塵劫,　　利樂一切諸衆生.

예경하고 찬탄하고 공양한 것과

오래오래 계시면서 법문 설하고
기뻐하고 참회하온 모든 선근을
중생들과 보리도에 회향합니다.
所有禮讚供養福[41],　請佛住世轉法輪,
隨喜懺悔諸善根,　　迴向衆生及佛道.

일체 여러 부처님을 따라 배우고
보현행을 원만하게 닦아 익히어
지난 세상 부처님과 지금 부처님과
오는 세상 부처님께 공양하오며

여러 가지 즐거운 일 다 원만하고
과거, 현재, 미래세의 많은 부처님을
항상 따라다니면서 법을 배워서
하루 바삐 대보리를 성취하리라.
我隨一切如來學,　　修習普賢圓滿行,
供養過去諸如來,　　及與現在十方佛.

未來一切天人師,　　一切意樂皆圓滿,
我願普隨三世學,　　速得成就大菩提.

---

41) 福 ; 고려본 福, 대만본 佛.

끝없는 시방 법계의 일체 세계를
웅장하고 깨끗하게 장엄하고서
부처님을 대중들이 둘러 모시어
보리수 그늘 밑에 앉아 계시네.

시방세계 티끌같이 많은 중생
근심 걱정 다 여의어 항상 즐겁고
깊고 묘한 옳은 법문 얻어 지니며
모든 번뇌 깨끗하게 없어지이다.

所有十方一切刹,　　廣大淸淨妙莊嚴,
衆會圍遶諸如來,　　悉在菩提樹王下.

十方所有諸衆生,　　願離憂患常安樂,
獲得甚深正法利,　　滅除煩惱盡無餘.

보리도를 얻으려고 수행할 때
여러 갈래 간 데마다 숙명통 얻고
세세생생 출가하여 계행을 닦아
깨끗하고 온전하여 새지 않았네.

하늘과 용과 야차들과 구반다들과

사람들과 사람 아닌 여러 중생
그네들이 쓰고 있는 가지각색 말
그 말로써 알아듣게 법을 설하리.

我爲菩提修行時,　　一切趣中成宿命,
常得出家修淨戒,　　無垢無破無穿漏.

天龍夜叉鳩槃荼,　　乃至人與非人等,
所有一切衆生語,　　悉以諸音而說法.

바라밀을 깨끗하게 항상 닦아
언제든지 보리심을 잊지 않으며
무명 업장 남김없이 없애버리고
여러 가지 묘한 행을 다 이루리라.

모든 번뇌 모든 업과 마의 경계와
세상일을 툭툭 털어 벗어버리니
연꽃잎에 물방울이 돌돌 구르는 듯
해와 달이 허공에서 걸림 없는 듯.

勤修淸淨波羅蜜,　　恒不忘失菩提心,
滅除障垢無有餘,　　一切妙行皆成就.

於諸惑業及魔境,　　世間道中得解脫,
猶如蓮華不著水,　　亦如日月不住空.

나쁜 갈래 온갖 고통 없애버리고
중생들께 평등하게 쾌락을 주며
이와 같이 티끌같은 많은 겁 다 지내도록
시방 중생 위하는 일 그지없으리.

어느 때나 중생들을 수순하면서
오는 세상 온갖 겁이 끝날 때까지
보현 보살 광대행을 닦고 닦아
위 없는 보리도를 원만하리라.

悉除一切惡道苦,　　等與一切群生樂,
如是經於刹塵劫,　　十方利益恒無盡.

我常隨順諸眾生,　　盡於未來一切劫,
恒修普賢廣大行,　　圓滿無上大菩提.

나와 같이 일승법을 행하는 이들
날 적마다 같은 곳에 함께 모이어
몸과 입과 마음으로 하는 일이 같고
온갖 행과 온갖 원을 같이 닦아서

바른길로 지도하는 선지식들은

우리에게 보현행을 가르쳐주며
언제나 우리와 같이 있어서
우리에게 환희심을 내어지이다.

所有與我同行者,　　於一切處同集會,
身口意業皆同等,　　一切行願同修學.

所有益我善知識,　　爲我顯示普賢行,
常願與我同集會,　　於我常生歡喜心.

내가 항상 부처님을 만나 뵈올제
불자들이 둘러 앉아 모시였거든
많고 좋은 공양구로 공양하는 일
미래 겁이 다하도록 그지없으리.

부처님의 미묘한 법문 받아 지니고
여러 가지 보리행을 빛내오면서
청정하온 보현도를 끝까지 닦아
미래 겁이 다하도록 익히게 하소서.

願常面見諸如來,　　及諸佛子衆圍遶,
於彼皆興廣大供,　　盡未來劫無疲厭.

願持諸佛微妙法,　　光顯一切菩提行,
究竟淸淨普賢道,　　盡未來劫常修習.

시방 법계의 수많은 세상 3계 중에서
내가 지은 복과 지혜 그지없거든
선정 지혜 모든 방편 해탈 삼매로
얻어 모은 온갖 공덕 한량이 없네.

한 티끌에 수많은 세계가 있고
세계마다 한량없는 부처님 계시고
곳곳마다 부처님이 대중 가운데서
보리행을 연설하심 항상 뵈옵네.

我於一切諸有中,　　所修福智恒無盡,
定慧方便及解脫,　　獲諸無盡功德藏.

一塵中有塵數刹,　　一一刹有難思佛,
一一佛處衆會中,　　我見恒演菩提行.

끝없는 시방 법계 저 많은 세계
털끝마다 셀 수 없는 과거와 미래
부처님도 국토들도 다 그렇거든
곳곳마다 많고 많은 겁을 지내며

일체 여래 청정하온 말씀 가운데

말씀마다 여러 중생 음성 갖추고
중생들의 좋아하는 그 음성으로
음성마다 한량없는 부처님 변재

시방 3세 일체 여래 부처님께서
곳곳마다 그지없는 말씀으로써
깊고 묘한 다함없는 법문 연설하시는
그 이치를 내가 모두 알아지이다.

普盡十方諸刹海,　　一一毛端三世海,
佛海及與國土海,　　我遍修行經劫海.

一切如來語淸淨,　　一言具衆音聲海,
隨諸衆生意樂音,　　一一流佛辯才海.

三世一切諸如來,　　於彼無盡語言海,
恒轉理趣妙法輪,　　我深智力普能入.

나는 오는 세상까지 갈 수 있으며
일체 겁을 똘똘 뭉쳐 일념 만들고
3세의 모든 겁을 한데 뭉쳐서
만들어놓은 일념에 들어가리라.

일념 속에 있는 나는 그 자리에서
3세 일체 부처님을 만나 뵈오며
부처님의 경계까지 항상 들어가
요술같이 번뇌에서 해탈하는 힘.

我能深入於未來,　　盡一切劫爲一念,
三世所有一切劫,　　爲一念際我皆入.

我於一念見三世,　　所有一切人師子,
亦常入佛境界中,　　如幻解脫及威力.

한 터럭 끝에 있는 티끌 가운데
3세의 장엄한 불 세계 나타나거든
시방의 티끌같이 많은 세계마다 낱낱 털끝에
장엄하온 저 세계에 내가 들어가

거기 계신 오는 세상 부처님들이
성도하고 설법하고 교화하시고
하실 일을 다 하시고 열반에 드심을
나는 따라가서 모두 섬기오리라.

於一毛端極微中,　　出現三世莊嚴刹,
十方塵刹諸毛端,　　我皆深入而嚴淨.

所有未來照世燈,　　成道轉法悟群有,

究竟佛事示涅槃,　　我皆往詣而親近.

빨리빨리 두루 도는 대신통력과
여러 문에 들어가는 대승법력과
원만하게 공덕 닦는 대지행력과
위신으로 덮어주는 자비력이며

깨끗하게 장엄하는 복덕의 힘과
고집 않고 의지 없는 지혜의 힘과
정과 혜와 방편으로 설법하는 힘
보리 공덕 쌓아 모은 큰 힘이며

일체 선근 청정하는 대지혜력과
일체 번뇌가 없는 거룩한 힘과
일체 마군을 항복 받는 선정의 힘과
보현행을 원만하는 대원력으로.

速疾周遍神通力,　　普門遍入大乘力,
智行普修功德力,　　威神普覆大慈力.

遍淨莊嚴勝福力,　　無著無依智慧力,
定慧方便諸威力,　　普能積集菩提力.

清淨一切善業力,　　摧滅一切煩惱力,

降伏一切諸魔力,　　　圓滿普賢諸行力.

간 곳마다 불 세계를 엄정하오며
한량없는 저 중생들 해탈케 하며
그지없는 모든 법문 잘 분별하여
깊이깊이 지혜바다 들어가리라.

자리이타 모든 행을 깨끗이 닦고
여러 가지 세운 원력 원만히 하여
부처님을 친근하고 공양하면서
무수한 겁을 부지런히 수행하리라.

과거, 현재, 미래세의 여러 부처님
가장 좋은 보리도의 모든 행원을
내가 모두 공양하고 원만히 닦아
보현 보살의 행원으로 정각 이루리.

普能嚴淨諸刹海,　　解脫一切衆生海,
善能分別諸法海,　　能甚深入智慧海.

普能清淨諸行海,　　圓滿一切諸願海,
親近供養諸佛海,　　修行無倦經劫海.

三世一切諸如來,　　最勝菩提諸行願,

我皆供養圓滿修,　　　以普賢行悟菩提.

3세 여래 부처님의 맏아드님은
그 이름이 누구신가, 보현 보살님
내가 지금 온갖 선근 회향하오니
바라건댄 행과 지혜 저와 같고져

몸과 입과 마음까지도 항상 청정코
모든 행과 국토들도 역시 그러해
이와 같이 크신 지혜 보현이시니
우리도 저 보살과 같아지이다.

一切如來有長子,　　　彼名號曰普賢尊,
我今迴向諸善根,　　　願諸智行悉同彼.

願身口意恒淸淨,　　　諸行刹土亦復然,
如是智慧號普賢,　　　願我與彼皆同等.

나는 이제 보현행을 깨끗이 하고
문수 보살의 대서원도 만족하고서
저 사업을 남김없이 원만히 하여
미래 겁이 끝나도록 싫음 없으리.

내가 닦은 공과 행이 한량이 없이
끝이 없는 모든 공덕 다 얻어 갖고
끝이 없는 행원 속에 머물러
여러 가지 신통 묘력 사무쳐 알며

문수 보살의 용맹하고 크신 지혜와
보현 보살의 행과 지혜 모두 깨닫고
내가 이제 온갖 선근 회향하여서
그네들을 항상 따라 배워 볼까나.

我爲遍淨普賢行,　　文殊師利諸大願,
滿彼事業盡無餘,　　未來際劫恒無倦.

我所修行無有量,　　獲得無量諸功德,
安住無量諸行中,　　了達一切神通力.

文殊師利勇猛智,　　普賢慧行亦復然,
我今迴向諸善根,　　隨彼一切常修學.

3세 여래 부처님네 칭찬하시는
저러하게 갸륵하고 크신 원력을
내가 이제 온갖 선근 회향하여
보현 보살의 좋은 행원 얻으리.

三世諸佛所稱歎,　　如是最勝諸大願,
我今迴向諸善根,　　爲得普賢殊勝行.

원하오니 이 목숨 마치려 할 때
여러 가지 번뇌 업장 다 없어지고
아미타 부처님 만나 뵈옵고
서방정토 극락세계에 가서 나고저

이내 몸이 저 세계에 가서 나고는
그 자리서 이런 대원 모두 이루며
온갖 것을 남김없이 원만하여
그지없는 중생들을 기쁘게 하리.

저 부처님 보살 대중 청정할씨고
나는 그때 연꽃 위에 탄생하여
무량수 부처님을 친히 뵈옵고
보리를 이루리란 수기 받으리.

저 부처님 수기하심 받자옵고는
수 없는 백 억 화신 나타내어
넓고 넓은 시방세계 두루 다니며
이 지혜로 일체 중생 제도할 적에

願我臨欲命終時,　　盡除一切諸障礙,
面見彼佛阿彌陀,　　即得往生安樂刹.

我既往生彼國已,　　現前成就此大願,
一切圓滿盡無餘,　　利樂一切衆生界.

彼佛衆會咸淸淨,　　我時於勝蓮華生,
親覩如來無量光,　　現前授我菩提記.

蒙彼如來授記已,　　化身無數百俱胝,
智力廣大遍十方,　　普利一切衆生界.

허공계가 끝나고 중생 끝나면
이내 소원 끝날런지 모르거니와
중생들의 업과 번뇌 끝 없사올세
나의 원도 끝까지 끝없으리라.
乃至虛空世界盡,　　衆生及業煩惱盡,
如是一切無盡時,　　我願究竟恒無盡.

가이 없는 시방세계에 가득히 쌓인
칠보로서 부처님께 공양한대도
가장 좋은 쾌락으로 인천의 대중께
티끌같이 많은 겁 다하도록 보시한대도

어떤 이가 보현행원의 거룩한 법문
한 번 듣고 지성으로 신심을 내어
보리도를 얻기 위해 앙모한다면
그 공덕이 저 복보다 한량없이 크도다.
十方所有無邊刹,　　莊嚴衆寶供如來,
最勝安樂施天人,　　經一切刹微塵劫.

若人於此勝願王,　　一經於耳能生信,
求勝菩提心渴仰,　　獲勝功德過於彼.

간 곳마다 나쁜 벗은 멀리 여의고
영원토록 3악도를 만나지 않고
무량수 부처님을 만나뵈옵고
보현 보살의 광대행원 구족하리라.

이 사람은 길이길이 오래 살면서
이 사람은 세세생생 인간에 나서
이 사람은 이로부터 오래지 않아
보현 보살의 행과 원을 성취하리라.

지난 세상 어리석고 지혜가 없어
무간지옥의 나쁜 죄를 지었더라도

보현행원의 이 법문을 한 번 외우면
그 순간에 저 죄업이 다 소멸되고

날 적마다 문벌 좋고 신수 잘나고
복과 지혜 모든 공덕 원만하여
마귀들과 외도들은 도망을 치고
3계 중생의 좋은 공양 받게 되리라.

即常遠離惡知識,　　永離一切諸惡道,
速見如來無量光,　　具此普賢最勝願.

此人善得勝壽命,　　此人善來人中生,
此人不久當成就,　　如彼普賢菩薩行.

往昔由無智慧力,　　所造極惡五無間,
誦此普賢大願王,　　一念速疾皆銷[42]滅.

族姓種類及容色,　　相好智慧咸圓滿,
諸魔外道不能摧,　　堪爲三界所應供.

오래잖아 보리수 아래 앉아
가지각색 마군중을 항복 받고

---

42) 銷; 고려본 銷, 대만본 消.

등정각을 성취하고 법문 설하고
한량없는 일체 중생 요익하리라.
速詣菩提大樹王,　　坐已降伏諸魔衆,
成等正覺轉法輪,　　普利一切諸含識.

누구든지 이 대원을 읽고 외우고
받아 지녀 실행하고 연설한다면
그 과보는 부처님만 아시옵나니
어김없이 무상 대도 얻게 되리라.

어떤 이가 이 대원을 읽고 외우면
그 선근을 조그만치 말씀함이니
일념 간에 일체 공덕 다 원만하고
중생들의 청정 대원 성취하리라.

보현행원 장한 법문 말씀한 일로
그지없는 수승한 복 모두 다 회향하나니
원하건대 3계 고해의 저 중생들
무량광불 극락세계에 빨리 가소서.
若人於此普賢願,　　讀誦受持及演說,
果報唯佛能證知,　　決定獲勝菩提道.

若人誦此普賢願,　　我說少分之善根,
一念一切悉皆圓,　　成就衆生淸淨願.

我此普賢殊勝行,　　無邊勝福皆迴向,
普願沈溺諸衆生,　　速往無量光佛刹.

그때, 보현 보살 마하살이 부처님 앞에서 이 보현행원의 청정한 게송을 말씀하시니 선재 동자는 한량없이 기뻐하였으며, 여러 보살도 매우 기뻐하였고, 부처님께서는 잘한다고 찬탄하시었다.

爾時, 普賢菩薩摩訶薩於如來前, 說此普賢廣大願王淸淨偈已, 善財童子踊躍無量, 一切菩薩, 皆大歡喜. 如來讚言. 善哉, 善哉.

그때, 세존께서 여러 거룩한 보살 마하살과 더불어 이 불가사의한 해탈 경계의 수승한 법문을 연설하실 적에 문수사리 보살을 상수로 하는 대보살들과, 그 전에 성숙한 8천 비구와, 미륵 보살을 상수로 하는 현겁의 일체 보살과, 보현 보살을 상수로 하는 과정 위에 오르신 무수한 일생보처의 대보살들과, 시방의 여러 세계에서 오신 일체 부처님 세계의 티끌같이 많은 보살 마하살 등 여러 대중과, 대지 사리불과 마하 목건련 등을 상수로 하는 여러 대성문들과, 인간과 천상의 일체 세간의 임금들과 하늘과 용과 야차와 건달바와 아수라와 가루라와 긴나라와 마후라가와 사람과 사람 아닌 이들, 일체의 대중이 부처님의 말씀을 듣잡고 모두 크게 즐거워하며 믿고 받잡고 받들어 행하였다.

爾時, 世尊與諸聖者菩薩摩訶薩, 演說如是不可思議解脫境界勝法門時, 文殊師利菩薩而爲上首; 諸大菩薩及所成熟六千比丘, 彌勒菩薩而爲上首; 賢劫一切諸大菩薩, 無垢普賢菩薩而爲上首; 一生補處住灌頂位諸大菩薩, 及餘十方種種世界, 普來集會一切刹海極微塵數諸菩薩摩訶薩衆, 大智舍利弗、摩訶目犍連等而爲上首. 諸大聲聞, 幷諸人、天一切世主, 天、龍、夜叉、乾闥婆、阿脩羅、迦樓羅、緊那羅、摩睺羅伽、人、非人等一切大衆, 聞佛所說, 皆大歡喜, 信受奉行.

해설 1

현담으로 풀어 본 화엄교학

- 차례 -

1. 인연의 고리
2. 『화엄경』이 설해진 이유
3. 경전 본문을 분석해야 할 이유
4. 『화엄경』에 담긴 교리의 범위
5. 『화엄경』의 교리적 양상
6. 가르침을 전하는 매체의 본성
7. 교리의 양상 분석하기
8. 불교 각파의 주장과 목표 변증
9. 『화엄경』 읽기의 10종 분과
10. 번역서 소개
11. 일상의 독서를 위한 단행본

1. 인연의 고리

『대방광불화엄경(大方廣佛華嚴經)』이라는 당나라 시절 80권으로 번역된 한문 경전이 있다. 여기에 청량 징관(淸涼澄觀, 738~839) 국사께서 '소(疏)'를 붙이고, 이것에 다시 자세하게 초'(鈔)'를 붙였다. 조선 후기 이후 우리나라에서는 『화엄경』의 '경', '소', '초' 세 종류의 책을 한데 묶어 목판으로 인쇄해서, 천자문(千字文) 순서로 첫 책을 천(天) 자로 시작하여 마지막 책을 관(官) 자로 끝맺으니 모두 78책이 되었다. 이것이 『대방광불화엄경수소연의초(大方廣佛華嚴經隨疏演義鈔)』(이하 『청량소초』로 줄여 부르기로 함)이다. 임진왜란 이후 지금에 이르도록 승려 교육의 최고 과정 교재가 되었다.

78책 중에서 앞의 8책(天, 地, 玄, 黃, 宇, 宙, 洪, 荒)은 『청량소초』의 서문에 해당하는 「현담(懸談)」이다. 책의 서지(書誌) 형태가 본문 앞에 '말씀을 달아 붙였기' 때문에 그렇게 이름 붙인 것인데, 한편 그 내용이 매우 심오하여 「현담(玄談)」이라고도 글자를 고쳐 적기도 한다. 한자로 어떻게 쓰든 「현담」은 불교 교리를 종합한 책으로 '화엄교학(華嚴敎學)'의 핵심을 이룬다. '화엄교학'은 줄여서 '교학(敎學)'이라고도 하고, 때로는 '법성교학(法性敎學)' 또는 '성종교학(性宗敎學)'으로도 칭한다.

필자는 이 『청량소초』의 「현담」(이하 「청량소초현담」으로 약칭) 덕에 불교 교학 체계는 물론 『화엄경』의 내용을 좀 더 이해할 수 있었다. 그래서 『화엄경』을 처음 접하는 불교를 전공하지 않는 일반 독서인들에게도 「청량소초현담」을 활용하여 『화엄경』의 세계에 쉽게 그리고 제대로 다가갈 수 있도록 안내를 시작한다. 이런 생각을 하게 된 데에는 필자 나름의 인연이 있다.

2019년 봄, 파주 광탄면 고령산 보광사에 매주 일요일 10시 30분에 시작하는 '강경법회(講經法會)' 강사로 인연을 맺게 되었다.

파주 보광사는 신라 때에 창건된 사찰로 유구한 역사가 있다. 필자는 1979년 보광사에 간 적이 있는데, 가게 된 이유가 지금 생각해 보아도 참으로 기가 막힌다. 보광사는 대한불교조계종 제25교구 봉선사의 말사(末寺)인데, 이 절에 웬 괴한이 들어 절을 접수하려 한다는 것이다. 당시 필자는 봉선사 월운 강백 회상에서 몇몇 스님들 틈에 끼어 당나라 규봉 종밀 스님의 『원각경대소』를 청강하고 있었다. 강사 스님을 비롯해 학인 스님들이 그 절로 가서 경을 보아야 하는 일이 생겼다. 괴한을 막는 데 장엄이라도 해 달라는 그 절 주지 스님의 청이 있었던 듯했다.

그 후 40년 만에 다시 보광사를 가니 만감이 교차했다. "산천의구란 말 옛 시인의 허사로고"가 빈말이 아니었다. 본 절은 물론 사내 암자인 수구암도 달라졌고, 영묘암도 달라졌고, 도솔암은 형편없이 쇠락했다. 납골당으로 운영되는 영각전(靈覺殿) 일대만 반질반질할 뿐, 모든 곳은 지나가는 나그네의 '솜씨' 탓에 까칠했다.

40년 전 당시 기억으로는 『반주삼매경』 경판도 있었는데 행방을 아는 사람 하나 없고, 나무로 깎은 네 마리 사자가 떠받치는 어산상(魚山床)도 보이질 않는다. 대웅전의 주불(主佛)은 비로자나불로 기억되는데, 석가모니불이라는 명패가 붙어있다. 주련은 네 짝 중, 가운데 두 짝 '의정장엄상호수(依正莊嚴相好殊)'와 '구경천중등보좌(究竟天中登寶座)'만 남아있다. 그나마 아래쪽은 세월의 풍상에 글씨도 안 보인다. 풍경은 다 떨어져 바람길이 휜하니 제행무상 그 자체였다.

그나저나 재가 불자의 신행을 돕는 게 내 역할이었다. 부처님께 올리는 불공의 내용과 운곡(韻曲)을 지도하면서, 겸하여 교리 공부를 시켰다. 송주성을 비롯하여 거불성, 헌좌게성, 가영성, 탄백성, 예참 등을 우리말로 하게 했다. 교리 공부를 위해 『원각경·현담』(신규탁 역주, 정우서적, 2013 초판; 운당문고, 2023 개정판)을 독송하며 본문에 등장하는 불교 용어 및 각종 이론을 소개했다.

『원각경』은 12명의 보살이 등장하여 부처님께 질문하는 형식으로 만들어진, 대승과 소승의 종합 교리서 성격을 잘 갖추고 있기 때문이다. 『원각경』 강의는 2020년 2월에 마쳤다.

세상에 참 별일이 다 생겼다. '코로나19' 말이다. 필자가 근무하는 연세대 강의도 비대면 강의로 막 전환되던 시기였다. 동영상 강의에 필요한 장비는 다 갖추었고 웬만한 영상 편집은 할 수 있게 기술도 익혔다. 차린 밥상에 숟가락 하나 더 얹는 심정으로, 보광사 대중들을 위한 <밴드>를 만들어 『원각경』 강의를 동영상으로 올렸다.

대면 강의로 시작된 『원각경』 강의는 성공적이었다. 뜻을 같이하는 재가 불자들도 잘 따라주었고, 무엇보다 주지 스님께서 헌신적으로 도량을 정비하고 포교에 전념하시는 것이 큰 힘이 되었다.

월운 스님의 손자 상좌인 혜성 스님은 주지로 부임한 지 1년도 채 안 되어, 절에 상수도를 들여놓고, 전기 설비를 증설 보수하여 용량을 늘리고, 위패단을 여법하게 만들고, 각 전각에 주련을 달고, 산림을 정비하고, 계곡의 행락 행위를 금지시키고, 절 입구에 공원을 조성하더니, 어느덧 풍경을 달아매었다.

『예기』「악기」의 "군자청경성(君子聽磬聲; 군자가 경쇠 소리 들을 때)에 국토를 지킨 충신들을 생각한다"는 구절이 떠올랐다. '부처님 강토' 지키는 일에 필자도 한몫 보태리라. 그렇게 마음먹었다. 없어진 주련의 두 짝도 새로 달렸고, 바람에 날리는 경쇠 소리도 정정하게 울린다.

없어진 주련을 새로 새겨 다니 4구의 게송이 서로 잘 들어맞게 되었다. 매주 일요일 진행되는 '강경법회'의 대중들도 잘 다져지고 또 도량도 일신되었으니, 『화엄경』 강의의 꿈을 실천하기로 마음을 다잡았다. 우리나라 전통 사찰 모든 곳이 다 그렇듯이 보광사도 화엄과는 깊은 인연이 있다. 대웅전에 모셔진 '화엄신중탱화'가 그렇고, '아침 종성'을 비롯하여 각종 불교 의례의식이 그렇다. 승려 교육의 최고 과정에서 『청량소초』를 배운다. 다시 정비된 보광사 대웅전의 주련은 말해 무엇하랴.

인원과만증여여(因圓果滿證如如)
의정장엄상호수(依正莊嚴相好殊)

구경천중등보좌(究竟天中登寶座)
보리수하현금구(菩提樹下現金軀)

원인 되는 수행도 결과로서의 깨침도 원만하셔
진여를 체험하셨고,
머무시는 세상도 지혜의 청정한 깨침도 멋지고

상호도 빼어나시며,

저 높이 색구경천 허공 속에서
보배로운 사자좌에 앉으셨건만,
마가다국 보리수 밑에서도
황금빛 찬란한 몸을 보이시네.

이 게송은 점안식 때에 쓰는 의례 예문의 하나인데, 조선 현종 1661년에 간행된 『오종범음집』의 <점안의문>에 실려 있다. 거기에는 법신 비로자나불, 보신 노사나불, 화신 석가모니불의 3신불(身佛) 가영(歌詠)이 모두 소개되어 있다. 보광사 대웅전 주련은 '원만보신 노사나불'을 찬송하는 가영이다.

법당의 주련과 모셔진 부처님과는 밀접한 관계가 있으니, 보광사의 주불(主佛)은 보신 부처님상이었음이 증거된다. 물론 『화엄경』의 교학 체계를 이해하지 못하고서 이 주련의 뜻을 알기는 쉽지 않다. 문제는 『화엄경』을 모두 어렵다고 한다는 점이다. 거기에는 크게 두 가지 이유가 있다고 필자는 생각한다.

첫째는 글의 분량이 방대하기 때문이다. 한문으로 번역된 것으로 60권짜리도 있고 80권짜리도 있다. 1968년 80권짜리 한문을 한글 번역하여 <한글대장경>에 실은 운허(耘虛, 1892~1980) 스님의 번역은 200자 원고지 약 8,828매에 달한다. 요즈음 보통의 책은 1쪽에 원고지 3.5매가 들어가니, 약 2,520쪽의 책이 된다.

둘째는 내용이 깊고 방대하기 때문이다. 이 책에는 기본적으로 인도 석가모니불 당시 제자들과 주고받았던 중요 내용이 총 망라되어 있다. 거기에다 그 부처님이 입멸하신 뒤 승단이 분열되면서 잘못 이해된 불교사상 고쳐 읽기가 보태졌다. 이런 이유 등으로 어렵게만 느껴졌다.

그러면 이렇게 어려운데도 왜 그토록 『화엄경』이 널리 퍼졌고, 경중의 왕으로 받들어졌을까? 대답은 간단하다. 『화엄경』이야말로 부처님의 가르침을 정확하고도 총체적으로 구성하고 있기 때문이다. 게송이 아름답다. 물론 실천하기는 어려워도 내용은 평이하다.

『화엄경』의 이름 앞에는 '일승원교(一乘圓敎)'라는 수식어가 따라붙는다. 즉 '일승원교대방광불화엄경'이 그것이다. '일승'의 뜻은 『화엄경』의 성격을 잘 드러낸다. 부처님의 가르침은 중생들을 사바세계에서 열반의 세계로 운송하는 '수레[乘]'이다. 그런데 불교 교단의 분열 과정에서 이 '수레[乘]'의 종류를 나누는 분열된 이론들이 대두된다. 『화엄경』에서는 그런 분열을 종합하고 통일하여 하나 된 수레를 천명한다.

한편, '원교'는 '원만교의(圓滿敎義)'를 줄인 말이다. 『화엄경』 속에는 모든 '가르침[敎]'과 '의미[義]'가 완전하게 갖추어졌기 때문에 그렇게 수식어를 붙인다. '원교'의 내용을 체계적으로 이해하기 위해, 또 한국불교의 전통을 제대로 이해하기 위해, 위에서 말한 「청량소초현담」의 도움이 절대적이다. 그래서 2020년 3월부터는 「청량소초현담」을 활용하여 일요일마다 보광사에서 '강경법회' 진행을 구상했다. 하지만 결국 코로나 영향으로 계획을 수정하기로 했다. 2020년 여름 안거 기간에 청량 국사의 『보현행원품소』를 우리말로 번역해서 참석 대중에게 읽어 드리고, 또 별도로 동영상을 녹화해서 보광사 <밴드>에 올렸다. 이때의 번역 원고는 『화엄경 보현행원품소』(청량 징관 소, 신규탁 역주, 운당문고, 2022)로 출판했다.

2. 『화엄경』이 설해진 이유

앞에서 필자는 「청량소초현담」을 활용해서 『화엄경』 읽기로 안내한다고 말했다. 이 책은 중국 당나라 말기에 활동하던 화엄종의 제4조로 추앙되는 청량 징관(淸凉澄觀 738~839) 국사가 지었다.

「청량소초현담」 총 8책을 포함해 총 78책으로 된 『대방광불화엄경수소연의초』 한 세트는 조선 시대 징광사,

영각사, 그리고 봉은사에서 판각된 바 있다. 징광사와 영각사의 판목은 화재로 사라졌고, 현재 학인(學人)들 손에 돌고 있는 것은 철종 6년(1855)에 새겨 서울 강남 수도산 봉은사 판전(版殿)에 보관한 목판의 인쇄본이다.

「청량소초현담」을 볼 것 같으면, 제1책은 각종 서문(序文) 등으로 구성된다. 제2책, 즉 지(地) 자로 표기된 권의 소위 <교기인연(敎起因緣; 가르침이 일어나게 된 인과 연)>이란 대목에서, 청량 국사는 『화엄경』이 세상에 등장하게 된 이유를 '인(因)'과 '연(緣)'의 측면으로 각 10방면에 '포인트'를 맞추어 분석하고 있다.

수많은 불경이 세상에 문자로 전해지고 있는데, 『화엄경』은 무슨 인연으로 세상에 출현하게 된 것일까? 『화엄경』이 세상에 전하려는 메시지는 무엇일까? 이에 대한 대답을 설명하기 위해 청량 국사는 <교기인연>이라는 과목을 설정하여 전문가로서 의견을 낸 것이다. 이하에서 독자들도 "『화엄경』이 세상에 출현하게 된 직간접의 원인이 무엇인가?"라는 질문을 가슴에 품고, 청량 국사의 아래 대답을 읽으시길 바란다. 큰 도움이 될 것이다.

먼저, '인(因; 직접 원인)'의 측면에서 살펴보자.

(1)'일불승(一佛乘)의 오묘한 진리[玄門]'는 모든 시간과 공간 속에 본래 있기 때문에, 진리 체험자는 누구나 똑같이 진리를 설할 수밖에 없기 때문이라고 한다. 「불부사의

법품 제33」에 그 증거가 나온다. 또 「여래출현품 제37」에서도 여래가 세상에 출현해서 하시는 평등한 결과를 설하신다. 『화엄경』의 출현 이유는 한마디로 하면 '온 중생을 부처 만들기 위한 오묘한 프로젝트'이기 때문이다.

(2)과거에 지은 업의 과보를 되갚기 위해서다. 과보에는 두 가지가 있으니, 첫째는 과거 수행의 단계에서 세운 '소망의 힘' 때문이고, 둘째는 과거에 '수행해서 얻은 힘' 때문이다. 전자의 사례는 「여래현상품 제2」와 「도솔천궁게찬품 제23」에, 후자의 사례는 「세주묘엄품 제1」에 나온다.

(3)청중의 근기에 맞추어주기 위해서다. 이 과정에서 중생들의 근기가 어떻게 다른지를 분석하고, 끝내는 모든 중생은 깨침의 종자가 있음을 선포한다.

(4)불교의 다양한 가르침에는 근본이 있는데, 『화엄경』의 가르침이 근본임을 밝히기 위해서다. 비유하면 땅 깊은 곳에 지하수가 흐르기 때문에 누구나 땅을 파면 인연따라 물을 구할 수 있듯이, 화엄의 가르침이 있으므로 일체의 교법이 성립 가능해진다. 「여래출현품 제37」에 이런 이야기가 나온다.

(5)수행의 결과가 얼마나 좋은지를 보여주기 위해서다. 「세계성취품 제4」, 「여래현상품 제2」 등에 그 사례가 나온다. 앞 품에서는 수행을 성취한 사람이 사는 환경의 좋

음을, 뒷 품에서는 수행을 성취한 당사자의 빼어난 몸매를 설명한다.

(6)수행에 따르는 지위 단계를 보여주기 위해서다. 지위를 설하는 방식에는 항포문(行布門)과 원융문(圓融門)이 있는데, 전자는 수행에 따라 결과를 순차적으로 늘어놓고[行列] 나누어 펼쳐[分布] 설명하는 방식이고, 후자는 하나와 일체가, 또 순간과 영원이, 서로 관계하는 '상즉(相卽)'과 '상입(相入)'의 변증 방식이다. 전자는 제2회에서 믿음 내기[信]를 밝히고, 제3회에서 믿음 굳혀가기[住]를 밝히고, 제4회에서 수행의 양상[行] 밝히고, 제5회에서 공덕의 회향[廻向]을 밝히고, 제6회에서 수행의 지위[地]를 밝히고, 제7회에서 '등각'과 '묘각'을 밝힌다. 후자 즉 원융문은 뒹구는 한 잎의 낙엽을 보고 온 세상에 가을 왔음을 알아차리고, 한 모금 바닷물로 사해 바닷물이 짠 줄을 단박에 느끼는 것과 같은 이치이다.

(7)몸소 수행 실천해야만 삶의 품격이 높아진다는 것을 보여주기 위해서다. 군자가 직위가 없는 것을 탓하지 않고 자신의 수양이 모자라는 것을 근심한다는 『논어』의 뜻도 같은 맥락이다. 수행 실천의 방법은 위에서 말한 '항포'의 방식도 '원융'의 방식도 있다. 이런 사례는 「보현행품 제36」에 잘 보인다.

(8)진리를 보여주기 위해서다. 무엇이 진리인가? '사사

무애(事事無碍)하는 법'이 진리다. '사사무애'란 무엇인가? 이 물음의 대답은 이 책(p.351) 「10현(十玄)을 통괄적으로 설명하는 장」에서 자세하게 밝히기로 하고, 여기에서는 간단하게 소개하면, '한마음[一心]'의 바탕 위에 펼쳐지는 일체의 현상과 또 각 현상끼리의 관계를 연기(緣起)의 관점에서 관찰하는 것이다. 화엄종 초조(初祖)로 존경받는 두순 법사의 『화엄법계관문』의 내용과 동일하다. 이 책에는 화엄종 제3조인 현수 법장, 제4조인 청량 징관, 제5조인 규봉 종밀 등 위대한 학승들이 모두 주석서를 썼을 정도로 불교 관행(觀行; 관법과 보살행)의 핵심이다.

⑼중생의 본성 속에 『화엄경』의 진리 자체가 간직되었음을 밝히기 위해서다. 저 유명한 「여래출현품 제37」에 잘 묘사된다. 금이나 옥이 자체에 없으면 아무리 제련하고 쪼아대도 절대로 보배 그릇이 될 수 없다. 그렇듯이 중생 자체에 부처 될 본래의 성질이 없다면 어떤 수행도 소용없다. 이 사실을 이론적으로 분석해 주고, 한편으로는 실천적으로 보여 주기 위해서 『화엄경』을 설했다.

⑽듣는 대중들에게 이익을 주려고 『화엄경』을 설했다. 그 대중은 과거와 현재와 미래에 관통한다.

다음으로, '연(緣; 간접 원인)'의 측면에서 살펴보자.

⑴시간과 ⑵공간이 있으므로 『화엄경』이 설해진다. '시간'과 '공간'의 있음[形式]을 다양한 각도에서 설하고 있

다. 현대의 철학과 과학의 지식을 동원하면 이 대목에 관한 『화엄경』 내용이 좀 더 쉽게 이해된다.

'시간'-'공간'은 상호 관계있음을 염두에 두어야 한다. 그 위에 다시 가장 짧은 단위인 '찰나'와 가장 긴 단위인 '겁'을 사용하여 시간을 설명하는 방식을 염두에 두고 『화엄경』을 읽어야 한다. '공간'에도 가장 좁은 '티끌[塵]'과 가장 넓은 '국토[刹]' 단위를 활용하여 그들이 서로 관계하고 있음을 『화엄경』에서 설한다. 그 관계란 '상입(相入)'과 '상즉(相卽)'이다.

(3)교주[說主]가 계시기 때문에 『화엄경』이 세상에 나왔다. 교주의 정체는 크게 두 양상을 띠고 있는데, 하나는 '일체의 인연을 포월(包越; 개별자를 포함해서 뛰어넘음)하는 절대 진리의 몸[法身]'이고, 다른 하나는 '인연에 상응해서 나타나는 몸[應身]'이다.

응신은 다시 둘로 나누어지는데, '수행자 당사자의 수행 인연에 상응해서 나투시는 몸[報身]'이고, 다른 하나는 '중생을 불쌍히 여기는 부처님 쪽의 인연에 상응해서 나투시는 몸[化身]'이다. 『화엄경』의 설주는 3불원융(三佛圓融)이요 10신무애(十身無碍)이시다.

이와 함께 (9)'설법을 간청하는 대중[請者]'도 『화엄경』이 세상에 나오도록 거든 간접 인연을 지었다. 또 (4)삼매에 들기 때문에 『화엄경』이 들린다. 부처는 항상 마음이 선정[三昧]에 들어 있지만, 듣는 중생들은 그렇지 않다. 그러므로 중생이 바른 삼매에 들어야만 부처의 이야기가 들인다. 그런가 하면 불보살의 ⑽가피도 필요하다. '삼매'와 '가피'라는 간접 원인 때문에 『화엄경』이 설해질 수 있었다.

이와 함께 ⑸법을 설할 때 황홀한 현상이 일어나는데, 그것도 염두에 두면서 『화엄경』을 읽으면 좋다. 때로는 찬란한 빛을 내기도 하고, 큰 소리를 내며 땅이 진동하기도 하고, 꽃비를 내리기도 하고, 향이나 구름을 일으키기도 하는 등이다. 당연하지만 ⑹이야기하는 주인공[說者]이 있으므로 『화엄경』이 설해진다. 주로 보살, 성문, 중생, 그리고 '중생들이 사는 주변 환경[器世間]'이 이야기를 한다. 더러 부처도 한다.

⑺청중이 있으므로 『화엄경』이 설해진다. 크게 10종으로 청중을 분류할 수 있으니, ①영향중(影響衆; 큰 보살과 타방의 여러 부처님), ②상수중(常隨衆; 보현이나 문수 보살처럼 항상 따라다니는 대중), ③수호중(불법을 수호하는 신들과 그 대표인 신장), ④엄호중(도량신 처럼 설법 장소를 꾸미는 대중), ⑤공양중(게송이나 향·등·다·과를 올리는 대중), ⑥발기중(發起衆; 질문을 제기하는 대중), ⑦당기중(當機衆; 법을 듣고 깨침을 얻는 대중), ⑧표법중(標法衆; 진리의 상징으로 등장하는 대중), ⑨증법중(證法衆; 설법의 내용이 진실임을

증명하는 대중), ⑩현법중(現法衆; 같은 자리에서 법을 듣지만 듣지 못하는 대중. 예를 들면 성문승)이 있다.

끝으로 어떤 (8)'공덕의 바탕[德本]'이 있었기 때문에 『화엄경』을 들을 수 있다. 크게 두 공덕의 원인이 있는데, 하나는 지혜가 청정하기 때문이고, 다른 하나는 수행을 했기 때문이다. 이런 두 가지 공덕의 원인 때문에 『화엄경』이 출현한 것이다. 청량 국사는 이렇게 분석한다.

3. 경전 본문을 분석해야 하는 이유

경전에 등장하는 교리 양상[教相]을 분석적으로 읽어야 하는 이유를 밝힌다는 뜻에서 소제목을 「경전 본문을 분석해야 하는 이유」로 붙였다. 한글 독자들에게는 봉선사 운허(耘虛, 1892~1980) 강백이 1966년 <동국역경원>에서 간행한 번역서 읽기를 권한다. 문단 나누기와 구문의 번역과 어휘의 선택이 뛰어나다. 무비 스님과 반산 스님의 번역도 운허의 번역을 인용하고 있다.

위에서 필자는 「2. 『화엄경』이 설해진 이유」를, 화엄종 제4조로 훗날 추앙되는 청량 징관 국사의 「청량소초현담」을 활용해서 간단하게 소개했다. 아래에서도 역시 「청량소초현담」을 활용하여, 『화엄경』의 위상을, '외형에 따라 분류할 경우'와 '교상(敎相)에 따라 분류할 경우'로 분석하는 전통 교학의 입장을 소개하고자 한다. 난해하지만 이 '고비'를 넘겨야 경전을 제대로 이해할 수 있다. '고비' 넘김에는 바른 스승의 가르침이 중요한데, 전통적으로 임진왜란 이후 조선의 강원에서는 청량 국사에서 규봉 선사로 이어지는 화엄 종장들의 경안(經眼)에 힘입었다. 봉선사 월운(月雲, 1929~2023)과 그의 스승 운허, 그의 스승 구암사 사문 석전(石顚, 1870~1948), 다시 그의 스승 선암사 대승암 경운(擎雲, 1852~1936), 이런 역대 화엄종주(華嚴宗主)들이 모두 그러시다.

그 위로 올라가면서 함명, 침명, 설파, 백파가 그렇다. 이분들은 경상(經床)을 마주하고 스승 밑에 책을 폈던 분들이다. '경학(經學)'에서는 '온고이지신(溫故而知新)'하는 '사법(師法)'이 중요하다. 『치문』에 실린 「고소 경덕사 법운 법사 무학 십문 병서」에는 수행에 긴요한 열 가지 지침 가운데, "불택사(不擇師)이면 무이법(無以法)이니"라는 대목이 있다. 스승 없이는 본받을 수 없다는 뜻이다.

사례로 도안(道安, 314~385)과 그의 스승 불도징과의 만남을 소개한다. 출가 독서인들은 기억할 것이다. "不遇青眼(불우청안)이었더라면 困駕鹽車(곤가염거)했으리라." 천리를 달릴 수 있는 자질이 있는 명마인들, 주인 못 만나면 고생하며 소금 짐이나 싣고 다니다 죽는다. 스승을 만나

고전 익히고, 애써 노력하여 성인의 경지를 목표로 삼아야 한다. 재가 불자는 생업에 종사하며 그리해야 하고, 출가 불자는 전적으로 그 일에 매진해야 한다.

청량 국사께서는 <장교소섭(藏敎所攝)>이라고 과목을 붙여서 『화엄경』의 위상을 밝히고 있다. 같은 내용을 제자 규봉은 <장승분섭(藏乘分攝)>과 <권실대변(權實對辨)> 둘로 나누어 분석하고 있지만, 내용은 동일하다.

장(藏)으로 분류할 경우, 승(乘)으로 분류할 경우, 분(分)으로 분류할 경우, 『화엄경』이 어디에 소속되는가? 이 논의 진행 과정에서 다양한 분류법과 그에 따르는 교학의 역사를 학습할 수 있게 된다. 출가 불자는 꼭 이런 훈련을 받아야 한다. 그래야만 남 앞에 설 수 있고, 스스로 경을 읽어 경의 말씀에 따라 수행의 길을 갈 수 있다.

불교의 경전을 '외적인 형태'로 분류할 경우, 경장에 속하는가, 율장에 속하는가, 논장에 속하는가? 또, '성문 교단'이 소장하는 경전인가, 아니면 '보살 교단'이 소장하는 경전인가? 또, 장르로 볼 때 계경이냐, 응송이냐, 수기냐, 풍송이냐, 인연이냐, 자설이냐, 본사냐, 본생이냐, 방광이냐, 미증유냐, 비유냐, 논의냐?

이 질문에 간단하게 답해보자. 『화엄경』의 내용은 대부분이 경장에 속하고, 부차적으로 율장과 논장을 겸한다. 「십무진장품 제22」에서 율에 관한 말씀을 하고, 「보살문명품 제10」 등에 논의가 등장하기 때문이다. 그리고 『화엄경』은 '보살 승단'만이 전승하고 있다. '성문 승단' 내에서는 전승된 역사가 없다. 장르적으로는 위의 12형태[分]가 모두 활용된다. 문학적으로 봐도 구성지고 광활하다.

이상이 본문의 외적 형태에 주목한 분류라면, 이하는 내적 의미에 주목한 분류이다. 전자를 '장섭(藏攝)'이라 하고, 후자를 '교섭(敎攝)'이라고 한다. 경전 훈고의 고유 용어이니 외워두어야 한다.

먼저 '교(敎)'의 말뜻을 분명히 알고 있어야 한다. 이때의 '교(敎; śāsana, 가르침)'는 '법(法; dharma, 이치의 본질)'과 '의(義; artha; 이치의 속성)'와 짝이 되어 사용되는 용어이다. '법'과 '의'는 반드시 '교'의 형태를 띠어야만 사람들이 알 수 있는데, '교(敎)'의 형태로는 몸짓, 문자, 음성, 사유 등이 있다.

교학에서는 '교(敎)'의 본질이 무엇인지를 따져서 그것들의 깊고 얕음을 평가하는데, 이를 교학 용어로 <교체심천(敎體深淺)>이라 한다. '교체(敎體; 가르침을 설하는 매체들의 본질)'에 관해서는 뒤의 「6.」에서 보기로 하고, 여기서는 '교상(敎相; 가르침의 양상)'에 집중하기로 한다.

일반적으로, 결집(結集)된 하나의 경전 속에는 다수의 '가르침[敎]'이 들어 있음을 알 수 있다. 오늘의 우리에게 전하는 것은 서적[冊]이기 때문에 형태적으로 '교(敎)'는 문자인데, 그래서 경(經)을 볼 때는 눈은 '문자'로 향하지만, 그렇게 향하는 과정에서 경이 설해지던 당시의 몸짓과 음성을 상기하고, 겸하여 그런 이야기를 하게 된 내력과 당시 사상계의 환경을 파악하고, 그리하여 그런 말씀을 하는 불·보살님들의 사유 속으로 스며 들어가야 한다. 그게 경을 보는 자세이다. 그리고 감동 받은 대로 실천하는 것이 제자의 길이다. 말법 시대에는 부처님께서 '남겨 주신 말씀[遺敎]'에 의지해야 한다. 운허 스님께서 일제 말기에 '유교법회(遺敎法會, 선학원 중앙선원에서 1941년 2월 26부터 10일간)'를 주선하신 것도 이런 연상선에서 한 일이다.

성문승들이 전승하고 있는 <아함부>에 속하는 개별 경전 하나하나 속에는 '교(敎; 가르침)'의 개수가 상대적으로 적다. 경 자체의 분량이 짧아서 그렇다. 반면 보살 교단에 전승되는 <대승부> 속에는 '교(敎; 가르침)'의 수가 많다. 그만큼 분량이 방대해진다. 어느 경우이건, 등장하는 '교(敎; 가르침)'가 과연 말하는 사람[話者]이 자신의 궁극적 의도를 노골적으로 드러낸 것인지, 아니면 과정상에서 에둘러 드러낸 것인지, 듣는 이[聽者]가 가려들어야 한다. 참 고민스럽고도 어려운 문제이다.

이런 고민과 어려움을 모른 채 여태껏 경전을 읽었다면, 모두 헛짓한 거다. 오죽하면 개경게 게송 끝자락에

"원해여래진실의(願解如來眞實義; 여래의 '진실하신 뜻' 알기를 원하나이다)"가 들어있겠는가.

불교 역사에 인도와 중국 그리고 한국의 무수한 천재 학승들이 이 문제에 고심했다. 그 과정에서 부득이 견해를 달리하기도 했다. 그렇게 해서 생긴 것이 소위 불교의 교학(敎學)이다.

그러면 '교(敎; 가르침)'의 양상(樣相), 다시 경학의 용어로 말하면 '교상(敎相)'을 분석적으로 보는 것이 더 효과적일까? 아니면 직관적으로 보는 것이 더 효과적일까? 인도와 중국에서는 '교상(敎相)'을 분석적으로 보자는 입장, 즉 교상(敎相)을 판석(判釋)하자는 쪽이 주류를 이루었다. 이 과정에서 '소승교'니 '대승교'니 하는 교학 용어가 등장한다.

'대승'의 교상을 논하는 과정에서, 이 논사들은 불교 교단의 역사에 등장한 '중관학파'와 '유식학파' 이 두 계열에 주목했다. 이런 현실 공동체 교단과는 달리, 단지 교학적 내지는 경전 해석학의 입장에서 교상(敎相)을 판석(判釋)하는 경학가들이 등장했다. 그들이 세운 대표적인 경학 체계로 '천태교학'과 '화엄교학'을 꼽을 수 있다.

필자는 '화엄교학'의 입장에서 이 글을 쓰고 있다. 여기에 속하는 대표적인 인물로 중국 당대의 '두순-지엄-현수-청량-규봉', 그리고 송대의 '석벽 전오-장수 자선-

진수 정원'이 있다. 이 논사들은 인도의 '문수-용수-청목-청변-지광' 계열의 '중관학파'와, '미륵-세친-호법-난타-계현' 계열의 '유식학파' 사이에 드러나는 교리 행상의 모순과 조화의 비판적 종합에 온 힘을 기울였다. 이들의 교학 체계를 조리 있게 정리하고 또 그 학적 계보를 정리한 당나라의 규봉 종밀은 그것들을 '화엄종(華嚴宗)'이라 명칭 붙여 세상에 내놓았다.

규봉은 역사상의 '중관학파'의 교학을 '대승파상교(大乘破相敎)'로, '유식학파'의 교학을 '대승법상교(大乘法相敎)'로 이름 붙이고, 자신이 체계화한 교학을 '일승현성교(一乘顯性敎)'라 이름 붙였다. 여기에 10선업(善業)을 지으면 천상에 태어나고 그 반대이면 3악도에 태어난다는 경전 속의 이야기들을 '인천교(人天敎)'로 이름 붙이고, 나아가 '소승교(小乘敎)'를 합쳐, 5종의 가르침 체계를 확립하기에 이르렀다.

『화엄경』의 경전 본문에는 이상의 5교(敎, 가르침)가 종횡무진 등장하는데, 이런 '가르침[敎]의 양상[相]'을 제대로 섭렵할 때 『화엄경』의 내용 이해가 깊어진다. 특히 『화엄경』 속에만 특별하게[別] 있는 가르침[敎], 즉 '별교(別敎)'를 분석하고 있으니, 그것이 바로 '사사무애법계'의 '가르침(śāsana)'이며 '관법(vipaśanā)'이다.

청량이 세운 '소승교-대승시교-대승종교-돈교-원교'

의 5종 교판을, 제자 규봉은 다시 정리한 것이다. '돈교'와 '대승종교'를 묶어 규봉은 '대승파상교'라 했고, 혜원(慧遠, 334~416) 법사가 사용했던 '인천교'라는 용어로 세속의 인연 사례를 설하는 경전 속의 가르침을 묶어 이름 붙인 것이다. 5교의 상세한 내용은 뒤에 나오는 「5.」에서 설명하기로 한다.

4. 『화엄경』에 담긴 교리의 범위

『청량소초』<황(宙) 자 권>에서는 『화엄경』에 담긴 <교리의 범위[義理分齊]>를 논하고 있다. 이곳에서 청량 국사께서는 '세계의 실상'을 관찰하는 다양한 방법을 네 종류로 요약하고 있다. 이 '네 종류의 관찰 방법'은 화엄종의 창시자로 뒷날 추앙받는 두순(杜順) 법사의 작품으로 알려진 『화엄법계관문(華嚴法界觀門)』에 처음 등장한다.

우선 '법계(法界)'라는 용어인데, 이는 '법(法)'들로 구성된 구분되는 영역[分界]'을 뜻한다. 그러면 '법'이란 무슨 뜻일까? 이 용어의 정의는 "임지자성 궤생물해(任持自性, 軌生物解)"이다. 즉, 자기의 고유한 성질을 가지고 있으면서, 그것을 대하는 사람에게 그것에 대한 일정한 견해를 내게 한다는 뜻이다. '법계'는 인간의 언어나 사유의 개입 이전에 당사자에게 주어진 '실존하는 현상'이다.

다음은 '관(觀)'인데, 이는 범어의 '위파샤나(vipaśanā)'를 의역(意譯)한 것이다. 음역(音譯)은 '비발사나(毘鉢舍那)'이다. 문헌의 형성 시기와 계통에 따라 의미상 차이가 있는데, 화엄교학에서는 기본적으로 『대승기신론』에 사용된 뜻을 차용한다. 즉, "인연에 따라 생성 소멸하는 기능[相] 알아차리기"이다. 이렇게 '법계의 생성소멸을 관찰하는 방법'을 '관문(觀門)' 또는 '관법(觀法)'이라고 한다. 불교 경전에 등장하는 관찰하는 방법을 화엄교학에서는 네 종류로 요약한다.

1. 사법계관(事法界觀) : 이 세상에 존재하는 모든 것은 연기에 의해서 만들어진 것일 따름이다. 이것을 필자는 '연기구성체(construct of dependent arising)'라고 명명하고자 한다. 이런 '연기구성체'로서의 세상을 파악하기 위해 필요한 도구 내지는 수단 방법으로 언어화된 개념들의 짝을 10종으로 제시하고 있다. 즉, 교(敎)-의(義), 이(理)-사(事), 경(境)-지(智), 행(行)-위(位), 인(因)-과(果), 의(依)-정(正), 체(體)-용(用), 인(人)-법(法), 역(逆)-순(順), 응(應)-감(感)이 그것이다.

그러면 이런 분석이 철학적으로 무슨 의미를 지니고 있는가? 이에 대해 필자는 다음과 같이 '해석'한다. 즉, 우리

앞에 즉자적으로 주어진 '세상'을 관찰함에 있어, 10종의 '짝[待對]'으로 구성된 '개념'을 사용하여 관점을 달리하면서 파악해간다는 것이다. 다시 말하면 '열 종류의 짝[待對]으로 구성된 개념'을 활용하여, 우리 앞에 즉자적으로 주어진 '세상'을 파악하는(또는 보는) 것이다. 세상의 사태들은 '개념'의 수만큼 실재하는 것이고, 또 그것은 '개념'들과 외연을 같이한다.

이런 방법으로 파악된(또는 본) 내용이 문자의 옷을 입고 불경 속에 정착된다. 그 경전이 바로 <아함부>에 속한 수많은 작은 경전들이다. <아함부>의 교리를 이런 맥락에서 이해하는 점에 대해서는 논란의 여지가 없는 것은 아니지만, 화엄교학에서는 그렇게 평가하고 있다.

2. 이법계관(理法界觀) : 세상은 모두가 인연 화합으로 이루어진 것이기 때문에 무상하고 공하고 무아라고 우리의 인식을 전환하는 관찰이다. 이것을 '진공절상관(眞空絶相觀)'으로도 이름한다. 이런 관찰을 위해, 두순 법사는 네 측면에서 관점 바꾸기를 제시한다.

첫째는 색법[色]은 모두가 공하다[空]고 관찰하는 것이고, 둘째는 공하기 때문에 색법이 존재한다고 관찰하는 방법이고, 셋째는 색법과 공이 원융무애하다고 관찰하는 것이고, 넷째는 색이니 공이니 하는 일체의 개념 활동 자체를 중지하는 것이다.

이 중에서 첫째와 둘째는 각각 다시 네 종류로 관점을 바꾸어 설명이 가능하다. 이 모두를 합치면 10종으로 관점을 바꾸면서 관찰하는 것이 된다.

인간들은 세상을 관찰함에, 신·구·의(身口意) 3업(業)의 작용을 매개로, 그것을 뭐라고 규정한다. 또는 본다. 이렇게 3업의 작용을 매개로 하여 '규정된 세상'은 내 쪽에서 구성한 것이지, '세상 그 자체'는 아니다. 연기로 구성된 사태 그 자체가 드러나도록 선행적으로 해야 하는 행위가 있다. 그것은 즉 3업의 작용이란 공하고, 무상하고, 연기 구성체라고 관(觀)하는 '환원행위(還元行爲)'이다. 물론 이 때의 '행위'는 무공용(無功用)의 행위이다. 철저한 무위행(無爲行)이다. 무심(無心)이다. 완전 내려놓기이다. '절상(絶相)'에서의 '절(絶)' 자가 그것을 의미한다. 이렇게 하여, '개념의 틀'에 갇혀있던 '세상'을 제자리로 돌려놓는 것이다. 이런 사례를 청량 국사는 『화엄경』「수미정상게찬품 제14」에 나오는 일체혜 보살의 게송을 꼽고 있다.

3. 이사무애법계관(理事無碍法界觀) : '언어화된 개념'을 활용하여 '세상'과 마주하고, 그러자마자 곧바로 '언어화된 개념'을 중지하고, 그렇게 하기를 반복하는 과정에서 '세상'이 나에게 드러나게 하는 것이다. 사법계관(事法界

觀)과 이법계관(理法界觀)을 변증적으로 반복하는 과정을 통해 '세상'이 그 실상을 스스로 드러내게 하는 것이 '이사무애법계관'이다.

이런 관찰 방법을 활용하여 청량 국사는 많은 경문을 해석하고 있다. 『화엄경』에 나오는 「여래출현품 제37」 법문 한 사례를 들면 다음과 같다.

"여래께서 바른 깨달음을 얻으셨을 때 부처님의 몸속에서 일체의 중생들이 바른 깨침을 얻는 것을 두루 보셨으며, 나아가 일체 중생이 열반에 드는 것을 보셨으니, 이런 현상들은 모두 본성이 동일하다. 그 본성이란 말하자면 '본성 없음(無性)'이다."

한 분의 부처님이 정각을 이루셨는데, 무수한 중생이 정각을 이룬다니 일상의 상식으로는 이해하기 어렵다. 그런데 '이사무애'의 관찰 방법을 활용하면 가능하다. 이런 방법으로 파악된(또는 본) 내용이 문자의 옷을 입고 불경 속에 정착되는데, 그것이 바로 여래장 사상을 담고 있는 경전들이다. 역시 이런 교상판석에 대해 논란의 여지가 있을 수는 있지만, 화엄교학에서는 그렇게 평가하고 있다.

4. 사사무애법계관(事事無碍法界觀) : 첫째 단계에는 '세

계를 파악하는 행위'를 적극적으로 '작동'시키고, 둘째 단계에서는 '세계를 파악하는 행위'를 '무화(無化)'시키고, 셋째 단계에서는 '세계를 파악하는 행위'의 '작동'과 '무화'를 변증적으로 반복한다.

이제 이곳의 넷째 단계에서는 '작동'과 '무화'를 변증적으로 반복하는 행위 자체도 쉰다. 쉬고 쉬어, 쉰다는 행위는 물론 생각마저 쉰다. 첫째와 둘째와 셋째가 '이론'의 영역이라면, 이곳의 넷째는 '실천'의 영역이다. 화엄에서는 앞의 세 관찰 방법에 의해 드러나는 '세상'을 '해경(解境)'이라 명명하고, 마지막 관찰 방법에 의해 드러나는 '세상'을 '행경(行境)'이라고 명명한다. 선불교의 문헌에서는 '사무사지묘(思無思之妙)'라고 표현하기도 한다.

화엄교학의 절정은 바로 이 '사사무애법계관'에 있다. 그 오묘함을 설명하는 것이 바로, '10현 연기(十玄緣起)'이다. 봉선사의 운허 강백께서는 『불교의 깨묵』(동국역경원, 1972년 초판)에서 이렇게 말씀하신다.

"『화엄경』에 근거를 둔 사상이란 것은 과연 무엇인가? 그것은 '10현 연기(十玄緣起)' 사상이다. 연기라함은 인연생기(因緣生起)란 말이니 우주 간의 모든 법은 모두 인연따라서 일어나는 것이요, 한가지라도 혼자서 일어나는 것이 없다는 것이다. 모든 법은 어떠한 일종의 원리로부터 생긴다거나 어떠한 창조의 신이 있어서 창조하는 것이 아니고, 여러 연이 서로서로 원인이 되고 조연(助緣)이 되어서 일어나는 것이요, 무슨 절대 부동하는 주체가 따로 있는 것이 아니다. 갑을 주(主)로 하면 을·병·정은 모두 반(伴)이 되고, 을을 주로 하면 갑·병·정이 모두 반이 되어서 우주와 만법이 성립되는 것이다. 모든 법은 이와 같이 상즉(相卽)하고 상입(相入)하여 주와 반이 중중(重重)한 연기가 되어, 삼라만상이 일체(一體)인 동시에 또 이체(異體)라는 것이니 이런 원리를 구체적으로 표현하는 것이 10현 연기설(十玄緣起說)이다. 법장 스님이 측천무후(則天武后)의 장생전(長生殿)에서 무후를 위하여 10현 연기의 원리를 강설할 때 무후가 잘 이해하지 못하므로 장생전에 장식품으로 놓아둔 금사자를 가리키면서 설명하였더니, 그때야 그 깊은 이치를 이해하였다 한다. 그때 설법한 것을 문장화한 것이 유명한 『금사자장』이다."

5. 『화엄경』의 교리적 양상

「청량소초현담」의 <황(黃) 자 권>과 <우(宇) 자 권>에서는 <입교개종(立教開宗)>이라는 과목을 설정하여, 중국과 인도 지역에서 유행했던 각종 교리와 그에 따르는 학파들을 나누어 평가적으로 설명하고 있다. 그 중 <황 자 권>에서는 중국을, <우 자 권>에서는 인도를, 각각 나누어 설명하고 있다. 여기에서는 인도 지역에 한정해서 소개하기로 한다.

그 내용은 소위 '교상판석(教相判釋)'에 해당한다. '교상판석'을 줄여서 '교판'이라고도 한다. '교상'이란 '교'의 양상이라는 뜻이고, '교'란 언어 문자로 표현된 체험 내용을 말한다. 체험의 내용 자체는 '의(義)'라고 한다. 이 모두 훈고학의 전문 용어로서 처음 들으면 생소할 수 있지만, 경전의 교리 내용을 이해하는 데에는 큰 도움이 된다. 이하에 화엄교학에서 분석하는 교리의 양상을 간단하게 소개하기로 한다. 그들은 경전 속에 나타나는 교리의 양상을 5교(教)로 나누었다.

1. 인천교(人天教)의 교리 행상[教相]은 대개 다음과 같다. 부처님께서 처음 불교를 믿는 사람들을 위하여 과거·현재·미래 3세에 걸쳐 자기가 지은 업으로 인하여 선악의 과보를 받는 것을 말씀하신다. 이를테면 아주 못된 10악(惡)을 지으면 지옥에 떨어지고, 중간 정도의 10악을 지으면 아귀에 떨어지고, 가벼운 10악을 지으면 축생에 떨어진다는 것이다.

또 부처님께서는 10선(善)을 아주 잘 행하거나 남에게 재물 등을 보시하거나 계율을 지키면, 그 결과로 욕망이 모두 충족되는 6종의 하늘나라에 태어나며, 4종의 선(禪)

과 8종의 정(定)을 닦으면, 욕망으로부터는 자유로우나 육체적인 한계가 있는 세계에서 태어나고, 더 나아가면 욕망이나 육체의 그 어디에도 지배를 받지 않는 세상에서 살 수 있다고 한다.

2. 소승교(小乘敎)의 교리 행상은 다음과 같다. 살과 뼈를 이루고 있는 물질적 요소와 사고판단 작용을 하는 정신적 요소가, 끝없는 옛적부터 이어져 오는 인연의 힘 때문에 찰나마다 생·주·이·멸하여 끊임없이 이어지는데, 이것은 마치 졸졸 흐르는 물과도 같고 활활 타오르는 불과도 같다.

인간의 몸과 마음도 임시로 화합한 것이지만, 그 존재가 흡사 한결같고 항상 존재하는 것처럼 보인다. 범부와 어리석은 이는 그런 사실을 알지 못하고 물질적 요소와 정신적 요소가 화합해서 생긴 몸과 마음을 집착하여 '나'라고 믿는다. 그리고 나서는 이 '나'를 보배로 여기므로 탐냄 따위의 3독이 곧바로 생긴다. 이 3독이 마음을 움직이고, 그 마음이 다시 몸과 입을 발동시켜 갖가지의 업을 짓도록 한다. 이렇게 해서 업이 이루어지면 거기에서 헤어나지 못한다. 그리하여 지옥·아귀·축생·인간·천상의 다섯 길로 윤회하면서 때로는 고통을, 때로는 즐거움을 겪기도 하고, 색계·욕계·무색계의 세 가지 환경 중에서 제가 지은 업에 따라 좋은 세상 또는 나쁜 세상에 태어난다.

이렇게 해서 받은 몸인데도 이것을 도리어 '나'라고 집착하고, 다시 그것에 탐심 따위를 일으켜 업을 짓고 과보를 받는다. 그러나 우리의 육체란 태어나서 살다가 늙어서 병들어 마침내 죽고 다시 태어나는 것이며, 우리가 사는 환경 세계도 생성되어 일정 기간 유지되다가 점점 파괴되어 마침내는 소멸했다가 다시 또 생성된다.

위와 같이 윤회하는 원인은 이 몸이 '나'가 아니라는 사실을 전혀 모르기 때문이다. 왜 '나'가 아닌가 하면, 이 몸은 물질적인 요소와 정신적인 요소가 서로 임시로 화합하여 지금의 모양이 된 것에 지나지 않기 때문이다.

생명체가 사는 색계·욕계·무색계의 3계 속에서 일어나는 유루(有漏)의 모든 선과 악에 마음을 두지 말고, 변하지 않는 실체로서의 '나'는 없다는 무아관의 지혜를 닦아 탐내는 행위, 성내는 행위, 어리석은 행위를 전혀 하지 않고 모든 업을 짓지 않아야 '나'는 실로 공하다는 참모습을 깨친다. 그리하여 아라한의 지위를 얻어, 나의 몸이 있다는 사실마저도 까맣게 잊고 모든 지혜마저도 말끔하게 끊어버려, 마침내는 모든 괴로움을 끊어버린다.

3. 대승법상교(大乘法相敎)에서는 생명이 있는 모든 존재는 오래전부터 원래 항상 8종의 식(識)이 있다고 한다.

그중에서도 제8 아뢰야식이 근본이 되는데, 그 식이 갑자기 전변(轉變)하여, 인간의 감각기관과 몸뚱이와 중생이 사는 자연환경 속에 간직된 종자(種子)에 변화를 주고 싹을 틔워 제7식인 말나식을 만든다. 이렇게 아뢰야식은 스스로가 변해서 자기 자신의 인식 대상을 만들어 내는데, 거기에서 나온 모든 존재는 전혀 참된 존재가 아니고 다만 실로 있는 것처럼 보일 뿐이다.

어떻게 변하는가? 말하자면 아뢰야식에 축적된 종자 속에 습관적으로 배어버린 힘, 즉 '나'와 '나를 이루고 있는 요소'가 실체로서 영원하게 실재한다고 사량 분별하는 잠재적 힘 때문이다. 그래서 모든 식(識)이 생길 적에 '나'와 '나를 이루고 있는 요소'가 있는 것처럼 착각하게 하고, 그리고 거기에 무명에 물든 제6식과 제7식 때문에, 이 두 식에 반영된 것에 실체로서 불변하는 나와 나를 이루는 요소가 실재한다고 집착한다.

이는 마치 병들거나 꿈꾸는 사람에게 병과 꿈의 힘 때문에 가지가지 허망한 대상과 여러 물체가 나타나는 것과 같다. 꿈속에서는 그 물체들이 실로 있다고 여겨지지만, 그 꿈을 깬 후에는 마침내 꿈 때문에 그런 것들이 나타난 것인 줄 알게 된다.

우리 인간의 몸과 마음도 역시 마찬가지이다. 다만 아뢰야식의 전변(轉變)에 의해 생긴 것에 지나지 않는다. 그런 사실에 대해 미혹했기 때문에, 영원불변하게 실체적으로 실재하는 '나'와 의식의 대상이 되는 온갖 '대상 세계'가 실재한다고 고집한다. 그리하여 미혹한 생각을 일으켜 업을 지어서는 끝없이 생사에 윤회하여 벗어나지를 못한다. 만일 이런 이치를 깨달으면, 비로소 사람의 몸과 마음은 오직 아뢰야식이 변해서 된 것이고, 아뢰야식은 인간의 본원이라는 진리를 알게 된다.

4. 대승파상교(大乘破相敎)는 소승 법상과 대승 법상의 교학에 드러난 잘못된 집착을 논파하는 동시에, 다음에 설명하는 '일승현성교'에서 주장하는 참된 성품은 공적(空寂)하다는 주장을 소극적으로 드러낸다. 대승의 과도기적 교학 체계이다. 대소승의 법상을 쳐부수는 말들은 <반야부>에 속하는 여러 경전뿐만 아니라 그 밖의 대승 경전에도 곳곳에 있다. 이런 부류의 교리들은 무상, 무아, 공, 연기 등을 다양한 방식으로 변주하면서 집착을 떨쳐 버리게 한다.

5. 일승현성교(一乘顯性敎)의 교리 행상의 핵심은 다음과 같다. 일체 중생은 모두 본래부터 또렷한 참 마음을 지니고 있다. 이것은 끝없는 옛적부터 지금에 이르기까지 늘 존재하고, 청정하고, 매우 밝아 어둡지 않고, '또렷하면

서도 항상 작용하고 사물을 있는 그대로 지각하는 기능'이다. 이것을 때로는 '불성'이라고도, 또는 '여래장'이라고도 이름한다.

그런데 끝없는 옛적부터 또렷한 참 마음에 망상이 가려서, 자신 속에 이것이 있는 줄을 알지 못하고 육체가 참된 자기인 줄로 잘못 알고, 거기에 집착하여 업을 지어, 생로병사의 괴로움을 받는다. 그러므로 대각 세존께서 이것을 가엾게 여기시어 일체가 모두 공하다고 하셨고, 또 '신령스러운 또렷한 참 마음'이 청정한 점에서는 부처님과 중생이 똑같다고 하셨다.

그러므로 『화엄경』 「여래출편품 제37」에서, "불자들아, 어느 한 중생도 여래의 지혜를 갖추지 않은 이가 없건마는 망상 집착 때문에 그를 증득하지 못한다. 만일 그 망상을 여의면 일체지와 자연지와 무애지가 곧 나타나게 되리라"라고 하셨다. 그리고 이를 비유하여 작은 먼지 속에 무수한 경전이 들어 있다는 말씀을 해 주셨다. 작은 먼지는 중생에, 경전은 부처님의 지혜에 각각 비유한 것이다.

그다음에 역시 『화엄경』 「여래출편품 제37」에서, "이때 여래께서 법계의 일체 중생을 널리 관찰하시고 이러한 말씀을 하셨다. '기이하고 기이하다! 이 모든 중생이여, 여래의 지혜를 갖추고 있으면서도 어찌 미혹하여 보지 못하는가? 나는 마땅히 성스러운 진리를 가르쳐 주어 그들이 망상을 영원히 떠나, 스스로 자신 속에서 여래의 광대한 지혜를 볼 수 있게 하여 부처님과 더불어 조금도 다름없게 하리라'고 하셨다"라고 이르셨다.

6. 가르침을 전하는 매체의 본성

「청량소초현담」<홍(洪) 자 권>에는 <교체심천(敎體深淺)>이라는 과목이 등장한다. 그 뜻을 풀이하면 다음과 같다. 역사적으로 불교에는 수많은 경전이 출현했고, 그 경전 속에 또 수많은 '가르침[敎; śāsana]'이 등장하는데, 이런 '가르침들의 본질[敎體]' 또는 바탕이 무엇이고, 그것들 사이의 '깊음과 얕음'을 따져보겠다는 뜻이다.

하나의 경전 속에 다수의 '가르침[敎]'이 존재한다는 이야기는 「3.」에서도 말했다. 비유하자면, 요즈음 TV에 등장하는 하나의 드라마 속에 크고 작은 다양한 사안(사건)들이 다수 등장하는 것과 같다. 물론 드라마 전체를 관통하는 작가의 궁극적 의도 내지는 가르침은 있게 마련이다. 이런 가르침이 지향하는 궁극적 의도를 교학(敎學) 용어로 '종취(宗趣)'라고 한다. '종(宗)'이란, 해당하는 특정 부파(部派)가 제일 원리로 숭상하는 명제(또는 주장)를 뜻한다. '종취론'에 대해서는 뒤의 「8.」에서 다루기로 한다.

단도직입적으로 '가르침들의 본질[敎體]' 문제로 돌입해 보자. 누가 무슨 '메시지'를 전한다고 할 경우, 그 메시지는 무슨 매개체로 소통 가능한가? 제일 먼저 생각할 수 있는 것은 '음성'이다. 나아가서는 그 음성을 기록한 '문서'이다. 그런데 이 '음성'이나 '문서'가 '메시지' 자체는 아니다. 그것들은 '메시지'를 실어 나르는 도구 내지는 수단에 불과하다.

'음성'이나 '문서' 속에는 내재한 일정한 문법적 요소를 가지고 있다. 예를 들면 사물의 이름을 지칭하는 단어가 있는데, 교학에서는 이를 '명(名)'이라 명칭 붙인다. 또 문장도 있는데, 이를 '구(句)'라고 명칭 붙인다. 또 '명'과 '구'가 근거하는 음성의 굴곡이나 문자 개개의 음절이 있는데, 이를 '문(文)'이라고 하고, '문'이 두 개 이상 겹칠 때 이를 '신(身)'이라 한다. '명', '구', '문'에 대해 실재론자들은 '실유(實有)'라 주장하고, 유명론자들은 '가유(假有)'라 주장한다. 소승 쪽 설일체유부의 교학은 전자 쪽에 기울고, 대승 쪽 중관학파나 유식학파의 교학은 후자 쪽에 기운다.

이 방면에 훈련되지 않은 사람에게는 좀 어려울 것이다. 불교는, 한편으로는 인간 이성과 사유의 한계를 지적하면서도, 이성과 사유에서 출발한다. 또 인간 이성과 사유를 분석하되 반드시 언어와 문자와 사유를 분석의 도구로 사용한다. 석가모니 부처님 당시는 아니었지만, 뒷날 역사가 내려오면서 불교학에서는 문법학과 논리학이 도구 과목으로 수반된다.

불교의 역사에 볼 때, 부파불교 시절에는 ①가르침의 본질은 음성에 있다고 생각하기도 했고, ②가르침의 본질은 '명'·'구'·'문'에 있다고 생각하기도 했고, ③가르침의 본질은 이 둘 모두에 있다고 생각하기도 했다. 그러면 이런 '부파'를 비판하면서 등장하는 '대승'에서는 어떠한가? 화엄교학에서는 7종으로 구별하여 이에 대답하고 있다. 편의상 번호를 위의 ①~③에 이어가기로 한다.

이 글은 기본적으로 청량 국사와 규봉 선사의 설을 따른 것이다. 이 두 분은 경전을 사이에 두고 약 2년간 스승 제자로 같은 시공간에서 사셨던 인연이 있다. 미묘한 차이는 있지만, 핵심에는 차이가 없다. 청량은 당시 유행하던 '유상유식파'의 학설을 비판적으로 수용하여 화엄교학의 토대를 완성했고, 규봉은 이렇게 완성된 토대 위에 당시의 '남선종'을 비판적으로 수용하고, 더 나아가 '정토사상'을 화엄교학의 범주 속으로 녹여 들인다.

이하에서는 청량의 「청량소초현담」과 규봉의 「원각경대소현담」을 바탕으로, 화엄교학에서는 '가르침'의 본질을 어떻게 체계화하는지 소개한다.

종이에 쓰인 경전을 펴보면서, 우리는 거기에서 크게 두

방면을 생각해 볼 수 있다. 한 방면은 이리저리 얽혀진 '문장'이고, 다른 한 방면은 그 문장들이 전해주는 '의미'이다. 전자를 교학 용어로 '문(文)'이라 하고, 후자를 '의(義)'라 한다.

봉선사의 월운 강백은 평소 학인들을 가르칠 때, "능전지문(能詮之文), 소전지의(所詮之義)"라고 외우기 쉽게 말씀하신다. 결국은 <'문(文)'-'의(義)'>가 한 덩어리로 어우러져 '가르침의 바탕', 즉 '교체(敎體)'를 이루는데, ④ '문(文)'은 능의(能依)가 되고, '의(義)'는 소의(所依)가 된다. 쉽게 말하면 '메시지[義]'는 '문(文)'이라는 매체에 의지해서[依] 자신의 의미를 드러낸다. 역으로 말할 수도 있다. '문'이 '의'를 드러낸다고.

'문(文)'에는 모두 6종이 있으니, 첫째는 '명(名)', 둘째는 '구(句)', 셋째는 '자(字)', 넷째는 '어(語)', 다섯째는 '행상(行相)', 여섯째는 '기청(機請)'이다. '기청'은 법문을 청하는 대중의 근기를 뜻한다. 이렇게 여섯 종류의 '문(文)'에 의지해서, 10종의 '메시지[義]'가 구성된다. 이것은 『유가사지론』의 설을 화엄교학에서 수용한 것인데, 이런 교학을 바탕으로 대승에서는 ④'소전(所詮)'되는 '의(義)' 그대로가 모두 '가르침'이라고 한다.

한편, 이렇게 설명하는 것도 가능하다. 예를 들면 『유마경』 「보살행품 제11」에서 어느 국토에서는 '광명'이나 '면

지'로 중생을 교화한다는 내용이 있다. 또 『입능가경』 「집일체불법품」에서는 몸동작이나 뚫어지게 바라보는 것 등으로 중생을 교화하는 사례도 있다. 향적(香積) 세계에서는 향반을 먹는 것으로 삼매를 드러내시고, 극락세계에서는 나뭇가지에 스치는 바람 소리를 듣고 정념을 성취한다. 삼라만상에 도가 있다. 이것을 두고 ⑤삼라만상 모두가 '가르침'이다 한다.

계속해서 설명하기로 하겠다. 이상을 규봉은 '수상문(隨相門)'이라고 분류한다. 감각기관에 의한 '표상(表相)'과 관련지어 '가르침'의 본질을 논하기 때문이다.

이하는 규봉의 용어로는 '유식문(唯識門)'에 해당하는데, 여기에도 부파에 따라 네 부류로 나누어진다. 전문적으로 공부할 사람은 『화엄경』이나 『원각경』의 「현담」(신규탁 역주, 운당문고, 2023, 개정판) 독서를 추천하고, 여기서는 간략하게만 말하면, 위에서 말한 5종류의 매체들도 결국 인간의 의식 활동 작용에 의존한다는 해석이다. 즉, ⑥우리의 '마음[心]'이 '가르침'의 본질이라고 한다. 마음의 작용이 없으면 어떤 '가르침'도 성립 불가능하다는 주장으로, 유식학파의 교설이 여기에 해당한다.

다음은 규봉의 용어로는 '귀성문(歸性門)'에 해당하는데, 의식의 본질 즉 '마음[心]'을 어떻게 볼 것인가는 불교의 중요한 쟁점이다. 위의 ⑥에서는 '마음[心]'을 허망한 것으로 취급하는 반면, 아래의 ⑦에서는 청정한 것으로 규정한다. 양나라 때 번역된 『섭대승론』, 『금강삼매경』, 『호국인왕경』 등이 이 계통이다. 『성유식론』에서 말하는 '승류진여(勝流眞如)'도 이런 발상에서 나온 개념어이다.

이들은 ⑦진여(眞如)가 '가르침'의 본질이라고 한다. 경전에 등장하는 일체 '가르침[敎]'의 본질은 진여라는 것이다. 진여를 문맥에 따라서는 '본각진심(本覺眞心)' 또는 '원각(圓覺)' 또는 '여래장(如來藏)' 등으로도 표기한다.

끝으로 이하는 규봉의 용어로는 '무애문(無礙門)'에 해당한다. 이상에 말한 일체의 것들은 모두 연기 관계에서 생겨난 것으로, 서로 겹겹으로 연관되어 있다. 당연, '진여[理]'와 '현상[事]'도 그런 연기 현상으로 서로에게 상호 관계하고 있다. 부처님의 음성도 진여이고 그의 몸짓도 진여이듯이, ⑧진여와 현상이 상호작용하는 원융무애의 관점에서 '가르침'의 본질을 찾아야 한다.

한편, 일체의 현상(또는 사태)들은 각각 서로서로 관계를 맺으면서도 서로를 장애하지 않는다는 관점을 취해야 '가르침'의 본질을 제대로 파악할 수 있다고 한다. 즉 ⑨사사무애(事事無礙)가 '가르침'의 본질이라고 한다. 『화엄경』「여래현상품 제2」에서 "부처님께서 하나의 묘음(妙音)을 연설하시니 시방 국토에 두루두루 들린다. 온갖 음(音)을 다 구족하셨으니 법우(法雨)가 다 두루 충만했다"

라고 하신 것 등이 여기에 해당한다. 저 유명한 '10현문(十玄門)'의 교설이 여기에 해당한다. 10현문에 대해서는 [해설 2]의 「금사자로 비유한 법계연기」를 참조하기를 바란다.

마지막으로, 해인삼매 위에 모든 가르침이 드러나니, ⑩ 해인삼매가 '가르침'의 본질이라고 한다. 거대하고 맑고 잔잔한 바다 표면에 수미산의 일체가 그림자 비치듯, '삼매(samādhi)'가 '가르침'의 바탕이라는 발상이다. 불경에 많은 종류의 '삼매'가 등장하는데, 그중에서 『화엄경』에 등장하는 '해인삼매'야말로 '모든 삼매의 총체[總定]'이고, 바로 이 해인삼매가 '가르침'의 바탕이라는 교리해석이다.

한 경전 속에 무수한 '가르침[敎]'이 등장하는데, 그 가르침은 어디에 바탕을 두냐는 논의이다. 이에 대해 교학에서는 역사에 등장한 수많은 경전을 분석하여, 그 논의를 열 가지로 정리했다. 결론적으로 '해인삼매'가 모든 '가르침'의 바탕이라는 것이다. '해인삼매'에서 온갖 교법이 나온다는 것이다. 과거에도 그랬고 지금도 그렇고, 미래에도 해인삼매에서 온갖 불법(佛法)이 설해진다는 결론이다. 불교의 보편성과 합리성이 드러나는 부분이다. 소위 인간들의 '삼매'에 가르침이 기초한다는 것이다. 여기서 말하는 인간은 바로 이 세상을 살아가는 실존의 나이다.

7. 교리 양상 분석하기; 敎相判釋

필자는 불교철학을 연구하고 가르치는 대학 교수가 직업인데, 학교 공동체의 안에서는 학생들에게, 밖에서는 신도 또는 스님들에게, 이런 말을 자주 듣는다. 불교 교리는 도대체 '영점'을 잡을 수 없다. '종'을 잡을 수 없다.

극락만 해도, 서쪽으로 얼마만큼 가면 있다느니, 그게 아니고 제 마음속에 있다느니; 모든 것[法]이 죄다 공하다고 하더니, 아니다. 열반이나 불성은 불생불멸이라 하며; 부처님의 말씀이나 경전은 고해를 건너는 보배로운 뗏목이랬다, 때로는 불쏘시개 또는 똥 닦는 도구랬다; 인간 석가부처님은 분명 돌아가셨는데도 지금도 영축산에서 설법하신다느니. 게다가 승단의 운영에 관한 율장(律藏)의 해석, 각종 경장(經藏)에 담긴 교리의 해석 문제로 들어가면 더욱 심각해진다. 바로 이런 문제 때문에 '교리의 양상 분석하기'가 필요하다. 그것이 바로 '교상교판(敎相敎判)'이다. 본문(本文) 해석(解釋)의 문제는 역사가 오래된 고전에 기초한 철학이나 종교에는 동서양을 막론하고 공통으로 나타나는 일반 현상이다.

이런 문제에 관심 있는 '전문가'들은 대개 '철학과' 또는

'불교학부' 소속 '교수'도 있고, 조계종이나 천태종이나 진각종 등을 비롯한 '종단' 소속 '스님'도 있다. '교수'가 되었건 '스님'이 되었건, 이들이 하는 말들이, 또는 그들이 제시하는 책들 속에서 하는 주장들이, 듣는 이의 입장에서는 '종'을 잡을 수 없다는 하소연이다. 불교 '전문가'라면 이런 하소연에 귀 기울이고 해결책을 제시할 책무가 있다.

그러면 왜 이런 문제가 생겼을까? 그 대답은 불교의 역사에서 찾을 수 있다. 석가모니 부처님이 입멸한 지 100년이 지나면서 교단이 '분열'한다. 왜 '분열'되었을까? 당시의 승려들이 화합 정신이 없어서인가? 그건 아니다. '부처님과 같이 살았던 스님들이 주고받은 이야기들' 자체에 원인이 있다. 이야기들 자체에 해석의 여지가 있기 때문이다.

'고대 한어'로 기록된 <아함부>나 '빨리어'로 기록된 <니카야>나, 이 모두는 '분열한 부파들이 전한 이야기 모음집'인데, 2천여 년 가까이 서로 교류도 없던 두 문화권에서 각각 전승된 <아함부>와 <니카야>의 내용이 '근대식 불교 연구'에서 밝혀졌듯이 상당 부분 일치하는 것으로 미루어 볼 때, "이 두 문헌 내용은 석가모니 부처님과 당시 스님들이 주고받은 이야기이다"라는 주장을 반박할 근거는 아직 없다.

위와 같다면 그렇다면, <아함부>와 <니카야>를 '종'으로 잡으면 될까? 그러나 그것은 초기의 불교 교단 분열의 역사에서도 볼 수 있듯이 불가능했다. <아함부> 또는 <니카야>의 '본문의 해석'에서부터 차이가 났고 결국 '분열'이 되었다. 이것은 피할 수 없는 길이다. '본문'이 담고 있는 텍스트 자체 내부에 '해석'의 여지를 넓게 가지고 있기 때문이다.

그렇다면 영영 '종'을 잡을 수 없다는 말인가? 어찌해야 '영점' 또는 '종'을 잡을 수 있는가? 필자에게 한마디로 말하라면, '해석 방법'에서 해결의 실마리를 찾을 수 있겠다고 대답하겠다. '해석'이라니 무슨 해석을 말하는 것인가? 그것은 '텍스트'의 해석이다. '텍스트'라면 좁게는 '불교 문헌'이 있고 넓게는 '실존하는 삶'이 있다. '불교 문헌'에 대해서는 위에서 언어별로 말했으니 생략하고, 필자가 말하는 '실존하는 삶'이란 무엇인가? 단도직입적으로 말하면 한 사람이 또는 그런 사람들이 쌓아놓은 긴 역사의 퇴적을 깔고 현재를 살아가는 나의 인생살이를 말한다. 그런데 이런 '텍스트'를 한 개인이 체계적으로 '해석'한다는 것은 매우 힘들다.

차선의 방법이지만, 역사 속의 유명한 고승들이 해놓은 '해석 방법'을 따르는 것을 권할 수밖에 없다. 이렇게 권하는 이유는 고승들의 '해석' 속에는 불교 역사의 긴 세월 속에서 넓은 지역과 긴 기간 동안 다수에게 공유되어 검증되었기 때문이다.

그것을 간단하게만 말하면, 소위 ①'남방 상좌부 계통'의 해석인데 현재에도 미얀마 내지는 태국 또는 스리랑카 등 지역에 유통되고 있다. 또 ②'반야부 중관 계통'의 해석인데 현재 달라이라마 스님을 비롯한 티베트 불교에 전승되고 있다. 또 ③'유식 법상 계통'의 해석인데 현재 일본의 일부 종단이 계승하고 있다. 또 ④'화엄 법성 계통'의 해석인데 중국을 비롯하여 우리나라 불교계에 전승되고 있다.

"아이고! 신 교수. 뭘 그리 따지시오?" 이렇게 누군가가 필자에게 묻는다면, 대답은 뻔하다. "현실을 보세요." 해마다 사찰에서 백중 기도를 올린다. 우란분절(백중)이 '재(齋)'면 어떻고 '제(祭)'이면 어떠하랴. 내 조상 네 조상 위패를 같은 단에 써 붙여 그 앞에 음식 차리고, 고슴도치 가시처럼 숟가락 촘촘히 꽂아놓고, 잔에 맑은 물 따라 향로에 휘휘 돌려 상에 올리고 나서, 두 번 절하고, 돌아서서 염불하는 스님들께 절한다. 더러는 개나 고양이 등 반려동물 위패도 나란히 둔다.

그런데, 칠칠재의 소의경전인 『우란분경』에 따르면, (1) 재가불자들이 7월 보름 안거를 마친 승가에 공양을 올리면, (2)수행을 마친 스님네들이 공양물을 불탑이나 불상 앞에 올리고, 재가자들의 소원을 빌어주라고 한다. 소위 신도들이 할 일은 (2)뿐이다. 우란분절(백중)은 승보께 공양하는 '공불재승(供佛齋僧)' 행사이다.

'공불재승'이 본질(本質)이고, 조상 천도는 부수(附隨)이다. 경전 주석가들은 모두 그렇게 '해석'했다. 내 조상님 위패 옆에 남의 집 개 위패를 두면 되니 마니 싸울 일이 아니다. '마구단'에 여물 놓듯이, 개나 고양이 단을 따로 차렸으니 사료를 놓자는 말도 속절없다.

또 '수자령(水子靈)'은 어찌할까 고민할 필요도 없다. 지옥·아귀·축생의 3악도에 들든, 아니면 인간·아수라·천상에 들든, 혹은 아예 해탈하든, 죽은 지 일정 기간이 지나면 환생하여 어딘가에 존재한다. 이제 막 죽어서 윤회 대기에 있는 '중유(中有)' 또는 '중음신(中陰身)'의 상태면 '법식(法食)'을 베풀어 생전의 업장을 조금이라도 줄이려 '재(齋)'를 지내면 된다. 재의 핵심은 찬식(饌食)이 아니라 법식(法食)이다. 중요한 것은 생명의 존중이다. 긴 윤회의 전생을 놓고 보면 그것도 '부모-자식'으로 맺을 정도의 중한 인연으로 말이다.

어느 지역 어떤 형태로든 윤회하여 지금을 살아가는 전생의 (나도 모르는) 내 피붙이가 잘 살기를 바라는 마음이 중요하다. 평소 수행을 잘해 부처님처럼 해탈하여 윤회에 들지 않는 조상이면 더 이상 바랄 게 뭐가 있겠는가. 신도

들은 그런 마음으로 돈을 모아 승가 공동체에 공양하면 된다. 승가는 시주의 그 마음을 헤아려 공동체 내에서 쓸 만큼 쓰고, 유연 무연 중생들에게 나누면 된다. ④'화엄 법성 계통'에서는 그렇게 '해석'한다.

필자가 말하는 ④'화엄 법성 계통'의 해석 전통이란, 구체적으로 말하면 '두순 제심, 지상 지엄, 현수 법장, 청량 징관, 규봉 종밀, 석벽 전오, 장수 자선, 진수 정원'으로 계승되는 '화엄종'에서 제시하는 '해석' 전통이다.

불행하게도 이런 '해석' 전통을 고수하는 승려 교육 기관은 한국의 현실에서는 사라졌다. 다 꺼진 불이지만 아직 고로(古爐)의 온기가 남아있으니, 그분들이 손에서 손으로 전승해온 서적들을 지팡이 삼아, '종'이 되었든 '영점'이 되었든 갈피를 잡겠다는 게 필자의 '꿈'이다. 그 '꿈'이 나 혼자의 잠꼬대인지 아니면 불교의 희망인지는 남들이 평가할 일이고, 나는 그저 그게 내 할 일이라 생각하고 글 쓰고 강의한다.

필자는 어느 시인의 시집 『낙뢰목(落雷木)의 여신(餘燼)』처럼, 그렇게 믿고, 경운-석전-운허-월운 등 화엄 강백으로 이어지는 전통을, '근사(近思)'가 되든 '전습(傳習)'이 되든, 경전과 세상의 텍스트를 '해석'하려 노력한다. 그리하여 위에서 말한 좁은 의미는 물론 넓은 의미의 '텍스트' 해석을 철학의 업으로 삼고 있다. 이 책을 출간하는 이유도 그 일환의 하나이다.

자세한 것은 아래의 「8.」에 미루고 '불교 각파의 주장[宗]과 목표[趣] 변증'에 대한 '화엄 법성 계통'의 '해석'을 결론만 먼저 소개한다. 한마디로 말하면 '종취론(宗趣論)'이다. 화엄의 법성 교학에서는 '인연(因緣)'을 불교의 핵심으로 꼽아 평론한다.

(1)은 '수상법집종'으로, 그중에는 '아'와 '법'이 모두 실재한다는 독자부 등의 해석, '아'와 '법'이 모두 공하다는 다수 부파의 해석, '아'와 '법'이 모두 명목뿐이라는 일설부 등의 해석이 여기에 해당한다. (2)는 '진공무상종'으로', 용수와 제파 등 중관 반야 계통의 해석이 여기에 해당한다. (3)은 '유식법상종'으로, 무착과 세친 등의 해석이 여기에 속한다. (4)는 '여래장연기종'으로, 마명과 견혜 등의 해석이 여기에 해당한다. (5)는 '원융구덕종'으로, 화엄교학의 해석으로 '법계연기' 즉 '사사무애연기'가 여기에 해당한다.

8. 불교 각 파의 주장[宗]과 목표[趣] 변증

위에서 불교 내에 등장하는 각 종파의 다양한 '주장[宗]과 목표[趣]'에 대해 간단하게 소개했다. 이런 논의를 '종취론(宗趣論)'이라 하는데, 이때의 '종(宗)'이란 궁극적 주장이라는 뜻이다.

독자 여러분은 어떻게 생각하시는가? 불교의 궁극적 주장은 무엇이고, 목표는 무엇일까? 모든 것이 '인연'임을 주장하여 '해탈'을 성취하자는 것이 불교의 목표다. 결정론도, 우연론도 아닌, 인연에 의해서 결과가 생긴다는 이론, 소위 '인연설'이다. 브라만이나 어떤 신이 원인이 되어 우리의 삶이 결정된다면 이는 잘못된 원인 대기로서 '사인설(邪因說)의 오류'에 빠지고, 이유 없이 저절로 그렇다고 원인 대기를 하면 '무인설(無因說)의 오류'에 빠진다. 불교는 '인연설(因緣說)'을 주장한다.

세상 사람들이 '무인설의 오류'에 빠지는 경우는 그리 많지 않다. 그런데 '사인설의 오류'는 종류도 다양하고 사례도 많다. 죽은 조상이 어찌해서, 신이 어찌해서, 사주팔자가 어찌해서. 세상 정치도 그렇다. 결과는 있는데, 그 결과를 초래한 가깝고도 강력한 원인 대기를 잘못하는 경우가 있다.

불교는 '인간의 본성(human nature)' 내지는 자아(自我; ego, self, the conscious)를 논함에 있어, 기본적으로 '인연설(因緣說)'을 주장하는데, 이 경우 '인연설'은 크게 네 종류의 문맥에서 사용된다. 첫째는 인연이기 때문에 생·노·병·사의 '윤회'의 결과가 있다. 둘째는 인연이기 때문에 결과적으로 '공(空)'하다. 셋째는 인연이기 때문에 결과적으로 '가(假)'이다. 넷째는 인연이기 때문에 결과적으로 '중(中)'이다. 그런데 석가모니 부처님이 입멸하신 뒤 제자들은 인연설의 해석과 적용에 차이를 드러냈다. 그 차이를 화엄종에서는 모두 '10가지'로 정리하고 있다. 이것이 '10종(宗) 교판'이다.

(1)'나'와 '나를 이루고 있는 요소들'이 실재한다. (2)'나'는 인연법에 따르는 무상한 존재이지만 '나를 이루고 있는 요소들'은 '경우에 따라' 실재하기도 한다. (3)'나'는 인연법에 따르는 무상한 존재이지만 '나를 이루고 있는 요소들'은 시간적으로 '현재'에만은 실재한다. (4)'나를 이루고 있는 요소들' 중에서 색·수·상·행의 5온(蘊)은 '현재'의 순간에는 실재하지만, 12처(處)와 18계(界)는 '현재'의 순간에는 인연으로 생긴 무상한 존재이다. (5)언어나 사유로 표상된 세계는 인연법에 따르는 무상한 존재이지만, 그것들로 표상되기 이전의 상태는 영원히 실재한다. (6)모든 존재는 단지 이름만 있지 실재하지 않는다. (7)모든 존재는 인연에 의한 것으로 무상하지만, 의식의 활동성만은 실재한다. (8)일체의 모든 존재는 물론, 의식의 활동성도 무상하다. (9)하나의 '진여'가 다양한 '번뇌'와 인연 관계를 맺으면서 '진공(眞空)-묘유(妙有)'로 숨기도 하고 드러나기도 한다. (10)다양한 번뇌 현상[事]들이 서로 무모순적으

로 연기하기도 하며, 중심이 원인이 되어 주변이 생기는 동시에 주변이 원인이 되어 중심이 생기기도 하며, 또 그것들이 '시간-공간' 속에서 일체의 현상끼리 서로 중첩적이며 다중으로 한정 없이 인연생기(因緣生起)한다.

전문으로 하지 않는 출가 불자나 재가 불자들에게는 매우 복잡한 이론이다. 그러나 실제로 각 경전 속에 등장하는 '연기' 또는 '인연'에 관한 '썰'을 제대로 이해하기 위해서는 반드시 그것도 명료하게 알고 있어야 한다.

위에 나열한 '인연'에 대한 해석 열 가지 중에, (1)은 불교의 해석이 아니다. 불교 내부에 스며든 외도의 설로, 설사 불경 속에 들어 있더라도 골라내고 들어야 한다. 밥 짓는 이가 실수로 '돌'이나 '뉘'를 가려내지 못했다면, 먹는 사람이라도 골라내야 하듯이 말이다. (2)에서부터 (6)까지는 부파불교 시대의 여러 부파에서 내놓은 '인연'에 대한 해석이고, (7)부터 (10)까지는 대승의 논사들이 제시한 '인연'에 대한 해석이다.

부파 중에서 (2)를 설명하면서 위에서 '경우에 따라'라고 필자는 한정적 표현을 했는데, 번거롭기 때문에 각 경우는 생략하기로 하고 주장하는 부파들의 이름만 소개하면, 설일체유부와 설산부와 다문부와 화지부가 여기에 해당하며, (3)은 대중부의 해석이며, (4)는 설가부의 해석이며, (5)는 설출세부의 해석이며, (6)은 일설부의 해석이다.

대승 중에서 (7)은 법상종(法相宗) 즉 유가 유식부의 해석이고, (8)은 공종(空宗) 즉 반야 중관부의 해석이고, (9)는 '여래장(如來藏)' 계통 논사들의 해석이고, (10)은 화엄 즉 '법성종(法性宗)' 계통 논사들의 해석이다.

독자 여러분들께서 이미 여기까지 읽으셨다면 고생한 김에, 인간의 본질 내지는 자아를 설명하는 불교 내의 '인연'에 대한 다양한 해석을 전문 용어로 외워두기를 바란다. 뒤로 갈수록 석가모니 부처님이 설하신 '인연'설의 의미를 더 충실하게 해석한 것이다.

①법아구유종(法我俱有宗)　②법유아무종(法有我無宗)
③법무거래종(法無去來宗)　④현통가실종(現通假實宗)
⑤속망진실종(俗妄眞實宗)　⑥제법단명종(諸法但名宗)
⑦삼성공유종(三性空有宗)　⑧진공절상종(眞空絶相宗)
⑨공유무애종(空有無礙宗)　⑩원융구덕종(圓融具德宗)

인연에 관한 해석을 둘러싼 불교 각 부파의 '주장[宗]'을 화엄교학에서는 위와 같이 10종의 주장으로 종합한다. 그러면 이 '10종(宗)'과 화엄의 '5교(敎)'와는 관계가 어떻게 되는가? 앞의 「5.」에서 다룬 내용 상기해보자. 5교는 ①인천교, ②소승교, ③대승법상교, ④대승파상교, ⑤일승현성교이다.

종(宗)과 교(敎)의 관계를 결론부터 말하면, 하나의 '종(宗)'이 여러 '교(敎)'를 수용하기도 하고, 역으로 하나의 '교'가 여러 '종'을 수용하기도 한다.

한편 '종(宗)'은 '사람들의 마음[人心]'을 기준으로 나눈 것으로 중생 쪽에서 으뜸으로 삼는[宗] 대상이 달라 10종으로 나누어진 것이고, '교(敎)'는 법을 설하시는 '부처님 쪽의 뜻[佛意]'을 기준으로 나눈 것으로 권교(權敎)와 실교(實敎)의 차이가 있다. 문맥을 잘 파악해서 경전과 논서를 읽어야 한다.

이상은 '인연'의 참뜻을 해석해 온 불교 교리의 긴 역사 전체를 시야에 둔 종합적 분석이다. 그러면 좁혀서 『화엄경』에 국한해서 개별적 분석을 해보자. 결론을 먼저 말하면, 『화엄경』은 '법계·연기·이실·인과·부사의(法界·緣起·理實·因果·不思議)'를 '주장(宗)'한다. 이것은 청량 징관 스님의 설인데, 그 시원은 현수 법장 스님이다. 청량 국사는 (1)에서 (4)에 이르는 네 가지 측면에서 이것을 나누어 설명하고 있다.

(1) 첫째는 『화엄경』에서는 '법계'에 관한 이론을 따로따로 열어서 '인과'에 관한 이론을 완성하고 있다. 화엄의 '5주인과(五周因果)', 즉 ①소신인과(所信因果), ②차별인과(差別因果), ③평등인과(平等因果), ④성행인과(成行因果), ⑤증입인과(證入因果)가 그것이다.

(2)둘째는 『화엄경』에서는 '인-과' 이론을 회통하고 완전하게 하여 '법계'와 동등하게 하고 있다. '교(敎)-의(義)', '인(人)-법(法)', '이(理)-사(事)', '경(境)-지(智)', '인(因)-과(果)', 이것을 '열 가지 사안에 관한 다섯 쌍의 상대 개념'이라는 의미로 화엄에서는 <10사(事) 5대(對)>라고 하는데, 이 다섯의 상대되는 짝을 각각 상호 '인-과' 관계로 설명하여 마침내 '법계'와 등치를 시킨다.

(3)셋째는 『화엄경』에서는 '법계'와 '인과'에 관한 이론을 나누어 드러내고 있는데, 열 가지 의미를 다섯 쌍으로 묶어서 설명한 <10의(義) 5대(對)> 이론이다. 다섯 쌍이란 '대상[境]', '마음[心]', '수행[行]', '과정상의 지위[位]', '궁극적 결과[果]'이다. 이 다섯 쌍에 각각을 '인-과'를 짝지어 10범주로 '법계'를 총괄하고 있다.

5대(對)를 '인-과'에 배속시켜보자. ①첫째 '대상[境]'을 보자. 번뇌 속에 오염된 법계는 우리가 믿어야 할 대상[所信境]이고, 번뇌에서 벗어난 청정한 법계는 우리가 체험해야 할 결과로서의 대상[所證境]이다. ②둘째 '마음[心]'을 보자. 보리심(菩提心)은 보현행의 근본 원인이 되고, 신심(信心)·비심(悲心)·지심(智心) 등 3종의 마음은 보현행을 따라서 일어난 결과이다. ③셋째 '수행[行]'을 보자. 각각 하나씩 닦아가는 차별적인 수행[行]이 있는가 하면, 하나의 수행이 일체의 수행이 되는 보현행도 있다. ④

넷째 '과정상의 지위[位]'를 보자. 수행에 대비하여 하나 하나 결과를 맺는 항포위(行布位)가 있는가 하면, 하나를 수행하면 일체를 증득하는 원융위(圓融位)도 있다. ⑤다섯째 '궁극적 결과[果]'를 보자. 수행을 통해서 '점차로 깨달음을 키워가는[修生]' 경우도 있고, 반면 수행을 통해서 '본래의 깨달음을 드러내는[修顯]' 경우도 있다.

⑷넷째는 『화엄경』에서는 '법계'에 관한 이론과 '인과'에 관한 이론을, 때로는 이 둘을 총체적으로 설명하기도 하고, 때로는 '법계'니 '인과'니 하는 관념 자체를 아예 지워버리기도 한다. 이렇게 할 수 있는 이유를 열 가지로 제시하고 있는데, 그중에 가장 핵심적인 이유는 '법계'니 '인과'니 하는 발상도 따지고 보면 결국은 세상을 제대로 알기 위한 '도구'이고 '방편'이고 '수단'이라는 것이다. 언어와 사유에는 그 속에 관통하는 논리 내지는 문법이 있게 마련인데, 이것을 도구로 사용해서 세상을 이해하고 세상과 관계 맺는다. 그런데 목적을 성취하고 나서는 과정에서 사용한 도구를 버리고, 다시 도구를 더 잘 만들어서 목적 성취를 제대로 하고, 이러기를 반복하여 '도구'와 '목적'에 대한 상호 반성적이며 변증적인 노력을 더 해가는 것이다. '종(宗)'은 '도구'이고, '취(趣)'는 '목적'이다.

9. 『화엄경』 읽기의 10종(種) 분과

 독서인(讀書人)에게 겨울은 더없이 좋은 계절이다. 밤이 길어 오래 책을 읽을 수 있고 날이 일찍 어두워지니 밖으로 나돌지 않아서 좋다. 깨끗한 책상 위에 따듯한 차 한 잔 올려놓고, 책 냄새 맡으며 고전 음악 라디오라도 들을 양이면 천하의 호강이다. 오감이 다 호사하고 게다가 시공을 초월하여 많은 선지식의 삶을 만나니 말이다.

 불자들에게는 많이 알려진 『치문』의 「귀경문」은 당시의 풍광을 전해준다. "明窓淨案(명창정안) 古敎照心(고교조심)"이라 했다. 밝은 창가 정돈된 책상 앞에 앉아, 옛글로 마음을 살핀다. 이 글을 쓴 자각 종색(宗賾, 송대의 운문종) 선사가 당시 선원에서 도서를 담당하는 소임인 '장주(藏主)'의 노고에 보답하는 길로, 한 말이다.

 '고(古)' 자에는 '세상 시작되기 이전의 본래'라는 뜻이 담겨 있다. 해인사 성철 스님의 뜻을 받들어 세상에 보급하는 각종 출판물에 '고경(古鏡)'이라는 단어를 넣은 것도 이런 맥락이다. '본래의 거울'이다. 자신을 비추어 못난 점을 고치는 도구이다. 경전이란 그것을 읽고 그 뜻을 실천하는 속에서 진가가 발휘된다. 말은 이렇게 하지만, 필자는 아직 '독서 그 자체'의 즐거움이 더 크다.

『화엄경』 읽기는 참 어렵다. 앞에도 말했지만 어려운 이유는, 첫째 분량이 방대해서, 둘째 이유는 내용이 심오해서 그렇다. 이래저래 '견적'이 안 나온다. '견적'이 나와야 어찌해야 할지 결심할 수 있다. 그래서 이 대목에서는 소위 '견적'을 내보려 한다. 「청량소초현담」 여덟째 권, 즉 <황(荒) 자 권>에는 '부류품회(部類品會)'라는 대목이 있다. 이 부분 소개를 시작으로 『화엄경』의 조직을 좀 밝혀 보려고 한다. 읽는 이들의 수고로움이 덜어졌으면 좋겠다.

참으로 묘한 발상이 있다. 암만 생각해봐도 '묘'하다. 화엄학승들의 발상 말이다. 청량 징관 국사는 "성해지전(性海之詮)은 상설편설(常說徧說)이라"고 평론하시는데, 즉, 바다처럼 끝없는 진여 자성에 관한 법문은 '모든 시간' 그리고 '모든 곳'에서 설해지고 있다는 발상이다. 이렇게 하시고 당신도 '거시기' 했는지, 생각이나 말로는 설명 불가능하다고 전제하면서, 소위 무수한 '버전(version)'의 『화엄경』이 있다고 소개한다. 줄여서 10종의 '버전'을 소개하는데, 약본경(略本經), 하본경(下本經), 중본경(中本經), 상본경(上本經), 보안경(普眼經), 동설경(同說經), 이설경(異說經), 주반경(主伴經), 권속경(眷屬經), 원만경(圓滿經)이 그것이다.

이런 글을 읽는 필자의 관심은, 저분들이 왜 이런 발상을 하시냐? 대체 이런 말씀을 통해 무슨 '뜻'을 전하고 싶으신 것이냐는 것이다. 내 생각은 이렇다. 첫째는 『화엄경』을 높이려는 또는 높다는 고백의 '뜻'이 담겨 있다. 둘째는 『화엄경』 편찬 근거는 알 수 없다는 '뜻'도 담겨 있다. 사실 '약본경'이라고 하는 『화엄경』의 출생은 누구도 모른다. 소위 <대승부>에 속하는 경전들이 다 그렇듯이 말이다. <아함부>(또는 <니까야>)에 속하는 경전들은 역사적으로 현존했던 석가모니 제자들이 암송해 온 증거가 있다. 그것도 긴 세월, 게다가 서로 오고 가지도 않고 떨어져 살던 부파들이 증거하고 있다.

현존하는 『화엄경』은 세월 속에서 작은 '이야기'들을 모아 짜깁기한 것이다. 「십지품」은 『대십지경』, 「입법계품」은 『마하가경』, 「이세간품」은 『도세경』으로 각각 따로 유통되기도 했다. 나아가 「여래명호품」은 『도솔경』, 「정행품」은 『보살본업경』, 「십주품」은 『대십주경』, 「십정품」은 『등목보살소문삼매경』, 「여래수량품」은 『무변공덕경』, 「여래출현품」은 『여래성기비밀장경』으로 별행(別行)되었던 것이다.

즉, 한마디로 말하면, 『화엄경』의 원형은 알 수 없다. 어디에서 언제 누가 편집했는지도 모른다. 기원후 2세경 중앙아시아 지역이라고 추측만 할 뿐이다.

『화엄경』의 각 품은 별도로 유행하다가 서북 인도 내지는 중앙아시아의 한자로는 '우진(于闐)'으로 표기되는 '코탄(Khotan)' 지역에서 대형 경전으로 편집되면서 <대승부>에 편입되었다. 그 중 「십지품」은 일찍이 『십지경』이란 이름으로, 단행본으로 유통되기도 했다. 이 책은 범본이 발견되었는데 Daśabhūmi kasūtram과 Daśabhūmiśvaro nāma mahāyānasūtram이라는 이름으로 알려졌다. 앞의 텍스트는 '십지(十地)에 대한 경전'이라는 뜻인데, 1926년 프랑스 파리에서 라더(J. Rahder)에 의해 출판되었다. 그리고 뒤의 텍스트는 '십지(十地)를 원만하게 성취한 자재하신 임금이라고 이름하는 대승경전'이라는 뜻으로 1936년 일본의 도쿄에서 곤도 류코(近藤陸晃)에 의해 출판되었다.

한편, 「입법계품」도 역시 별도로 유행되었고 범본이 발견되어 The Gandavyuha Sutra 라는 이름으로 출판되었다. '잡화(雜花)로 장식한 경'이라는 뜻으로 용수(龍樹, 150년경~250년경)는 자신의 저작에 『불가사의해탈경(不可思議解脫經)』이라는 이름으로 인용하기도 했다. 이 책은 1934~1936년에 일본의 교토에서 스즈키 다이세쓰(D. T. Suzuki)와 호케이 이즈미(Hokei Idzumi)에 의해 출간되기도 했다.

물론 이 경은 당나라 반야(般若) 스님에 의해 40권본 『화엄경』으로 한역되었다. 이 경과 80권본 『화엄경』의 마지막 품인 「입법계품」은 대개 일치하는데, 현저하게 다른 점은 40권본 『화엄경』의 마지막 제40권에 있는 내용, 즉 「보현행원품」으로 단독 유행하는 내용이 더 붙어있는 점이다.

한문으로 된 『화엄경』의 세 종류 '버전(version)'을 모두 한글 번역한 사례는 운허 스님이 최초인데, 이 번역서들은 1964년 3월 25일 <동국역경원>을 설립 개원하고(7월 21일 정각원에서 고불식), <한글대장경> 시리즈로 발간했다.

한편, 80권본 '버전'에는 청량 국사께서 자세한 주석을 붙였고, 그것을 조선 순조 임금 때 백암 성총 스님께서 징광사에서 나무판에 새겨 종이에 찍었다. 모두 78책으로 묶었다. 이 시기를 전후해서 『화엄경』 강의가 전국에 퍼졌다. 필자는 이런 전후의 정황을 '화엄르네상스'라고 『한국 근현대 불교사상 탐구』(신규탁, 새문사, 2012)에서 소개했다. 그 후 천재 화엄 강사들이 출현했고, 일제 말기와 광복을 전후해서 석전 박한영, 그의 제자 운허, 그의 제자 월운 등이 이 전통을 지켜 오늘에 이르고 있다.

화엄 강사들은 기본적으로 청량 국사의 주석서를 근본으로 강의했다. 7처, 9회, 39품의 80권본 『화엄경』에 방대한 주석을 붙인 『청량소초』를 열심히 읽었다.

신앙적으로는 법당 측면에 『화엄경』에 등장하는 청중들을 상징화해서 탱화를 걸어 붙이고, 「화엄경약찬게」도

용수 보살의 이름을 빌려 제작했다. 한 해의 처음이나, 한 달의 처음이나, 즉 정월과 초하루에 올리는 <신중불공> 의례문도 만들었다. 지금도 그 전통은 이어져서 '초하루 법회'를 모든 절이 시행한다.

78책으로 된 『청량소초』는 원체 방대하다. 「청량소초현담」 8책을 뺀 나머지 70책을 대상으로 최근 반산 서봉 스님이 약간 생략해가면서 번역 출판했다. 한 권에 약 450쪽으로 모두 34권이 된다. 스님은 본사가 남쪽 통도사인데, 멀리 북쪽 봉선사로 와서 고생하면서 글을 배웠고, 마침내 월운 강백께 교학으로 부처님 은혜 갚으라는 부촉도 받았다. 반산 스님은 위의 번역서를 내면서, 운허 강백이 번역한 한글 『화엄경』, 그리고 월운 강백이 정비한 『화엄경소초과도집』과 역시 월운 강백이 탈초한 『화엄청량소초사기』를 인용한다고 밝혀, 스승들의 노력에 감사의 뜻을 표하고 있다. 경학(經學)의 전통은 이렇게 사법(師法)이 중요하다.

현재 출판 유통되는 한글 『화엄경』은 직간접적으로 모두 운허의 <한글대장경본> 번역에 신세를 지고 있다. 빨간 장정으로 1966년에 그리고 1968년에 인쇄된 두 책이, 운허 스님의 원뜻이 그대로 반영된 책이다. 현재 가로쓰기로 다시 찍은 5권의 책은 요새 사람들이 손을 대서 좀 아쉬운 부분이 없지 않다.

운허 강백께서 번역한 초간본을 보면, 문단 나누기이며, 어법 구사이며, 어휘 선택이며, 과목 붙이기이며, 독자들은 아는 만큼 볼 수 있을 것이다. 지엄의 『수현기』, 현수의 『탐현기』, 청량의 『청량소초』를 깊이 읽으면 '차 마시고 경전 읽고 번역하시던 운허당 용하 대법사'의 세계를 엿볼 수가 있을는지?

지난 2010년 10월 9일 한글날, "앙지미고, 찬지미견(仰之彌高, 鑽之彌堅)"이라고, 스승 공자님을 회고하던 안연의 말을 인용하여, 사부이신 운허 스님을 회고하시던 월운 스님의 그 말씀. 허공을 바라보시던 그 시선. 필자에게는 지금도 생생하다. 우러러볼수록 더욱 높으시고, 뚫으려 할수록 더욱 단단하시단다.

경전은 분석적으로 읽어야 본뜻을 속속들이 파악할 수 있다. 겉으로 보면 반복이 많고, 게다가 여러 경전을 대조해 읽으면 모순이 적지 않다. 그런데 그도 그럴 수밖에 없는 것이 <아함부> 경전의 경우는 듣는 상대가 제각기 다르고, 한편 <대승부> 경전들은 <아함부>를 바탕으로 이런저런 '이야기'를 붙여서 대형 경전으로 짜깁기를 했기 때문에, 경전은 어느 경우나 '조직적'일 수가 없다. '조직'을 갖춘 경전이 있으면 그것은 대부분 뒷사람이 만든 것이다.

결국 경전의 '조직화 작업'은 뒷날 제자들의 몫이다. 논리적이고 철학적이고 종교적 심성을 가진 천재들이 '경전 조직화'에 큰 성과를 내었다. 그게 '교학(敎學)'이다.

『화엄경』의 '조직적 읽기'의 한 축을 형성한 학승이 청량 징관이다. 스님께서는 「청량소초현담」 제8권 <황(荒)>자 권 <별해문의(別解文義)> 과목 아래, 기왕에 전래하는 『화엄경』 읽기에 사용되는 해석 조직 10종(種) 분과를 이렇게 소개하고 있다.

①본부삼분과(本部三分科)　②문답상속과(問答相屬科)
③이문종의과(以文從義科)　④전후섭첩과(前後攝疊科)
⑤전후구쇄과(前後鉤鎖科)　⑥수품장분과(隨品長分科)
⑦수기본회과(隨其本會科)　⑧본말대위과(本末大位科)
⑨본말편수과(本末徧收科)　⑩주반무진과(主伴無盡科)

조선 후기 묵암자 최눌(1717~1790) 스님의 『화엄품목』도 이런 전통 위에서 만들어졌고, 운허 스님의 <한글대장경> 『화엄경』도 그것을 활용한다. 이 중에서 가장 많이 활용되는 조직적 읽기의 분석 틀로, 위의 ②와 ③이 많이 활용된다. ②는 『화엄경』에 등장하는 수많은 '질문과 대답'에 주목해서 분석적 읽기를 시도했다. 한편 ③은 『화엄경』 교리의 핵심을 '이제인연(二諦因緣)'으로 규정하고, 다양하고 중첩적인 '원인-결과' 관계에 주목하면서 분석적 읽기를 시도했다.

②와 ③ 중에서 하나를 고르라면 필자는 단연 ②문답상속과(問答相屬科)를 꼽는다. 방대한 경전 속에는 질문을 즉시 대답한 것도 있고, 저 뒤편에 가서 대답한 것도 있어서, 이것을 살펴 읽어야 한다. 그리고 각 질문 사이의 구조도 살펴 읽어야 한다. 【해설 3】의 「문답으로 가닥 쳐 읽는 『화엄경』」이 바로 그런 구상에서 집필된 것이다.

10. 번역서 소개

대승 경전은 기본적으로 인도의 산스크리트어로 기록된 것이 먼저 존재한다. 그것을 대본으로 때로는 고대 한어[漢文]로 때로는 티베트어로 번역했다. 『화엄경』도 그렇다. 한국 사람들이 오랜 세월 애독했던 것이 한문본이니, 이것을 기준으로 이야기를 시작하기로 한다.

한문본에는 번역된 순서대로 보면 60권으로 번역된 『화엄경』(421년), 80권으로 번역된 『화엄경』(695~699년), 40권으로 번역된 『화엄경』(795~798년), 이렇게 3종이 있다. 60화엄과 80화엄은 표현이나 내용상에 약간의 차이는 있지만, 대동소이하다. 그리고 40화엄은 위의 「입법계품」과 상당 부분 일치한다. 티베트어본(8~9c 번역)은 80

화엄과 내용이 유사하다. 산스크리어본은 17~18세기 네팔에서 필사된 것으로 알려진 것이 전하고 있는데, 80화엄의 「십지품」과 「입법계품」과 계통이 같다.

그런데 각 번역은 품을 나누는 체제와 번역 용어 등에 소소한 차이가 있다. 다른 언어로 번역할 때 생기는 언어·철학·문화 등등의 차이로 인해 넘지 못할 장벽이 있다. 각국에서 나온, 심지어는 같은 한글로 번역된 책들 속에도 이런 어려움이 여전히 있다. 물론 그 속에는 실수로 잘못 번역한 부분도 있을 수 있다.

때문에, '원본'을 확정 짓는 일은 특히 고대 문헌자료의 경우는 참으로 어렵다. 게다가 고대 문헌들은 시대와 장소를 달리하면서 '이야기'가 보태지기도 하고 줄기도 하면서 다양한 계통을 꾸려간다. 고대 시절, 텍스트는 일종의 살아있는 '생물'이다. 80권본 『화엄경』의 산스크리트어 대본이, 지금 전해지는 네팔 사본과 같은 계통인가의 여부는 쉽게 판단할 수 없다. 그런 점들이 더욱 '원본'을 확정하기 어렵게 한다.

이상의 문헌자료 연구만큼이나 어려운 게 있다. 그런 문헌자료에 담긴 '내용'은 대체 누구의 생각을 담은 것인가? 그 누구는 '개인'일 수도 있고 '집단'일 수도 있다. <아함부>는 집단 지성의 산물로서, 그 중심에는 역사적 실존 인물 석가모니가 있다. 그런데 『화엄경』은 그렇지 않다. 소위 불모(佛母; 부처의 어머니)'라고 수식이 붙는 <반야부>도 그렇다. <법화부>도 그렇다. 대승 경전에 담긴 내용이, 어느 시대 어느 지역을 살다간, 또는 그 지성의 담당자가 개인인지 집단인지도 밝혀지지 않는다.

대승 불교권에 있는 고대의 학승들이, '석가경(釋迦經)'이니 '사나경(舍那經)'이니 하는 용어를 만들어 불경의 종류를 구별했던 것도 이런 통찰의 반영이다. 세상에 전하는 불경 중에는 역사적 실존 인물인 석가부처님께서 말씀한 것도 있고, 종교적 상상의 산물인 비로자나 부처님(또는 노사나 부처님)이 말씀한 것도 있다. 이런 발상 위에서 '법신-보신-화신'으로 '부처의 본질[佛身]'을 쪼개고 그 층차를 논하는 교학도 출현한다.

『화엄경』은 '사나경'으로 '진리를 본질로 하는 법신(法身)' 비로자나(노사나) 부처님을 등장시킨다. 필자가 즐겨 읽는 『원각경』의 경우는 노골적으로 법신 부처님이 설법하는 형식을 취한다. 그런데 『화엄경』은 그렇지도 않다. 그렇다고 『금강경』처럼 실재했던 수보리 존자 등 역사적 인물을 등장시키는 꾸밈도 없다. 가상의 인물인 각종 보살을 등장시켜, 그들에게 말하게 한다. 「아승기품 제30」과 「여래수호광명공덕품 제35」에서 부처님이 친히 설법하지만, 그냥 '부처님'이라고만 했을 뿐 '석가모니 부처님'으로 특정할만한 근거는 어디에도 보이지 않는다.

결국, 『화엄경』에 담긴 내용은 인도 내지는 중앙아시아 지역에 살던 불교 수행자의 종교체험에서 나온 고백이다. 언제 한 고백인가? 이 점도 간단하지 않다. 기원후 2~3세기경에 생존했다고 하는 용수 보살의 저서에 『화엄경』의 일부가 등장한다고는 하지만, 이 또한 단정하기 어렵다. 기원후 4~5세기경에 활약하던 세친 보살은 분명 『화엄경』을 보았다. 그러니 그 이전 언제일 것이다.

필자가, 이렇게 종교체험의 고백이니, 그 고백의 시기가 언제니, 또 지역은 어디니, 또 그런 이야기의 유통과 번역 경로가 어떠니, 이런 쪽으로 이야기를 끌고 가는 것에는 의도가 있다. 한마디로 필자의 의도는 결국, "『화엄경』의 내용은 일정 시공 속에 살았던 인간(들)이 겪은 또는 상상한 종교체험이 누적되어 문자로 정착된 것임"을 말하려는 것이다.

그래, 그것을 말해 무엇을 하려는 것인가? 좁게는 『화엄경』 구성작가의 종교체험을 알아보자는 것이다. 내가 아닌 남의 종교체험을 간접적이나마 알아보자는 것이다. 넓게는 이런 앎을 통해서 내 인생을 돌아보아 내 삶을 가꾸어가자는 것이다. 과거 사람의 종교체험을 알아보는 것이 일종의 지식이라면, 내가 어떻게 살지는 실존이다. 전자가 철학사 연구라면 후자는 철학 하기이다. 학문적으로 필자에게 불교는 인간학이다. 믿음이란 주관적이고 환원 불가능한 부분도 포함되어 있어서, 학적 영역에서는 가능한 한 배제하려 한다.

『화엄경』을 읽다 보면, 이 문헌의 구성작가(또는 그들)가 털어놓는 불교가 무엇인지를 알 수 있다. 부처님은 어떤 분인지, 부처님의 진정한 제자라면 어떻게 살아가야 할지를, 물론 작가는 외형적으로는 보살을 등장시켜서 자기 말을 하고 있다. 보살의 이름까지 지어서 말이다. 이 대목에서 우리는 한문으로 된 보살의 이름을 한글로 길게 번역한 운허 스님의 경안(經眼)에 주목해야 한다. 현실감을 높이려고 역사성이 담보된 불교인 <아함부>의 '이야기'도 좀 섞고, 다른 종교 체험자의 '이야기'도 좀 섞고, 옛날부터 전해오는 '이야기'도 좀 섞고, 자신의 희망이나 체험도 좀 섞고, 그렇게 해서 이야기'들'을 엮어 구성지게 했다. 철두철미하게 만들어진 산물이다. 구성작가 즉, 선 불교의 용어로 '작가선지식(作家善知識)'의 명품이다.

이렇게 해서 만들어진 『화엄경』이 한문으로 번역되었고, 물론 번역하는 과정에서 당시 중국의 실정에 맞지 않는 표현들은 부드럽게 또는 에둘러 번역하기도 했다. 또는 아예 빼기도 했다.

그런 다음 60화엄에는 지엄 스님이나 현수 스님이 해설을 붙였고, 80화엄과 40화엄에는 청량 스님이 해설을 달아 출판했다. 이 해설서를 쓰는 과정에서 필자들은 또 자신의 독서 체험과 인생 체험을 요령 있게 총동원했다. 이 또한 인간학의 연구 대상이다. 방대하고 심원하다.

중국 지역에서 만들어진 해설서는 다시 조선 땅에 전해졌고, 조선 지역 사람들은 또 자신의 독서 경험과 인생 체험을 동원하여 중국 해설서를 읽고 강의하고 때로는 메모를 남긴다. 일본 지역 사람들은 중국의 해설서도 수입하고, 또 조선 사람들의 해설서도 수입했고, 그것을 읽고 강의하고 자신의 메모를 적어 남겼다.

우리 앞에 놓인 것은 이런 지난 역사 속의 체험과 경험과 희망의 집합체이다. 특히 『화엄경』 본문에 등장하는 보살들의 실천이나 수행은 작가의 희망이다. 역사적으로 그런 보살행이 실현된 적은 없다. 대단한 이타적 삶이 보살행의 특징인데, 그런 세상이 실재했다는 역사 기록이나 유물 흔적이 발견된 바 없기 때문이다.

물론 이렇게 만들어진 꾸며진 이야기이지만, 이 속에는 긴 세월 넓은 지역의 많은 독자의 '공감'을 받았다. 중요한 것은 '공감'이다. 그러지 않고서야 인도, 중국, 조선, 일본, 티베트 등지의 위대한 지성인들이 이 책 읽기에 그토록 공을 들이지는 않았을 것이다.

'깨달은 사람'이라는 뜻의 산스크리트어 'Buddha'를 한자로는 소리 번역해서 '佛陀'라 했고, 한국말로 '부처님'이라 한다. 『화엄경』 전편의 핵심 주제거리는 이런 '부처님'은 이러저러한 분이셨으면 좋겠다는 소망의 고백이고, 그런 부처님의 진정한 제자라면 이러저러하게 세상을 살 것이라는 서원의 산물이다. 이것이 각 지역의 승려들에게 '공감'되어 환영을 받았다.

현재 한국에 유행하는 불교의 모습은, 역사적으로 임진왜란 이후까지 그 연원이 올라간다고 한다. 그렇지만 그 이전 특히 고려 또는 통일신라와는 연속선을 복원하기 쉽지 않다. 『화엄경』 연구와 신앙도 그렇다. 조선 불교는 철저하게 '교학' 방면에서 청량 징관과 규봉 종밀의 영향이 매우 크다.

80화엄에 청량 징관 국사께서 '소'를 달았고, 다시 그것에 '초'를 달아 주석했다. '경', '소', '초'가 함께 편집된 책을 우리는 『청량소초』라고 줄여서 부르는데, 숙종 이후 이 책이 성총 스님에 의해 보급된 이래, 조선 불교 최고의 불경으로 애독되었다.

많은 고승이 독서 과정에서 '사적 메모[私記]'와 '과목지도[科圖]'들을 남겼는데, 그것들은 대부분 봉선사 월운 스님에 의해 정서 출판되었다. 『청량소초』 해독에 큰 도움이 되고 있다. 출판에 관한 자세한 저간의 배경은 『월운당가리사』(신규탁 엮음, 조계종출판사, 2018)와 『못다 갚을 은혜; 월운당도중사』(신규탁 엮음, 운당문고, 2023)를 참조하기 바란다.

놀라운 일이 생겼다. 2011년 퇴직 무렵 김윤수 판사님이 총 7책으로 엮어 '경'과 청량 국사의 '소' 대부분과 그리고 '초'의 일부를 완역했다. 대단한 일이다. 그 후 2020년 9월 통도사의 반산 스님이 총 34권으로 번역판을 내었다. 이 시대의 역사이다. 반산 스님은 봉선사 월운 스님 회상에서 수학한 강사로, 『화엄경』 본문은 운허 스님의 번역을, 그리고 과목은 월운 스님이 정리한 '과도집'을 활용했다.

운허 스님은 1964년 동국역경원을 설립하고, 40권본 『화엄경』은 1966년 3월에, 80권본 『화엄경』 전반부는 1966년 11월에 후반부는 1968년에, 그리고 60권본 『화엄경』 전반부는 1974년에 후반부는 1975년에, 총 5책으로 출간했다. 한글다운 번역은 이것이 최고이다. 일제 강점기 시절, 백용성 선사께서 1927년 국한문 혼용으로 완역 출간한 바 있는데, 이 역시 대단하다. 최근 범어사 무비 스님도 총 81권으로 번역을 완료했다.

11. 일상의 독서를 위한 단행본

"구슬이 서 말이라도 꿰어야 보배"라는 말이 있다. 『화엄경』이 제아무리 훌륭한 경전이라고 해도, 수행에 이 경전을 어떻게 활용할 것인가? 이것이 관건이다. 모든 대승 경전에는 해당 경전을 '수지독송(受持讀誦)'하면 많은 공덕이 있다고 설하신다. 즉 경전을 받아 지녀 그것을 읽고 외우면 공덕이 있단다. 게다가 그것을 실천하고, 나아가 남에게 전하면 그 공덕은 더더욱 위대하다고 한다.

조선 시대에도 독송의 공덕이 강조되어 『금강경』과 『법화경』이 많이 출판되기도 했다. 해방 이후 남한에서는, 조계종이 선종을 표방하면서 육조 혜능 선사와 『금강경』의 관계를 부각했고, 또 종헌(宗憲)에 『금강경』을 표방하면서 『금강경』 독송이 유독 두드러졌다. '스스로에게는 실천, 남에게는 전도'라는 대승의 수행 정신보다는, 소위 공덕경(功德經)으로 역할을 했다.

『화엄경』의 경우는 상황이 다르다. 우선 분량이 방대해서 지니는 자체가 쉽지 않다. 게다가 읽기는 더욱 어렵다. 한글 『화엄경』을 1966과 1968년에 운허 스님께서 <동국역경원>판으로 상하 2책을 발행했지만, 글자가 너무 작고 게다가 세로쓰기여서 읽기가 쉽지 않다. 최근 글자를 좀 키우고 가로쓰기로 새 판을 냈고, 또 무비 스님께서 글자도 크고 보기도 좋게 했지만, 권수는 더더욱 많아져서 일상에 날로 '수지독송'하기는 쉽지 않다.

대승의 5대(大) 경전으로 『화엄경』, 『방등경』, 『법화경』, 『열반경』, 『반야경』을 꼽는다. 여기에 소승의 『아함경』

을 합치면 모두 6대 경전이 된다. 제일 분량이 작은 『법화경』이나 『열반경』을 제외하고는, 소위 '수지독송'이 불가능에 가깝다. 남방의 출가 불자들은 그 방대한 <아함부> 경전들을 '수지독송'한다고 하니 존경스럽기 그지없다.

'수지독송'에는 선현들의 지혜가 있었다. 『반야경』의 경우를 보면, 이 책은 모두 600권으로 총 390품으로 구성되어 있다. 설법을 위해 모인 횟수는 모두 16회라고 한다. 장소는 4곳이다. 그중에서 제9회의 모임에서, 장소는 기원정사에서 설하셨다고 하는 『금강경』이 별도로 널리 보급되었다.

이런 역사의 교훈을 살려, 『화엄경』의 '수지독송'도 생각해 볼 수 있다. 모두 7처, 9회, 39품으로 『화엄경』이 이루어졌음은 앞에서도 종종 말했다. 「십지품 제28」은 『십지경』으로, 「이세간품 제38」은 『도세경』으로, 「입법계품」은 『입부사의 해탈경계 보현행원품』으로 각각 독립 유행된 바 있다. 이런 별행경(別行經)을 '수지독송'해도 좋다.

총 40권으로 된 『입부사의 해탈경계 보현행원품』도 양이 많아서, 이 경전의 제40권째 내용만 따로 뽑은 『보현행원품』 '수지독송'도 좋다.

결과적으로 보면, 600권의 『반야경』 중에는 『금강경』 '수지독송'이 성행했고, 80권의 『화엄경』 중에는 『보현행원품』 '수지독송'이 성행했다. 이렇게 된 데에는 여러 이

유가 있는데, 첫째는 분량이 짧아서, 둘째는 대경(大經)의 요점이 들어있다고 믿었기 때문이다.

그런데 여전히 아쉬움이 남는다. 소위 '수지독송'하기만 해도 공덕이 된다는 '방편설'을 곧이곧대로 믿는다면, 『금강경』이나 『보현행원품』만으로도 훌륭하다. 그러나 『반야경』이 되었건 『화엄경』이 되었건, 그 대승경전이 만들어진 당시의 철학이나 인간을 이해하기 위해서는 경전 전체에 대한 이해와 읽기가 필수이다. 이런 수요에 응해서 현대의 이 분야 연구자들이 각종 '개론서'를 집필하기도 했다. 이것도 좋기는 좋은데, 아쉬운 점은 경전 본문을 거의 접할 수 없다는 것이다.

결국은 대경(大經)을 읽어야 한다는 원점으로 되돌아온다. 막상 읽으려니, 위에서 언급한 어려움이 있다. 그래서 고안한 것이, 첫째 『화엄경』 대경(大經)이 추구하는 '철학'의 핵심을 담았다고 하는 소위 「청량소초현담」을 가능한 한 쉽게 풀어서 앞의 「1.」에서 「10.」까지 소개했던 것이고, 둘째 이곳 「11.」에서는 『화엄경』 대경(大經)의 '본문'의 핵심을 추려 번역한 즉, '초역(抄譯)'한 책을 소개하려 한다.

대경의 원문을 추려 번역하는 것을 '초역'이라 한다. 『화엄경』의 경우에도 '초역'이 많다. 홍정식 교수(동국대), 김지견 교수(정신문화연구원), 법정 스님(송광사), 다들 고인이 되셨지만 지금도 그분들이 '초역'한 『화엄경』이 서점에 돌고 있다. 그 밖에도 많이 있다. 그런데 이런 '초역'의 특징은 60권본 『화엄경』을 대본으로 했거나, 또는 『화엄경』의 각 품(品)을 요약하는 방식이다.

그런데 조선 시대 이래 유행한 80권본 『화엄경』을 중심으로 한 '화엄교학'과 또 그에 준하여 각종 '불교의례'를 감안할 때에, 한편 『화엄경』의 '총체적 구조 이해'를 감안할 때에, 아쉬운 점이 없지 않다. 그래서 필자의 경우는 평소 봉선사 월운 스님께서 '초역'한 책을 책상머리에 두고 읽는다.

『화엄경 초역』(김월운 번역, 동국대학교 부설 역경원, 1978, 총 173쪽)은 문고판이다. 이 책은 80권본 『화엄경』을 대본으로 했고, 또 전통의 '총체적 구조 이해'에 입각했다. 결과적으로 조선 이래 화엄교학 전통 이해에도 큰 도움이 되고, 또 경의 본문을 읽기에도 좋다. 이하에 이 책의 구조를 소개하여 『화엄경』 '수지독송'의 교과서로 제안하고자 한다.

『화엄경』의 '총체적 구조 이해'에 천재성을 발휘한 학승은 중국 당나라 청량 징관 스님인데, 스님께서는 「청량소초현담」에서 기왕에 전래하는 『화엄경』 읽기에 사용된 10종 분과를 소개했음은 「9.」에서도 이미 언급했다. 이 중에서 가장 유행한 것이 ②문답상속과인데, 크게 네 부분으로 화엄 대경을 분류한다. ⑴첫째는 '거과권락생신분(擧果勸樂生信分)', ⑵둘째는 '수인계과생해분(修因契果生解分)', ⑶셋째는 '탁법진수성행분(托法進修成行分)', ⑷넷째는 '의인증입성덕분(依人證入成德分)'이다.

신(信; 믿음)-해(解; 견해)-행(行; 실천)-증(證; 체험), 이렇게 네 부분으로 『화엄경』 읽기를 시도한 것이다. 이런 읽기와 분류의 전통은 인도-중국-조선에 걸친 긴 역사 전통을 가지고 있다. 월운 스님의 '초역'은 이런 전통을 살려, ⑴믿음의 대상, ⑵올바른 견해, ⑶수행의 실제, ⑷깨달음의 경지, 이렇게 네 단락으로 추려서 번역했다.

⑴에서는 부처님의 본체, 부처님의 모습, 부처님의 서원과 수행, 무수한 무리의 찬탄, 끝없는 세계, 세계 성립의 원인 이렇게 여섯의 작은 제목을 달아 각각 「세주묘엄품 제1」, 「여래십신상해품 제34」, 「불부사의법품 제33」, 「여래현상품 제2」과 「수미정상게찬품 제14」, 「세계성취품 제4」, 「여래출현품 제37」의 중요한 대목을 추려서 번역했다. 이 대목을 읽노라면 우리는 부처님과 부처님의 세계를 알게 되어 '믿음'을 내게 된다.

⑵에서는 믿음의 본질, 발심의 공덕, 물러나지 않는 믿음, 이렇게 셋의 작은 제목을 달아 각각 「현수품 제12」, 「초발심공덕품 제17」, 「십주품 제15」의 중요한 대목을 추려서 번역했다. 이 대목을 읽노라면 우리는 불교에 대한

올바른 '견해'를 갖출 수 있게 된다. 믿음의 본질이란 결국 일진법계(一塵法界)를 믿는 것이다.

(3)에서는 수행의 실제로서 보살의 행동강령, 수행의 완성, 이렇게 둘의 작은 제목을 달아「십회향품 제25」와「십지품 제26」의 중요한 대목을 추려서 번역했다. 이 대목을 읽노라면 우리는 어떻게 '수행'할지 알게 될 것이다.

(4)에서는 깨달음의 경지라는 큰 제목 밑에 묘각에 들어감, 보현 보살의 행원, 이렇게 둘의 작은 제목을 달아「입법계품 제39」, 별행본『보현행원품』의 중요한 대목을 추려서 번역했다. 이 대목을 읽노라면 우리는 부처님의 경지를 '체험'할 수 있게 될 것이다.

월운 스님의『화엄경 초역』(1978)에는 이렇게 전통적인『화엄경』구조 분석이 활용되어있다. 또 이 책을 통해 후학들은 월운 강백께서 중요하게 생각하신 대목이 대경의 어느 대목인지를 알 수 있다. 게다가 대목 앞에 간단하지만 [해설]을 붙여 전통 강사의 '경안(經眼)'을 배울 수 있다.

필자는 강백께서 '초역'하신 책의 윗부분 여백에 운허 스님의 <한글대장경>『화엄경』(2책)의 권수와 페이지를 표시해두었다. 그리고 한문 원문의 해당 부분도 표시했다. 이와 함께 묵암 최눌 스님의『화엄품목』과도(科圖)를 겸하면서, 수시로『화엄경』을 '수지독송'했다.

이제 시절 인연이 되어, '초역' 사이사이에 '해당 부분의 원문'을 찾아 넣어 '한글-한문' 대조본을 출판하여 경학(經學)의 도반들과 수희공덕 하려 한다. 그리고 ≪월간 붓다≫에 2020년 연재한 「꼭 읽어야 할 『화엄경』」을 첨삭해 【해설 1】로 첨부하여 감히 「청량소초현담」의 역할을 대신하려 한다. 또 위에서 언급한 전통의 ②문답상속과에 준하여 『화엄경』에 등장하는 질문과 대답에 주목하고 또 과목 나누기를 활용하여 큰 가닥을 잡아 【해설 3】으로 첨가한다. 그리고 화엄의 사사무애법계관 이해를 돕기 위해 『화엄금사자장』을 번역하고 해설하여 【해설 2】로 첨부한다.

初出 : 신규탁, 「꼭 읽어야 할 『화엄경』」, ≪월간 붓다≫, 통도사 포교당 구룡사, 2020년 1월~12월.

해설 2

금사자로 비유한 법계연기

1. 머리말
2. 『화엄금사자장』의 번역과 해설
3. 『화엄법계관문』과의 관계
4. 맺음말

1. 머리말

　현수 법장(賢首法藏, 643~712) 스님이 화엄의 법계연기(法界緣起) 사상을 측천무후(624~705)에게 강의하기 위해 '금사자'를 비유로 들었다는 옛이야기는 유명하다. 이 고사는 송나라 때 지반(志磐) 스님이 편찬한『불조통기(佛祖統紀)』(대정장49, p.293상)에 나오는데, 여기서 말하는 '금사자'란 '황금으로 만든 사자'를 말한다. 화엄종에서는 네 종류의 법계(法界)를 설하고 또 그것을 활용해서 연기설을 확장적으로 제시한다. 법장 스님은 '10현 연기(十玄緣起)' 이론에 입각하여 '사사무애법계(事事無碍法界)'를 설명하고 있다.[43]

　'황금으로 만든 사자'에 대한 이야기를 필자가 처음 접한 것은『불교의 깨묵』(운허, 동국역경원, 1972년 초판)에서였다.『불교의 깨묵』의 한 부분 중에 이 대목의 주제인 '연기사상'과 관련 있는 부분이 있어서, 여기에 소개한다. 운허 스님은 연기 사상, 그중에서도 '10현 연기' 사상이야

---

[43] 법장은『화엄일승교의분제』(권제4)(대정장45, pp.505상~507상)에서 '十玄門'을 각각 설하고 있다. 10현의 자세한 내용은 본 해설의「7) 10현(玄)을 통괄적으로 설명하는 장」에 자세하게 설명되어 있다.

말로 『화엄경』에 근거를 둔 것이라고 말씀하신다. 『불교의 깨묵』에는 다음과 같이 적혀 있다. 【해설 1】에서도 인용했지만 매우 중요하기도 하고 또 향후의 전개를 위해 다시 인용해둔다.

『화엄경』에 근거를 둔 사상이란 것은 과연 무엇인가? 그것은 '10현 연기(十玄緣起)' 사상이다. 연기라 함은 인연생기(因緣生起)란 말이니 우주 간의 모든 법은 모두 인연 따라서 일어나는 것이요, 한 가지라도 혼자서 일어나는 것이 없다는 것이다. 모든 법은 어떠한 일종의 원리로부터 생긴다거나 어떠한 창조의 신이 있어서 창조하는 것이 아니고, 여러 연이 서로서로 원인이 되고 조연(助緣)이 되어서 일어나는 것이요, 무슨 절대 부동하는 주체가 따로 있는 것이 아니다. 갑을 주(主)로 하면 을·병·정은 모두 반(伴)이 되고, 을을 주로 하면 갑·병·정이 모두 반이 되어서 우주와 만법이 성립되는 것이다. 모든 법은 이와 같이 상즉(相卽)하고 상입(相入)하여 주와 반이 중중(重重)한 연기가 되어, 삼라만상이 일체(一體)인 동시에 또 이체(異體)라는 것이니 이런 원리를 구체적으로 표현하는 것이 10현 연기설(十玄緣起說)이다. 법장 스님이 측천무후(則天武后)의 장생전(長生殿)에서 무후를 위하여 10현 연기의 원리를 강설할 때 무후가 잘 이해하지 못하므로 장생전에 장식품으로 놓아둔 금사자를 가리키면서 설명하였더니, 그때야 그 깊은 이치를 이해하였다 한다. 그때 설법한 것을 문장화한 것이 유명한 『금사자장』이다.44)

이렇게, 운허 스님은 '10현 연기' 사상이야말로 『화엄경』에 기반을 둔 것이라고 이해하셨으며, 더 나아가 '10현 연기' 사상을 설명하는 것이 『화엄금사자장』이라고 생각하셨다. 필자도 이 설을 따라서, 이제부터 『화엄금사자장』을 활용하여 화엄에서 말하는 '10현 연기'를 검토하려 하는데, 그에 앞서 『화엄금사자장』의 전체 내용을 우리말로 번역하고 간단히 해설하기로 한다.45) 다소 지루하더라도 이 관문을 통과해야만 초기불교의 '연기' 사상이 대승 특히 화엄에서 어떻게 확장적으로 해석되는지를 이해할 수 있다.

---

44) 이운허, 『불교의 깨묵』, 동국역경원, 1972(초판), 1983(56판), pp.74~75.
45) 『금사자장』은 이 책만이 따로 전하는 것은 아직 보지 못했고, 북송 시대에 활약하던 화엄종의 승려 진수 정원 법사와, 그의 스승인 오대산 승천 스님의 주석서에 인용되어 전하고 있다. 이것들은 현재 『대정신수대장경』(권45)에 실려 현대의 학자들에게 읽히고 있다. 정원 스님이 쓴 주석서는 『화엄금사자장 운간류해』이고, 오대산 승천 스님이 쓴 주석서는 『화엄금사자장 주』이다. 이하의 『화엄금사자장』 본문 번역은 이 두 주석서를 참고했다. 또 현대인으로 『화엄금사자장』의 본문 연구에 공을 들인 사람은 중국 인민대학의 팡리티엔(方立天) 교수인데 그 교수는 『華嚴金獅子章校釋』(北京: 中華書局, 1983)이란 책을 썼다. 필자의 번역에서는 이 책도 참고했다.

2. 『화엄금사자장』의 해석과 해설

❖ 해 설

본론에 들어가기에 전에 독자 여러분께서 특별히 주목해야 할 부분을 말해두고자 한다. 첫째 『화엄금사자장』은 모두 10장(章)으로 구성되어 있다는 점이고, 둘째는 열 개의 장(章)끼리는 서로 '병렬관계'라는 점이다. 필자가 강조하려는 것은 바로 둘째 '병렬관계'이다.

남송의 정원 법사는 이렇게 말씀한다. "'주장[法]'은 '비유[喩]'가 아니고서는 드러나지 않고, '비유'는 '주장'이 없으면 생기지 않는다. 그러므로 지인(至人)은 '하나의 참된 본성'을 달리 보지 않기 때문에, 황금 사자로 그것(=하나이며 참된 것)을 비유하며, 뭇 중생들의 근기가 똑같다고 보지 않기 때문에, 여러 장(章)으로 나누어서 여러 종류의 중생들을 인도하신다." 『화엄금사자장 운간유해』(대정장45, p.663상)

즉, 진리는 하나인데, 중생들의 근기가 서로 다르므로 이런저런 방법으로 설명할 수밖에 없다는 것이다. 현수 법장 스님이 왜 『화엄금사자장』을 열 개의 장(章)으로 나누어서 설명했는가를 해명한 셈이다. 필자가 정원 법사의 이 말씀에 주목한 이유는 열 개의 장(章) 중에서 어느 한 개의 장(章)만이라도 제대로 이해하면, 화엄에서 말하는 '10현 연기'의 사상을 이해할 수 있다는 점이다. 이 점에 주목하면서 이제부터 『화엄금사자장』의 본문을 한글 번역하고, 그 해설을 붙여 보기로 한다.

1) 연기를 밝히는 장

이를테면, '금덩어리'는 자성이 없지만, 금을 다루는 솜씨 있는 기술자의 인연에 의해, 마침내 '사자의 형상'이 만들어진다. 그런데 이렇게 해서 만들어진 것(=사자의 형상)은 '인'과 '연'의 결합이기 때문에 그렇게 된 것이다. 이런 현상을 우리는 연기(緣起)라고 부른다.[46]

❖ 해설

부처님께서 중생들에게 '교(敎)'를 설하실 때, 모든 것은 '연(緣)'으로 인해서 생기는 것이라는 점을 으뜸[宗]으로 삼으신다. 물론 '연'에는 '내연'도 있고 '외연'

---

46) 『華嚴金師子章』, "明緣起第一. 謂金無自性, 隨工巧匠緣, 遂有師子相起. 起但是緣, 故名緣起."(대정장45, p.663하).

도 있다. 쉽게 말하면, '내연'이란 인간 내면의 정신세계에서 일어나는 연기 현상이고, '외연'이란 인간의 몸과 몸을 둘러싼 외적인 물질세계의 연기 현상을 말한다. '연'으로 인해서 생기는 현상 중에는 세간법은 물론 출세간법도 있다. 고·집·멸·도의 4성제법으로 설명하면, 고·집은 세간의 인과를 설하신 것이고, 멸·도는 출세간의 인과를 설하신 셈이다.

또 여기서 말하는 '금의 바탕'은 '진여'를 비유한 것이고, '사자의 형상'은 '생멸'을 비유한 것이다. 그러니 '진여'와 '생멸'이 서로 '인'이 되고 '연'이 되어, '황금 사자'가 우리 앞에 놓여있는 것이다. 『대승기신론』에서 말하는 '심진여문'과 '심생멸문'은 서로가 서로를 포섭하는 관계를 두고 하는 말이다. 이런 포섭 관계를 '상섭(相攝)'이라고 한다. 참고로 따로따로 포섭하는 관계는 '각섭(各攝)'이라 한다.

2) 색은 공하다고 변별하는 장

이를테면, '사자의 형상'은 실체가 없는 허망한 것으로 오직 '순금'일 뿐이다. '사자의 형상'은 존재[有]하는 게 아니지만 그렇다고 '금덩어리'는 없는[無] 게 아니므로 색온

(色蘊)은 공하다고 한다. 또 (비록 색온은 공하다고 말했지만) '공' 역시 자상(自相)이 있는 게 아니고, 색을 통해서 (空性이) 드러난다. (인연 따라 생겨나는) '헛된 존재[幻有]'이므로 색온은 공하다고 한다.47)

❖ 해 설

이 대목에서는 '색'과 '공'이 서로서로 '연'이 되어 생기(生起)하는 현상을 설명하고 있다. '색온'을 다시 자세히 나눠보면 '현색(顯色)'과 '형색(形色)'이 있는데, '현색'은 사물의 '색깔'을 말하고, '형색'은 사물의 '모양'을 말한다.

'어떤 사물'이 있으면, 그 존재는 항상 불변하는 것이 아니고, 조건 속에서만 있는 것이다. 그것을 있게 하는 조건을 '연(緣)'이라 한다. 수많은 '연'들이 모여서 하나의 사물이 존재하니, 이를 두고 우리는 그 사물이 공하다고 말한다.

세속제의 측면에서 보면 모든 현상은 일정한 조건 속에서 '오묘한 상태로 존재[妙有]'하지만, 진제의 측면에

---

47) 『華嚴金師子章』, "辨色空第二. 謂師子相虛, 唯是眞金. 師子不有, 金體不無, 故名色空. 又復空無自相, 約色以明. 不礙幻有, 名爲色空." (대정장45, p.663하).

서 보면 철저하게 공[眞空]하다. 이것이 바로 '진공묘유'의 도리이다. 또 이것이 바로 '중도'의 도리이다. 이렇게 볼 때 불교는 모두를 부정하는 '허무주의'도 아니고, 그렇다고 현실을 고정적으로 보는 '실재론'도 아님을 알 수 있다.

부처[佛]의 '가르침[敎]'은 수많은 '연'이 쉼 없이 생성·소멸하는 중중 무진의 연기를 '설(說)'한다. 그러므로 '공성(空性)'을 실재하는 그 무엇이라고 생각하여, 그것이 영원하다고 생각해서도 안 된다. 다양한 물질들이 인연생기하는 속에서(또는 즉卽하여), 그런 과정 운동과 더불어 '공'임을 알아차리는 것일 뿐이다. 색을 떠나 공이 별도로 실재한다는 생각은 어리석은 짓이다.

3) 3성의 관점으로 잡아보는 장

첫째로, '사자의 형상'은 알음알이로 생긴 존재[情有]이니 이를 두고 '이리저리 억측하여 얽매이는 성질[遍計所執性]'이라고 이름한다. 둘째로, '사자의 형상'은 타자(他者)에 의지하여 존재하니, 이를 두고 '타자라는 조건을 만나서 생겨나는 성질[依他起性]'이라고 이름한다. 셋째로, '금이라는 본성'은 변함이 없으니, 이를 두고 '완전하게 갖추

어진 참된 성질[圓成實性]'이라고 이름한다.[48]

❖ 해설

여기서는 셋째의 '원성실성'이 가장 제대로 된 인식 방법이라는 설명이다. 첫째와 둘째는 사물의 단면만을 파악한 것으로 제대로 된 인식은 아니다. 결국은 '금덩어리'의 작용과 그 변질되지 않음까지도 알 때 비로소 완전한 인식이 성립된다. 첫째에 속하는 사람들은 눈앞에 보이는 현상마다 모두가 영원하다고 생각하여 그것에 집착하여, 끝내는 일을 그르치고 만다. 둘째 부류에 속하는 사람들은 일체는 모두가 타자(他者)에 의해 생기는 것이라고만 생각하여, 역시 일을 그르친다.

그러나 진실을 보고 성공하는 사람은 사안의 '본바탕'을 보면서 동시에 사안의 '운용 양상'을 보게 된다. 그러면서 '본바탕'과 '운용 양상'이 서로 '연'이 되어 얽히고설켜 하염없이 연기하는 것을 마음 사무치게 알아차려, 그것을 실천에 옮겨서 마침내 나와 남이 함께 희망하는 결과에 도달하게 된다.

---

[48] 『華嚴金師子章』, "約三性第三. 師子情有, 名爲遍計. 師子似有, 名曰依他. 金性不變, 故號圓成."(대정장45, p.664상).

4) 형상이 없음을 드러내는 장

이를테면, '금덩어리'에만 주목하면 '사자의 형상'은 싹 사라지지만, '금덩어리'는 어떤 형체이든 '사자의 형상'을 떠나 따로 존재하는 것은 아니다. 그러므로 '형상은 공하다'라고 한다.[49]

❖ 해설

'순금으로 만든 사자'가 있는데, '금덩어리'만 노리는 도둑의 마음에는 그것의 '형상'이 사자인지 두꺼비인지, 아니면 복 돼지인지에는 관심 없다. 도둑의 눈에는 아름다운 조각품의 형상은 아랑곳없다. 그렇다고 하더라도 '사자의 형상'을 떠나 다른 곳에 '금덩어리'가 있는 건 결코 아니다. '금덩어리'에만 쏠린 사람의 안목에는 '형상'은 보이지 않을 뿐이다. 이런 도둑에게 '사자의 형상'은 없다.

한편 공예품 만드는 예술가를 상정해보자. 그 예술가에게는 '금덩어리'란 아랑곳없다. 그의 관심은 온통 아름

---

49) 『華嚴金師子章』, "顯無相第四. 謂以金收師子盡, 金外更無師子相可得, 故名無相."(대정장45, p.664상).

다운 사자의 '형상'에 쏠린다. 이런 예술가에게 '금덩어리'는 없다. 그러니 어디에 눈이 팔리는지에 따라 '드러나고' '숨고'하는 게 세상만사이다. 이렇게 세상만사는 '드러나고' '숨음'이 겹겹으로 다함 없이 연기한다. 그렇더라도 '금덩어리' 자체는 변함이 없다. 이 변함이 없는 것이 우리의 '도덕 감정'이다. 우리 자신은 이런 변함없는 '도덕 감정'을 갖춘 귀한 존재라는 것을 명심하고, 때로는 번뇌가 일어나더라도 그것에 홀리지 말고 본래의 도덕 감정을 지켜야 행복해진다. 이것이 '부처의 가르침[佛敎]'이다.

5) 금의 바탕은 생멸하지 않음을 설명하는 장

이를테면, '사자의 형상'이 생기는 것만 볼 경우, 그 형상은 그저 '금덩어리'에서 생긴 것이므로 '금덩어리'를 떠나서는 어떤 것도 있을 수 없다. '사자의 형상'은 비록 생(生)·주(住)·이(異)·멸(滅)하지만, '금덩어리' 자체는 본래 늘거나 줄거나 하지 않으므로 '생·주·이·멸이 없다'라고 한다.[50]

---

50) 『華嚴金師子章』, "說無生第五. 謂正見師子生時, 但是金生, 金外更無一物. 師子雖有生滅, 金體本無增減, 故曰無生."(대정장45, p.664중).

❖ 해설

이 세상의 모든 존재는 생겼다가는 언젠가는 소멸한다. 즉 생멸한다. 이것을 더 자세하게 단계별로 나누면 '생(生)·주(住)·이(異)·멸(滅)'의 과정을 거친다. 생(生)은 생겨나는 시초이고, 주(住)는 이렇게 생겨난 것이 일정기간 유지되는 현상이고, 이(異)는 이렇게 유지되다가 조금씩 변해가는 과정이고, 멸(滅)은 아예 없어지는 것이다. 우리 인생으로 비유하면 생·노·병·사이다. 어머니 몸을 빌려 태어나, 자라면서 끝내는 늙어가고, 그러다가 마침내는 병이 들어 죽게 되는 것이다.

'금덩어리'로 비유하면, 용광로에서 철광석을 녹여 '금덩어리'를 뽑아낸다. 그런 다음에 그것으로 반지도 만들고, 목걸이도 만들고, 또 비녀도 만든다. 때로는 이것을 녹여 복 돼지로 뭉치기도 한다. 이렇게 '금덩어리의 형상'은 세공의 솜씨 인연을 만나 다양하게 변한다.

이렇게 '금덩어리의 형상'은 변하지만 '금덩어리' 자체는 변하지 않는다. 사람의 인생도 마찬가지이다. 생·노·병·사로 겉모습은 달라지지만, 이 속에 담긴 '참 마음'은 변함이 없다. 평생 못되게 산 사람도 죽음에 임하여 죄를 뉘우치고, 선함이 드러나듯 말이다.

그러나 우리가 어리석어 이런 이치를 제대로 알지 못한다. 그래서 죽은 자에게도 이런 이치를 일러주기 위하여 재(齋)를 올려 부처님의 진리를 전해 드린다.

<관음시식>의 '착어'에 이런 소리를 들어보았을 것이다. "영원담적 무고무금, 묘체원명 하생하사, 변시 석가세존 마갈엄관지시절, 달마대사 소림면벽지가풍. 소이 니련하측 곽시쌍부 총령도중 수휴척리. 제불자 환회득 담적원명저 일구마. <잠시 조용히 있다가, 그런 다음 요령을 세 번 흔들고,> 부앙은현현 시청명력력 약야회득 돈증법신 영밀기허 기혹미연 승불신력 장법가지 부차향단 수아묘공 증오무생(證悟無生)."[51]

이렇듯이 영가를 향해 '무생(無生)', 즉 생(生)·주(住)·이(異)·멸(滅)이 없음을 단박에 깨치라고 음식을 대접하고 부처님 말씀을 읽어 드린다.

6) 화엄의 5교판을 논하는 장

---

51) 安震湖 編, 『釋門儀範』(下), 法輪社, 1931, p.71. "<着語> : 靈源湛寂, 無古無今, 妙體圓明, 何生何死. 便是釋迦世尊, 摩竭掩關之時節, 達摩大師, 少林面壁之家風. 所以泥蓮河側, 槨示雙趺, 總嶺途中, 手携隻履. 諸佛子, 還會得湛寂圓明底一句麽. <良久. 振鈴三下> 俯仰隱玄玄, 視聽明歷歷, 若也會得, 頓證法身, 永滅飢虛. 其或未然, 承佛神力, 仗法加持, 赴此香壇, 受我妙供, 證悟無生."

1. '사자의 형상'은 비록 인연 따라 만들어진 법이지만, 순간순간 생·주·이·멸하여 실로 '사자의 형상'이라고 할만한 실체는 없다. 이를 두고 어리석은 법을 설하는 성문의 가르침이라고 한다. <소승교>

2. 즉 이렇게 인연에 의해서 만들어진 법은 어느 것 치고 자성이 없어 철저하게 그저 공할 뿐이다. 이를 두고 대승의 입문에 해당하는 가르침이라고 한다. <대승시교>

3. 비록 철저하게 그저 공할 뿐이라고는 하지만 (그 공함은) 완연히 '헛된 존재 [幻有]'와 서로 모순되지 않는다. ('공함'과) 인연 따라 생겨난 '임시적 존재[假有]', 이 두 양상은 상호의존적으로 존재한다. 이를 두고 대승의 궁극적 가르침이라고 한다. <대승종교>

4. 즉 이런 ('공함'과 '헛된 존재'라는) 두 양상에 대해, 전자로 후자를 지워버리고 후자로 전자를 지워버려 마침내 이 둘 다 모두 사라져 알음알이와 거짓이 남아있지 않으며, 그 어떤 세력도 남아있지 않고 있음[有]도 공함[空]도 모두 사라지며, 무어라 이름 붙일 수도 말할 수도 없고 마음으로 접근할 그 무엇도 없다. 이를 두고 단박에 깨치는 대승의 가르침이라고 한다. <대승돈교>

5. 즉, 이렇게 알음알이가 다 사라지고 참 바탕만이 드러난 '실상[法]'은 '모든 게 다 갖추어진 한 덩어리'이어서, (거기에서) 하염없는 공덕이 생겨남에 생기는 것마다 모두

가 진실이며, 온갖 형상이 모두 거기로부터 생겨남에 (거기에서 생긴 형상들은) 서로서로 섞이면서도 질서 정연하다. '다양한 모든 것'이 그대로 '동일한 하나'이니 모두가 다 자성 없기는 매한가지며, '동일한 하나' 그대로가 '다양한 모든 것'이니 원인과 결과가 분명하다. 힘과 작용은 서로가 서로를 거두어들이기도 하며, 펼쳤다 오므렸다 자유자재하다. 이를 두고 일승이며 모든 걸 다 갖춘 가르침이라고 한다. <일승원교>52)

❖ 해설

불교(佛教), 즉 '부처의 가르침'이라고 해서 다 똑같은 것은 아니다. 그릇이 작은 사람에게는 조금 설해주시고, 그릇이 넉넉한 사람에게는 넉넉하게 말해주신다. 그래서 성인이시다. 그러지 않고 평등만을 생각하여 많이 부어주면, 그릇이 작은 사람은 넘쳐서 잃어버리고,

---

52) 『華嚴金師子章』, "論五教第六. 一. 師子雖是因緣之法, 念念生滅, 實無師子相可得, 名愚法聲聞教. 二. 即此緣生之法, 各無自性, 徹底唯空, 名大乘始教. 三. 雖復徹底唯空, 不礙幻有宛然. 緣生假有, 二相雙存, 名大乘終教. 四. 即此二相, 互奪兩亡, 情偽不存; 俱無有力, 空有雙泯; 名言路絕, 棲心無寄, 名大乘頓教. 五. 即此情盡體露之法, 混成一塊, 繁興大用, 起必全眞; 萬象紛然, 參而不雜. 一切即一, 皆同無性; 一即一切, 因果歷然. 力用相收, 卷舒自在, 名一乘圓教."(대정장45, pp.664중~665상).

그릇이 큰 사람은 모자라서 허기진다. 저마다 자기 자신의 그릇이 얼마나 되는지를 잘 알아야 한다. 제 그릇에 알맞은 '가르침[敎]'을 택해야 한다. 뱁새가 황새 따라가다 가랑이 찢어지고, 황새가 뱁새 따라가다가는 속터져 죽는다. 그래서 '부처[佛]'의 '가르침[敎]'이라도 반드시 간별(揀別)을 해야 한다. 법사들은 '불교(佛敎)'를 전할 때에 이 점을 분명하게 해야 한다.

그런데 중중 무진 법계 연기를 설하는 『화엄경』에는 여러 내용이 모두 다 들어 있다. 그래서 속 좁은 이는 좁은 대로, 넓은 이는 넓은 대로 저마다의 깜냥에 따라 배움을 얻어 부처가 될 수 있다. 세상의 왕을 신하로 부리는 '왕들의 왕'인 경전이 바로 『화엄경』이다. 『화엄경』 속에는 <소승교> 즉 초기불교를 재해석한 부파의 교설도 들어 있고, <대승시교> 즉 반야사상도 들어 있고, <대승종교> 즉 유식사상도 들어 있고, <대승돈교> 즉 남종선(南宗禪)의 요소도 들어있다. 이 모두가 아울러 다 갖추어져 있으므로 '일승(一乘)'이자, '원교(圓敎)'이다. 화엄 교학에서는 이렇게 간별을 한다. 물론 다른 종파에서는 그들의 교판 이론에 따라 다르게 말할 수 있다.

7) 10현(玄)을 통괄적으로 설명하는 장

1. '금덩어리'와 '사자의 형상'은 동시에 성립하여 서로가 서로를 완전하고 충만하게 구족하니, 이것을 '동시구족상응문(同時具足相應門)'이라 한다.

2. 만약 '사자 눈의 형상'에만 집중하여 (그 결과 여타의) '사자의 형상'이 모두 사라지면, 즉 (사자의 나머지 형상) 모두가 다 '눈의 형상'이 되며, 만약 '사자 귀의 형상'에만 집중하여 (그 결과 여타의) '사자의 형상'이 사라지면, (사자의 나머지 형상) 모두가 다 '귀의 형상'이 된다. 나아가 여러 감각기관을 동시에 집중하여 사자의 모든 형상이 다 갖추어지면, 형상 하나하나끼리 서로 섞이면서도 하나하나가 모두 순일해져서 완전하고 충만하게 갖추어지니, 이것을 '제장순잡구덕문(諸藏純雜具德門)'이라 한다.

3. '금덩어리'와 (여러 부분의) '사자의 형상'이 서로를 수용하여, 한 부분의 형상이 그 외 나머지의 여러 형상이 서로를 장애하지 않는다. 그러면서도 '금덩어리[理]'와 '사자의 형상[事]'은 서로 제각각이니 같다고 할 수 없다. 혹은 '한 전체이기[一]'도 하고 혹은 '나머지 여러 부분[多]'이기도 하여, 각각이 모두 제 자리를 확보하니, 이것을 '일다상용부동문(一多相容不同門)'이라 한다.

4. 사자의 여러 감각기관 모두에서 미세한 털 하나하나까지도 모두 금이라는 측면에 집중하면 '사자의 형상'은 싹 사라진다. (사자의 여러 감각기관) 하나하나가 모두 사자의 눈으로 모두 귀결되어, 눈이 귀에 상즉하고, 귀가 코에 상즉하고, 코가 혀에 상즉하고, 혀가 몸에 상즉한다. 자유자재로 건립되어 막힘과 걸림이 없으니, 이것을 '제법상즉자재문(諸法相卽自在門)'이라 한다.

5. 만약 '사자의 형상'을 보면 오직 '사자의 형상'만이 보이고, '금덩어리'는 안 보이니, 곧 '사자의 형상'은 '드러나고' '금덩어리'는 '숨는'다. 만약 '금덩어리'를 주목하면 오직 '금덩어리'만 보이고 '사자의 형상'은 보이지 않으니, 곧 '금의 바탕'은 '드러나고' '사자의 형상'은 '숨는'다. 만약 두 측면 모두를 보면 둘 다 '숨기도' 하고 둘 다 '드러나기도' 한다. '숨으면' 비밀스럽다 하고, '드러나면' 현저하다고 하니, 이것을 '비밀은현구성문(秘密隱顯俱成門)'이라 한다.

6. '금덩어리'와 '사자의 형상'이 혹은 '숨기도' 하고 혹은 '드러나기'도 하며, 혹은 '하나'이기도 하고 혹은 '많기'도 하며, '순일'하기도 하고 '잡다'하기도 하며, 작용력이 '있기'도 하고 '없기'도 하며, '이것'에 즉(卽)하기도 하고

'저것'에 즉하기도 하며, '중심'과 '주변'이 서로서로 비추기도 하며, '이(理)'와 '사(事)'가 나란히 드러나기도 하며, 모두가 다 서로를 머금기도 하며, 저마다 자기 자리 잡는 것을 방해하지 않으면서도 이런 현상이 한 치의 오차도 없이 섬세하게 이루어지니, 이것을 '미세상용안립문(微細相容安立門)'이라 한다.

7. 사자의 눈·귀·사지·관절, (나아가) 하나하나의 털도 각각 모두 황금 사자의 '능(能)-소(所)'에 해당하며, 사자의 털 하나하나가 동시적으로 단박에 하나의 털 속으로 들어간다. 하나하나의 털 속 모두에 한량없이 많은 사자가 들어 있다. 또다시 하나하나 털마다 이러한 한량없는 사자를 간직하고, 다시 하나의 털 속으로 들어간다. 이렇게 겹겹으로 끝이 없어, 마치 제석천의 그물에 달린 구슬 같으니, 이것을 '인다라망경계문(因陀羅網境界門)'이라 한다.

8. '사자의 형상'이란 말로 '무명'을 드러내고, '금덩어리'라는 말로 '진여 자성'을 드러내며, '이(理)'와 '사(事)'를 합하여 논하는 것은 '아뢰야식'을 비유하여 바른 견해를 내도록 한 것이니, 이것을 '탁사현법생해문(托事顯法生解門)'이라 한다.

9. 사자의 형상은 만들진 유위법(有爲法)이니 순간순간에 생성되었다가 또 그렇게 소멸한다. 찰나 사이에 3세(世)로 나누어지니 과거·현재·미래가 그것이다. 이 3세(世)에 각각 다시 과거·현재·미래가 있어서 모두 아홉 경우가 되어 9세(世)가 성립되어 곧 한 개의 법으로 묶어진다. 비록 9세이지만 서로 간에는 분명하게 각각 간격이 있고, 서로를 말미암아 성립되고, 서로가 융합 통일되어 걸림이 없어, 모두 '한 마음[一念]' 위에서 일어나니, 이것을 '십세격법이성문(十世隔法異成門)'이라 한다.

10. '금의 바탕'과 '사자의 형상'은 때로는 '숨기도' 하고 때로는 '드러나기도' 하고, 때로는 '하나'이기도 하고 때로는 '여럿'이기도 하지만, 각각 모두 자성이 없으니 오직 '마음'에서 만들어진[廻轉] 것이다. 그리하여 때로는 사(事)를 설하기도 하고 때로는 이(理)를 설하기도 하며, 때로는 '성(成)'이 있기도 하고 때로는 '입(立)'도 있으니, 이것을 '유심회전선성문(唯心廻轉善成門)'이라 한다.53)

---

53) 『華嚴金師子章』, "勒十玄第七. 一. 金與師子, 同時成立, 圓滿具足, 名同時具足相應門. 二. 若師子眼收師子盡, 則一切純是眼; 若耳收師子盡, 則一切純是耳. 諸根同時相收, 悉皆具足, 則一一皆雜, 一一皆純, 爲圓滿藏, 名諸藏純雜具德門. 三. 金與師子, 相容成立, 一多無礙; 於中理事各各不同, 或一或多, 各住自位, 名一多相容不同門. 四. 師子諸根, 一一毛頭, 皆以金收師子盡. 一一徹遍師子眼, 眼即耳, 耳即鼻, 鼻

❖ 해설

이곳은 연기의 현상이 서로 얽히고설켜 모든 현상은 한량없이 서로서로 인연생기함을 밝히는 대목이다. 이는 연기를 시간과 공간으로 총체적으로 설명하는 것으로, 화엄의 '법계연기설'의 극치를 드러낸다. 더 자세한 건 【해설 2】「3.『화엄법계관문』과의 관계」(p.359) 부분에서 다시 다루기로 한다. 다만 여기에서 밝혀둘 것은, 부처님의 '가르침[敎]'은 그 '속성[義]'에 따라 5부류도 나눌 수 있다는 것은 앞의 6)에서 검토했지만, 거기서 말한 <소승교>, <대승시교>, <대승종교>, <대승돈교>는 모두 한 쪽에만 치우친 것이라는 점이다.

即舌, 舌即身. 自在成立, 無障無礙, 名諸法相即自在門. 五. 若看師子, 唯師子無金, 即師子顯金隱. 若看金, 唯金無師子, 即金顯師子隱. 若兩處看, 俱隱俱顯. 隱則祕密, 顯則顯著, 名祕密隱顯俱成門. 六. 金與師子, 或隱或顯, 或一或多, 定純定雜, 有力無力, 即此即彼, 主伴交輝, 理事齊現, 皆悉相容, 不礙安立, 微細成辦, 名微細相容安立門. 七. 師子眼耳支節, 一一毛處, 各有金師子; 一一毛處師子, 同時頓入一毛中. 一一毛中, 皆有無邊師子; 又復一一毛, 帶此無邊師子, 還入一毛中. 如是重重無盡, 猶天帝網珠, 名因陀羅網境界門. 八. 說此師子, 以表無明; 語其金體, 具彰眞性; 理事合論, 況阿賴識, 令生正解, 名託事顯法生解門. 九. 師子是有爲之法, 念念生滅. 刹那之間, 分爲三際, 謂過去現在未來. 此三際各有過現未來, 總有三三之位, 以立九世, 即束爲一段法門. 雖則九世, 各各有隔, 相由成立, 融通無礙, 同爲一念, 名十世隔法異成門. 十. 金與師子, 或隱或顯, 或一或多, 各無自性, 由心迴轉. 說事說理, 有成有立, 名唯心迴轉善成門."(대정장45, pp.665상~666중).

그러나 이곳 7)에서는 완전한 <일승원교>의 '가르침
[教]'을 보여 주기 위하여 '10현 연기'를 총괄적으로 설
명하고 있다. 물론 비유를 통해서 말이다.

8) 6상(相)을 포괄적으로 설명하는 장

사자는 '총체적 형상[總相]'이고, 다섯 가지 감각기관이
서로 다른 것은 사자의 '개별적 형상[別相]'이다. 감각기관
이 모두 동일한 연기 작용을 따르는 것은 '공통되는 형상
[同相]'이고, 눈이나 귀 등의 다섯 감각기관이 고유의 영
역을 벗어나지 않는 것은 '구별되는 형상[異相]'이다. 여러
감각기관이 합쳐서 사자가 되는 것은 '형상의 완성[成相]'
이고, 각각의 감각기관이 각각의 자기 위치에 흩어져 있
는 것은 '형상의 흩어짐[壞相]'이다.54)

❖ 해 설

여기에서는 '사자의 모습'을 여러 측면에서 분석 설명
한 것이다. 세상일을 온전하게 이해하기 위해서는 여러
측면에 살펴보고 그에 적절한 대응을 해야 할 것이다.

---

54) 『華嚴金師子章』, "括六相第八. 師子是總相, 五根差別是別相; 共從一
緣起是同相, 眼耳等不相濫是異相; 諸根合會有師子是成相, 諸根各住
自位是壞相."(대정장45, pp.666중).

이리 뜯어보고 저리 살펴보고 말이다. 어리석은 사람들의 소행을 보면, 그들은 자기가 보고 싶은 대로만 본다. 그런가 하면 본 것만 본다. 이래서는 세상사가 어렵다. 나를 잠시 쉬어 두고, 남의 입장에서 나를 보고, 남의 입장에서 세상을 보고, 세상의 입장에서 나를 보고, 더 나아서는 세상의 입장에서 세상을 보려는 것이 화엄의 가르침이고, 이것이 진정하고 유용한 관법(觀法)이다. 이런 관법을 화엄 교학자들은 두순 법사의 『화엄법계관문』이라는 책을 근거로 제시하고 있다.

9) 보리를 완성하는 장

'보리(Bodhi)'는 한자의 '道(도)' 또는 '覺(각)'에 해당한다. 이를테면 '사자의 형상'을 볼 때, 즉 만들어진 모든 유위법(有爲法)을 볼 때, 그것이 파괴되기를 기다리지 않더라도 본래 (실체가 없어) 적멸한 것이다. 온갖 취하거나 버리는 것에서 벗어나니, 바로 이 통로를 통해서 바다 같은 지혜로 흘러드니 '도(道)'라 한다. 시작이 없는 때부터 있었던 온갖 전도된 망상은 실은 실체로 존재하는 것이 아니니, 이런 줄을 완전히 아는 것을 이름하여 '각(覺)'이라 한다. 끝내는 일체종지(一切種智)를 다 갖추게 되니, 이것이 보리를 완성하는 길이다.[55]

❖ 해설

깨달음을 완성하는 과정이란 별도의 공간이나 시간 속에서 일어나는 특이한 현상이 아니다. 모든 유위법이란 무상한 것인 줄을 아는 바로 그 자리에서 일어난다. 연기법을 아는 것이 '도(道)'이고, 또 그것이 '각(覺)'이다. 다시 사자의 비유로 돌아가자. '사자의 형상'들 속에서 그런 형상들이란 모두가 무상하고, 인연 속에서 만들어진 것인 줄을 알아차려, 그 하나하나 모두가 '순금'인 줄을 아는 것이 '깨달아[覺] 가는' 길[道]이다. '순금'은 '진여 자성'을 비유하고 '사자의 뭇 형상'들은 '생·주·이·멸하는 현상'을 비유한 것임은 위에서도 누누이 말했다. 여기에서는 열반에 들어가는 방법을 밝혔다. 그리하여 다음 장에는 비로소 열반의 목적지에 도달하는 결과를 밝힌다.

10) 열반에 들어가는 장

'사자의 형상'과 '금덩어리'를 볼 때, 그 두 형상이 모두

---

55) 『華嚴金師子章』, "成菩提第九. 菩提此云道也, 覺也. 謂見師子之時, 卽見一切有爲之法, 更不待壞, 本來寂滅. 離諸取捨, 卽於此路, 流入薩婆若海, 故名爲道. 卽了無始已來, 所有顚倒, 元無有實, 名之爲覺. 究竟具一切種智, 名成菩提."(대정장45, pp.666중~666하).

사라지면 어떤 번뇌도 생기지 않는다. 좋은 것이나 싫은 경계가 눈앞에 나타나더라도 마음은 바다와 같이 안온하여, 허망한 생각이 모두 사라져 어느 무엇에도 핍박받지 않는다. 번뇌에서 벗어나고 장애로부터 떨어져 고통의 근원을 영원히 제거하니, 이를 두고 열반에 든다고 한다.[56]

❖ 해 설

10)에서는 불교의 궁극 목표 지점을 설명하고 있다. 여기서는 비유를 든 것이니, 이것을 원래 뜻으로 다시 설명하면, '진여문'도 생각하지 않고 '생멸문'도 사라져서 모든 사량분별이 사라지면, 그런 속에서 오롯하게 드러나는 것이 열반이다. 이런 상태는 허무적멸의 상태가 아니고 상·락·아·정의 열반 4덕(德)이 충만해진 경지이다.

3. 『화엄법계관문』과의 관계

이상에서 『화엄금사자장』을 읽어보았다. 자세한 주석은

---

56) 『華嚴金師子章』, "入涅槃第十. 見師子與金, 二相俱盡, 煩惱不生. 好醜現前, 心安如海, 妄想都盡, 無諸逼迫. 出纏離障, 永捨苦源, 名入涅槃."(대정장45, pp.666하).

별도의 기회로 미루고 내용 파악에 주력을 기울였다. 여기서 우리는 10장 모두가 법계연기 사상, 그중에도 '사사무애법계'를 다양한 각도에서 설명하고 있음도 알 수 있었다. 그러면 화엄의 법계연기 사상을 체험하는 방법은 무엇인가?

결론을 말하면 관점의 변화를 통해서 우리의 본마음을 알아차리는 것이다. 이하에서는 『화엄법계관문』에서 제시하는 관법을 보기로 한다. 여기도 다소 현학적일 수 있지만, 이 또한 화엄을 이해하기 위해서는 꼭 넘어야 할 관문이니, 인내가 필요하다.

『화엄법계관문』에는 3종의 '관(觀)'이 나온다. 즉 '진공관(眞空觀)', '이사무애관(理事無礙觀)', '주변함용관(周徧含容觀)'이다. 그러면 3종의 '관'은 서로 어떠한 관계를 맺고 있는가? 이 물음에 화엄 관계 저술[57]에서는, 일반적으로 앞의 '관'은 낮고, 뒤로 갈수록 심오한 것으로 소개해왔다. 그렇게 된 데에는 다음과 같은 배경이 있었다.

일찍이 청량 스님이 『화엄경행원품소』에서 『화엄경』의 종지는 법계연기에 들어감에 있다고 했다. 거기에서 징관

---

[57] 카마다 시게오 著, 한형조 譯, 『화엄의 사상』, 고려원, 1987, pp.129~131 ; 釋元旭 편역, 『화엄사상론』, 문학생활사, 1988년에 실린 慧潤의 「화엄법계관법의 구조와 특징」 pp.267~283.(원래의 출전은 『華嚴思想論集』 現代佛敎學術叢刊33, 大乘文化出版社, 臺滿: 民國67年).

스님은 걸림이 없는 법계를 '사(事)'와 '이(理)'의 2문(門)으로 나누고, '사'와 '이'를 각각 이렇게 정의하고 있다. "色心等相謂之事也, 體性空寂謂之理也.; 색·심 등의 상(相)을 '사(事)'라고 하고, 체성이 공적한 것을 '이(理)'라고 한다." 그리하여 청량 스님은 법계를 다시 '사법계(事法界)', '이법계(理法界)', '무장애법계(無障礙法界)'('무장애법계'는 다시 '이사무애법계'와 '사사무애법계'로 나눌 수 있음)로 나누어, 이른바 4종 법계설을 수립하였다.58) 그러고는 '사사무애(事事無礙)' 하게 연기하는 법계를 관하는 관찰수행이 가장 깊은 실천의 단계라고 변증한다.

한편 청량과 규봉 두 스님은 『화엄법계관문』에 나오는 3종의 '관'을 각각 '이법계관', '이사무애법계관', '사사무애법계관'에 짝 지운다.59) 그러다 보니 '진공관'은 낮은 단계이고, 다음이 '이사무애관'이고, 제일 심오한 '주변함용관'이 화엄의 가장 궁극적인 '관'이라고 주장하는 듯이 보인다. 그러나 청량이나 규봉이나 『화엄법계관문』의 3종의 '관'을 층차적 상하 관계로 설명하는 곳은, 『화엄법계현경』에도 『주화엄법계관문』 어디에도 보이지 않는다.

그렇다면 『화엄법계관문』 자체의 입장은 무엇인가? 이

---

58) 『화엄경행원품소』 卷一(신찬속장5, p.62상).
59) 『화엄법계현경』(『대정장』45, p.672하); 『注華嚴法界觀門』(대정장 45, p.684하).

에 대해 도쿄대의 기무라 기요타카(木村淸孝) 교수는 실천적 의미로서의 『법계관문』의 역점은 '주변함용관'보다는 '진공관'에 놓여있다고 한다.60) 그런데 이 주장은 재고할 점이 있다. 그래서 필자는 이 점에 대해서 일찍이 다른 논문에서 검토한 바 있다.61) 그러면 어떻게 보아야 하는가? 필자의 그 논문에서, 종래 대로『화엄법계관문』에서 가장 무게를 두는 '관'은 '주변함용관'이고 그다음이 '이사무애관'이고 마지막이 '진공관'이라고 논증했다.

다음으로『화엄법계관문』의 관법이 목표로 하는 것은 무엇인가? 이 질문의 답을 필자는 청량 징관이나 규봉 종밀이『화엄법계관문』을 어떻게 이해했는가를 실마리 삼아 풀어볼 수 있다고 생각한다.

여기서 법계연기설과 관계가 밀접한 것은 '주변함용관'이기 때문에, 여기에 국한해서 '관'의 대상을 검토하기로 한다.『화엄법계관문』의 '주변함용관'에 나타난 10종의 관문을 해석하는 과정에서, 청량 징관은 현수 법장 스님이 체계화한 10현문을 활용한다.62) 그런데 청량 징관의 이런 해석이 비록 제자 규봉 종밀에게 부분적으로 지적당하기

---

60) 木村淸孝,『初期中國華嚴思想の硏究』, 東京: 春秋社, 昭和52年, p.344.
61) 辛奎卓,「『法界觀門』의 '觀'의 機能에 關한 試論」,『보조사상』제29집, 보조사상연구원, 2007.
62)『화엄법계현경』(대정장45, pp.682하~683상).

는 했지만, 10문을 일체의 '법(法)'과 '의(義)'에 짝지우면 10현의 의미가 성립한다는[63] 점에선, 스승의 입장에 동의하였다. 규봉 종밀의 이런 입장은 결국 '주변함용관'에서 제시된 10현문과 현수 법장이 종합한 10현문이 밀접한 관계가 있음을 보여주는 셈이다.

그러면 10현문은 화엄 교학자들에게 무슨 용도로 쓰이는가? 그것은 『화엄경』에서 말하는 여러 교리의 양상[敎相]을 분석하고 해석[判釋]하는 데 사용된다. 이 점은 현수 법장이 『화엄금사자장』에서 '금덩어리'와 '사자의 형상'과의 관계를 설명하는 곳에서도 보았듯이, 10현문을 사용한 점[64]에서도 입증된다. 그러니까 『화엄법계관문』의 '주변함용관'도 역시 『화엄경』에서 펼쳐지고 있는 교상(敎相)을 분석하고 평가하는 기능도 있다.

현수 법장 스님은 『화엄오교장』[65]에서 10현의 뜻을 일일이 설명하면서 그 실례를 들고 있다. 예컨대, '일다상용부동문'의 관점에서 60권본 『화엄경』 「노사나품」의 게송을 설명하고 있는 것 등이 그것이다. 「노사나품」의 게송 중에 "하나의 불국토로 시방세계에 가득 차게 하고, 시방

---

63) 『주화엄법계관문』(대정장45, p.692중).
64) 『화엄경금사자장』(대정장45, p.669중).
65) 공연 무득, 『賢首法藏 華嚴敎學體系 : 華嚴五敎章』, 우리출판사, 1983, pp.395~428.

세계를 하나의 불국토에 다 집어넣는다"라고 한 부분이 있다. 도저히 상식으로는 이해가 가지 않는다. 그런데 '일다상용부동문'의 관점에서 보면 불가능한 것도 아니다.

필자가 이 대목에서 주장하려는 것은 『화엄경』에서 펼쳐지는 세계, 다시 말하면 『화엄경』에 등장하는 교상(教相)을 분석적으로 해석[判釋]하는 작업의 일종이 10현문이며, 『화엄법계관문』의 '주변함용관'도 역시 그런 기능을 한다는 것이다. 『화엄경』 속에 서술되는 불가사의한 세계를 유기적으로 이해하기 위해서는 '새로운 관점의 시설'이 필요했는데, 『화엄법계관문』의 '주변함용관'에서는 바로 그 관점의 변화 양상을 열 방면으로 체계화했다.

4. 맺음말

이상에서 필자는 『화엄금사자장』을 번역 소개하면서, 화엄에서 바라보는 '법계연기' 사상을 해설해보았다. 이 과정에서 『화엄법계관문』의 '사사무애법계관'도 인용하면서, 이들이 말하는 연기 사상을 검토했다.

불교의 '연기론' 하면, 초기불교의 연기론만을 생각하여 모든 것이 '연'에 의해서 만들어지는 것인 줄로만 알았는데, 화엄에서는 '진여'가 '번뇌'를 만나 생멸하는 연기도 설명하고 있음을 비로소 알게 되었다. '진여'의 '본유(本有)' 사상이 화엄학자들 사이에 깊게 깔려 있음을 알았다. '진여'의 '본유(本有)'와 '번뇌'의 '훈습(熏習)'을 유기적으로 설명하는 철학을 필자는 여러 저술 속에서 '법성교학'이라는 신(新)개념으로 주장하고 논증하고 있다.66) 이제 그 '법성교학'의 체계 관련 연구 결과만을 뽑아 설명하면서, 이 글을 마무리하려고 한다.

'법성교학'의 체계는 논서로는 『대승기신론』에 기본적으로 기반하는데 (특히 인간 심성이 오염되었다가 정화되는 측면에서), 즉, 『대승기신론』의 '1심(心), 2문(門), 3대(大), 4신(信), 5행(行)'의 철학이 그것이다. 『대승기신론』에 따르면 '일심'의 본질에는 '본래 그대로인 부분[眞如門]'과 '생성소멸하는 부분[生滅門]'이 있다고 한다. 그런데 '생성소멸하는 부분'에 의지하여 두 가지 기능[義, artha]이 가능한데, 하나는 '진여를 자각하는 기능[覺義]'이고 다른 하나는 '진여를 자각하지 못하는 기능[不覺義]'이다. 그런데 '진여를 자각하지 못하는 기능'이 계속 작용하여, 3세(細) 즉, 업상(業相)-능견상(能見相)-경계상(境界相)으로 전변한다. 다시 경계상에 의지하여 6추(六麤)가 전개된다. 이렇게 생각의 찰나마다 '진여'의 '본유(本有)'와 '번뇌'의

---

66) 신규탁, 『규봉 종밀과 법성교학』, 올리브그린, 2013.

'훈습(熏習)'이 역동적으로 작용한다.

『대승기신론』에서는 대승의 성립 근거를 '일심'에서 찾고 있으며, 이 '일심'을 대승의 법(法: dharma)과 의(義: artha)의 측면에서 설명하고 있다. 그리고 대승의 의(義: artha)에는 '인연을 따르는 속성'과, 또 어떤 조건 속에서도 '불변하는 속성'이 있음을 바닷물의 '파도'와 '축축한 성질'에 각각 비유하고 있다.

이런 '일심'이 역동하는 실재의 양상은 '진공(眞空)'이면서도 '묘유(妙有)'이다. 여기서 필자가 말하는 '진공(眞空)'이란 철저하게 공한 연기 구성체라는 뜻이다. 그리고 '묘유(妙有)'란 인연생기(因緣生起)하면서도 그러는 과정에서 역동하는 자기 정체성이 있는 그런 '있음'이다. 즉 허무의 무(無)도 실체의 유(有)도 아니다. 필자가 말하는 '법성교학에서'의 '법성(法性; dharmata)'의 존재 양상은 '진공이면서도 묘유'이다.

이렇게 '진공이면서도 묘하게 존재하는 것', 그것은 인간의 본래면목이고, 그런 방식으로 존재하는 '그것'을 훼손시키지 않고 있는 그대로 체험하는 방법이 최고의 수행이다. '법성'은 '본분(本分)'이다. 모든 중생이 생래적으로 본래 가지고 있는 것이지, '신훈(新熏)' 즉 새롭게 만들어지는 것은 아니다.

'법성교학'의 하위 개념을 구성하는 '화엄학'에서나 '남종선'에서나 궁극적인 목표는 '진여'를 훼손시키거나 왜곡시키지도 말고 있는 그대로 각자가 '체험'[67]하자는 데에는 전혀 차이가 없다. 물론 '염불삼매'도 그렇다. 다만 다른 것은 그렇게 하기 위한 '방법'이 다를 뿐이다. '길'이 다를 뿐, 말하자면 '교통수단'이 다를 뿐, 도착한 '목적지'는 똑같다.

그러면 어떻게 하여 그것을 체험할 수 있을까? 몸이 그럴 수 있을까? 아니다. 마음의 작용이 없으면 육체만으로는 지각 활동은 물론, 인지 활동도 불가능하다. 결국은 '마음의 작용에서' 또는 '마음의 작용을 통해서' '진여'를 체험한다. 그런데 중생들의 '마음의 작용' 속에는 '무명'과 '진여'가 '서로서로 상호 포섭[相攝]'하고 있다. 법성교학에서는 두 관계를 '상섭(相攝)'으로 해석한다.

이런 본질적인 마음의 구조로 인해서, '진여'가 움직이면, 그에 수반하여 '무명'도 따라서 움직인다. 다시 말하면 우리의 '마음 작용' 속에는 '진(眞)'과 '망(妄)'이 혼융되어 있다. 그렇다면 이런 '마음 작용'으로 '진여'를 어떻게 체험할 수 있을까? 여기에서 '순환적 모순'이 생긴다. 결국은 '무명'이 쉬어야 하는데, '무명'을 쉬게 하려는 것도 역

---

[67] '체험'을 대승의 문헌에서는 '수순(隨順)'이라는 용어로 표기하고 있다.

시 '마음 작용'이다. 『대승기신론』에서는 이 문제를 다음과 같은 방식으로 거론한다.

> 어떤 사람은 이렇게 묻는다. "만약 이치가 그렇다면 모든 중생이 어떻게 '그 진여와' 어울려 하나 되어[隨順] 그 세계에 들어갈 수 있겠는가?" 대답한다. "만약 일체법에 대하여 비록 설명하기는 하지만, 설명하는 행위도 없고 설명되는 내용도 없으며, 비록 생각하기는 하지만 역시 생각하는 행위도 없고 생각되는 내용도 없는 줄 안다면, 이것을 '진여와 어울려 하나 된다'라고 하며, 만약 생성 소멸하는 마음[念]을 쉬면 이를 두고 '진여의 세계에 들어간다'라고 한다."
> "問曰, 若如是義者, 諸衆生等, 云何隨順, 而能得入. 答曰, 若知一切法雖說, 無有能說可說, 雖念, 亦無能念可念, 是名隨順. 若離於念, 名爲得入.[68]"

결국은 '이념(離念)' 즉, '무념(無念)'해야 한다. '무념'이라는 용어 대신, '남종선'에서는 '무심(無心)'이라는 용어를 사용하기도 한다.

그러면 어찌해야 그것이 가능해지는가? 그 방법의 모색

---

68) 진제 역, 『대승기신론』(대정장35, p.576상).

에서 '간화참선'과 '화엄교학'[69]과 '염불삼매'는 서로 다른 길을 택하게 된다. 참선인(參禪人; 선인)과 염불인(念佛人; 염불인)은 송나라 시대를 거치면서 '무심'을 이루기 위한 방법으로 '화두'와 '염불'에 각각 한 생각을 집중하는 방법을 택했다.

반면에 시대를 앞서 당나라 시대의 학도인(學道人; 학인)은 위에서도 말했지만 '관'이라는 그중에서도 '사사무애법계관'이라는 관법을 정립해갔다. 이 과정에서 법계에서 중중으로 무진 연기하는 세상을 설명하기 위하여 현수 법장은 황금 사자를 비유로 들어서 측천무후에게 설명했고, 이것을 훗날 누군가가 정리한 것이 바로 『화엄금사자장』이다. 이렇게 훈련된 관찰 방법으로 중중으로 무진하게 연기하는 법계를 관찰하며, 그러면서 동시에 그런 법계 속에서 보현 보살로 대표되는 이타행을 실천하자는 것이 『화엄경』이 이 세상에 출현한 일대사인연(一大事

---

[69] 간화참선에서는 화두에 온 생각을 집중해서 일체의 사량분별을 쉬게 했다. 한편, 화엄교학에서는 (1)비로자나의 법계를 깨치는 일, (2)보현 보살의 행원을 실천하는 일, 이 두 가지를 실천하는 방법을 통해서는 우리는 진여를 수순 즉 진여와 하나가 될 수 있다고 한다. 이때 우리가 주의해야 할 것은 (1)과 (2)는 선후를 나누어서 실천하는 것도 아니고, 그렇다고 병렬적으로 실천하는 것도 아니다. 그렇다고 동시에 진행하는 것도 아니다. (1)과 (2)는 본질적으로 하나이다. 「화엄의 법성철학」(신규탁, 『규봉 종밀과 법성교학』, 올리브그린, p.423.) 참조.

因緣)이다. 이러한 화엄교학에 담긴 '실천적 철학'을 송대의 진수 정원(晉水淨源, 1011~1088) 법사는 "오비로법계(悟毘盧法界)"와 "수보현행(修普賢行)"라는 말로 요약했으니, 곧 화엄의 '관행(觀行)'을 이렇게 표현한 것이다. '관행'은 '관(觀)'과 '행(行)'이다. '관찰하는 수행'의 뜻이 아니다. 물론 '관(觀)'과 '행(行)'의 관계는 상즉(相卽) 하는 동시에 상입(相入) 하는 관계이다.

화엄의 법성교학은 부파불교 시절 요가 수행에 기울었던 당시의 수행 풍토와 대승불교 시절 유가행파의 명상 중심의 개인적 출세간적 수행주의와는 다른 길을 열어갔던 것이다.

初出 : 「『華嚴金師子章』에 나타난 연기 사상」, 『불교문예연구』 창간호, 동방대학원대학교, 2013.

해설 3

문답으로 가닥 쳐 읽는 『화엄경』

- 목 차 -
1. 머리말
2. 화엄경 강학의 현주소
3. 화엄경 구조와 해석 지평
4. 문답상속과(問答相屬科)에 의한 『화엄경』 가닥 치기
5. 맺음말; 별행본 『보현행원품』의 유행

1. 머리말

대승불교가 퍼진 지역에서 『화엄경』(갖추어진 이름은 『大方廣佛華嚴經』)이 미친 영향은 실로 광대(廣大)하고 유장(流長)하다. 특히 '한자 불교권'에서 더욱 그러하다. 한자로 번역된 완질의 출현은 동진(東晉) 시대 '불타발타라'에 의해 421년에 이루어지는데, 사람들은 이 책을 '진(晉)본 『화엄경』'이라 부른다.

다시 세월이 흘러 당(唐) 측천무후가 황제 노릇 하던 699년 '실차난타'에 의해 다시 전체가 번역 완료된다. 이것은 당본(唐本) 『화엄경』이라 불린다. 전자는 60권이고 후자는 80권이다. 60권본 『화엄경』에 공을 들인 화엄 학승은 현수 법장(賢首法藏, 643~712)이고, 80권본 『화엄경』에 전념한 학승은 청량 징관(淸凉澄觀, 738~839)이다. 이 두 대가의 뒤를 이어 중국과 한국과 일본 지역에 많은 화엄 학승들이 배출되어 다양한 서적들을 생산해내었다.

한국의 경우, 신라와 고려 때는 60권본 『화엄경』이 주로 읽혔고, 이와 더불어 현수 법장의 교학(敎學)이 널리 퍼졌다. 그런데 조선 후기 특히 임자도 사건 이후 일어난 '화엄르네상스'로 80권본 『화엄경』이 주로 읽혔고, 더불어 청량 징관의 화엄 교학이 경학(經學)의 중심이 되어 지금에 이른다.

이런 인연으로, 조선 중기 이후 근대와 현대에 이르도록 역시 청량 징관의 『대방광불화엄경수소연의초(大方廣佛華嚴經隨疏演義鈔)』(이하 『청량소초』)는 교학(敎學)의 근본이 되어왔다. 나아가 현대 한국어 번역도 청량의 그것을 대본으로 하는 것이 주류를 이루었다.

한국의 말과 글로 번역된 불경을 말하려면, 한글 창제 이후에서부터 시작해야 한다. 그런데 아쉽게도 한글이 창제된 조선 시대에는 『화엄경』을 소위 '언해(諺解)'한 사례가 없다.

세조 당시의 '간경도감'에서 『능엄경』, 『원각경』, 『법화경』 등이 '언해'된 것을 생각하면, 『화엄경』 '언해'가 없었던 것은 표면적으로 보면 이상한 일이지만, 『화엄경』의 방대한 분량을 생각하면 이 또한 수긍이 가지 않는 것도 아니다. 그런데 이렇게 분량의 문제도 있기는 하지만, 더 근본적인 문제는 '간경도감' 시절에는 80권본 『화엄경』을 '언해' 할만한 충분한 학문적 조건이 아직 성숙하지 않았다고 여겨지는 부분도 있다. 물론 이 점은 향후 더 검증되어야 할 요소가 남아있다.

필자가 보기에 80권본 『화엄경』에 대한 완벽한 해독은 숙종 7년(1681)에 생긴 '임자도 사건' 전후부터이다. 이

시기를 절정으로 조선에서의 화엄 연구는 그 깊이를 더해 간다. 드디어 설파 상언(雪坡尚彦, 1707~1791)과 그의 문하에 사승(師資)의 계보는 다르지만 연담 유일(蓮潭有一, 1720~1799)과 인악 의첨(仁岳義沾, 1746~1796)과 백파 긍선(白坡亘璇, 1767~1852) 등이 배출되어, 저마다 특색 있는 '사기(私記)'를 저술하여 조선 화엄의 웅혼 장대한 학풍을 드날린다. 이 이후로 『화엄경』의 연구는 80권본 『화엄경』과 그에 대한 『청량소초』가 교학의 '지남(指南)'으로 확고부동한 자리를 차지하게 되었다.

그 결과, 한글로 『화엄경』 번역할 때 80권본이 대본으로 쓰이게 되었고, 드디어 일제 강점기 시절 용성 진종(龍城震鐘, 1864~1940) 선사는 1926년 음력 4월 17일에 시작하여 1927년 음력 11월 3일에 80권본 『화엄경』을 완역한다. 다시 세월이 흘러 1964년 '동국역경원'이 개원되어 <한글대장경> 간행을 시작하면서, 1966년 운허 용하(耘虛龍夏, 1892~1980)는 각종 『화엄경』을 완역 출간한다. 운허는 1964년에는 40권본 『화엄경』을, 1966년에는 80권본 『화엄경』을, 그리고 1974년에는 60권본 『화엄경』을, 한글 번역하여 <한글대장경> 총서의 일부로 자신이 설립한 '동국역경원'에서 간행한다. 이렇게 보면, 용성의 번역이 '근대 한국어'로 되었다면, 운허의 번역은 '현대 한국어'로 되었다고 할 수 있다.

'대각교' 운동을 하던 용성이나 '동국역경원' 운허의 번역이든, 또 한산암 김윤수 판사의 번역이든[70], 또는 범어사 무비 스님의 번역이든[71], 통도사 반산 스님의 번역이든[72], 그 분량이 방대하여 재가자는 물론 출가자들도 가까이 두고 수시로 독서하기는 쉽지 않다. 이 책들은 그것대로 독서인들이 활용하더라도, 한 권으로 읽을 수 있는 책이 필요하다.

한 권으로 읽을 수 있는 『화엄경』의 필요성을 실감하고, 그런 책을 세상에 낸 분들은 예를 들면 법정 스님, 김지견 교수, 홍정식 교수 등이 있다. 그리고 월운 스님이

---

[70] 모두 7책으로 2011년, 한산암 출판부에서 간행된다. 제목 앞에 '청량의 소에 의한'이라는 수식이 붙어있듯이, 청량 『화엄경소』의 내용을 추려서 각주에 번역해 넣었다. 한자 원문을 병렬로 편집하여 열람의 편의를 한층 높였다. 『화엄경』 본문의 번역도 독자적인데 새로운 가풍을 세운 역작이다. 과목의 좌표 잡기도 탁월하다.

[71] '80권본 화엄경'을 대본으로 그 권수에 맞추어 한글 번역도 총 80책으로 했고, 제81책은 별행본 『보현행원품』으로 꾸렸다. 출판된 책을 직접 강의함으로 인해 『화엄경』 읽기와 보급에 큰 공을 세웠다. 이 전집 역시 담앤북스 출판부에서 나왔다.

[72] 『청량소초』를 대상으로, 담앤북스 출판부에서 총 34책으로 2020년 완간했다. 원문 모두에 현토하고, 초에서 약간 생략한 번역도 있지만, 『청량소초』를 완역한 세계 최초이다. 긴 세월의 공이 서린 역작이다. 월운 강백이 정리한 『화엄경과도』를 활용함으로 인해, 갈래 잡아 읽는 이들에게 좌표를 제시했다. 『화엄경』 본문의 번역은 운허의 번역을 인용했다. 무비 스님의 번역이 운허의 번역에 준한다고 하면서도 일부 필삭한 점과는 가풍이 다르다.

계신다. 그런데 두 교수님은 60권본 『화엄경』을 대본으로 했기 때문에, 조선 후기 이래 전승되는 80권본 『화엄경』을 대본으로 했던 대가들의 화엄사상 이해와는 아무래도 거리가 있다.

필자의 경우는 대학 시절 월운 스님의 『화엄경초역』(1978년 초판)을 읽으면서 80권본 『화엄경』 전체 구조를 이해하는 데에 큰 도움을 받았고, 그 『초역』은 다시 운허 스님이 번역한 80권본 『화엄경』 전체를 읽는 데 큰 힘이 되었다. 그 후 불교학을 전공으로 하면서 『청량소초』를 읽을 때도 전체적인 맥락을 잡는 데에 큰 도움이 되었다.

이런 필자의 경험에 비추어, 80권본 『화엄경』의 주석서인 『청량소초』를 읽는 디딤돌로 월운의 『화엄경초역』(1책)을 우선 마스터하고, 이어서 운허의 전체 번역(총 2책)을 읽는 것이 효과적이라 생각한다. 이렇게 읽기에 힘을 기른 뒤, 청량 국사의 『화엄경소』에 의한 과목 나누기와 때로는 그 내용을 추려 번역한 김윤수 판사의 번역(총 7책)을 읽고, 마침내 『소』를 모두 번역하고 『초』에서 반복된 부분 약간만 빼고 모두를 번역한 반산 스님의 번역(총 34책)을 읽는 게 순서라고 생각한다.

그리고 전통적인 화엄교학을 연구하려는 학승이나 학자들은 한문으로 된 『청량소초』 원문을 가까이 두고 읽어야 할 것이다. 반복해서 꾸준히 읽다 보면 길이 난다.

깊은 산 속에 길 나듯이 말이다.

이상과 같은 연속되는 독서를 염두에 두고, 필자는 한 권의 책으로 된 입문서를 한글 독자에게 소개하게 된 것이다. 여기에 소개하는 월운 스님의 『화엄경초역』은 청량국사의 소위 '문답상속과'에 준해서, 생활 속에 꼭 읽혔으면 하는 내용을 추려 번역해 세상에 내놓은 것이다. 이 책 서문에서 월운 스님은 이렇게 말씀하신다.

"한 방울의 바닷물로 전체 바다의 맛을 짐작하려는 시도로서 80권에 달하는 『화엄경』 중 일상생활에 자주 읽혔으면 하는 부분을 뽑아 번역하여 화엄세계해의 일지(一指)의 맛을 널리 함께 공양하려 한다."

필자가 이 뜻을 받들어 월운 스님의 한글 번역에 해당하는 한자 원문을 대조해서 독자들의 편의를 도모하려 한 게, 이 책이다. 한자 원문을 대조시킨 것은, 향후 한문 불경을 좀 읽어보려는 독자들이 한문 읽는 힘 기르기에 보탬이 되었으면 하는 뜻이다. 걱정되는 바는 【해설 3】「문답으로 가닥 쳐 읽는 『화엄경』」 부분이다. 그곳에서 이론적 논의가 난해해서, 화엄의 세계로 독자들을 쉽게 들어오게 하려는 월운 스님의 본뜻을 도리어 어기는 것이 아닐까 염려된다. 써놓고 보니 어렵다.

그런데 교학적 논의나 분석 없이 경(經)만 읽으면, 잠언집이나 이솝 우화처럼 '그저 좋은 이야기'일 뿐이다. 엄밀한 논증이나 논의를 거쳐야 한다. 서양 중세에 '교부철학'이 생긴 것도 우연이 아니다. <아함부> 경전도 아비달마 논사들의 매서운 손을 거치지 않았더라면 지혜의 서적 정도에 그치고 말았을 것이다. 그것은 <반야부> 경전도 마찬가지이다.

『화엄경』도 위와 크게 다를 바 없다. 이야기가 반복되고, 비현실적 표현들이 난무하고, 문학적 게송들이 넘쳐난다. 논사들의 논의가 필요하다. 경을 강의하고 해석하던 옛 의해승(義解僧)들이 「현담」을 경 해석 벽두에 붙인 것도 따지기 좋아해서 그랬던 것은 아니다.

그리고 한 걸음 더 나아가 【해설 3】을 붙이는 이유는, 향후 『청량소초』를 읽으려는 독자들의 현애심(懸崖心)을 좀 줄여드릴 수 있을까 해서 그렇게 한 것이다. 한문으로 된 방대한 『청량소초』는 보기만 해도 높은 절벽을 마주하듯 아찔하다. 그러나 아무리 높은 절벽이라도 적절한 장비를 장만하고, 또 훈련해서 실천에 옮기면 언젠가는 올라갈 수 있다. 마음먹는 것이 중요하다. 【해설 3】을 사다리 삼아 절벽 오르기 마음먹기에 보탬 되기를 기대한다.

생각건대 불교와 인연을 맺어 『화엄경』 전체를 관통해서 읽어보지 못하고 금생을 마친다면, 참으로 아쉬울 것이다. 사람으로 태어나기 어렵고, 태어나도 불교 만나기 어려운데, 불교를 이미 만났으니 『화엄경』을 읽고, 그러다가 행여 그 내용을 형편껏 실천한다면 금상첨화이다. 말세의 유교제자(遺敎弟子)들은 반드시 부처님 말씀이 담긴 경장과 율장을 읽어야 한다. 그것을 기록한 문자가 팔리어든, 산스크리트어든, 티베트어든, 한어이든, 한글이든, 대장경을 읽어야 한다. 그리고 실천해야 한다.

2. 『화엄경』 강학(講學)의 현주소

먼저 우리나라와 『화엄경』의 인연에 대해서 간략하게 살펴보기로 한다. 문헌상으로는 고구려 요동 출신의 승려, 승랑(僧郞)이 처음으로 『화엄경』에 관심을 보인다. 양나라 때에 편찬된 『고승전』(8권)에 의하면, 승랑은 '화엄(華嚴)'과 '삼론(三論)'에 능하였다고 한다. 그는 말년에 주옹(周顒, 440~494)을 만나 '삼론학'을 전한다.

승랑의 사부인 법도(法度)는 중국 도불논쟁(道佛論爭)의 역사에도 매우 중요한 인물이다. 이들은 '도(道)와 불(佛)의 조화(造化)'에 남다른 관심을 보였는데, 이런 태도는 승랑을 통해 제자 주옹에게도 전수된다.

물론 이런 '도불조화'의 사상은 뒷날 길장(吉藏, 549~

623)에 의해 엄격하게 비판 배척된다. 그 후 불교 쪽의 도교 비판과 배척의 논리는 청량 징관(清凉澄觀, 738~839)과 규봉 종밀(圭峰宗密, 780~841)을 거치면서 더욱 확고해진다.73)

승랑의 생몰 연대는 분명하지 않지만, 그는 고구려 장수왕(長壽王, 재위 413~491) 말년에 제(齊) 나라로 유학하여, 섭산(山聶山)에서 활동하던 법도(法度)의 문하에 들어가 훗날 선사(先師)의 뒤를 계승한다. 60권본 『화엄경』이 한어로 번역 출간된 것이 421년임을 고려하면, 고구려 사람이 『화엄경』을 읽은 것은 매우 이른 시기부터였음을 알 수 있다. 다만 한국 고대사에 대한 기록이 거의 남아있지 않기 때문에, 고구려는 물론 백제에서의 『화엄경』 독서 상황은 향후의 연구를 더 기다려야 할 것이다.

한편, 신라의 경우는 진흥왕 5년(544)에 연기(鷰起, 혹은 緣起, 혹은 煙起) 조사가 지금의 구례 화엄사를 개창하여 화엄 사상을 전파했다고 전하지만74), 그 진위에 대해

---

73) 더 자세한 내용은 필자의 다음 논문에 미룬다. 신규탁, 「中國佛敎의 道家 批判에 관한 考察」, 『東洋哲學』제28집, 한국동양철학회, 2007, p.280.
74) 청허 휴정의 법을 이은 중관 해안(中觀海眼; 1567~?) 선사가 인조 14년(1636)에 찬한 「호남도 구례군 지리산 대화엄사 사적」에 이런 기록이 보임. 이와 관련한 논의는 다음의 논문에도 있다. 백운 스님, 「지리산 화엄사 사적기」, 『화엄사·화엄석경』, 대한불교조계종 제19

서는 논란이 있다. 한편 『삼국유사』 등의 기록에 의하면
신라 선덕왕과 진덕여왕 때에 활약했던 자장(慈藏) 율사
도 『화엄경』을 연구했다고 하나, 그 내용은 알려지지 않
는다.

현재 남겨진 문헌 증거에 한정하면, 『화엄경』 연구의
내용을 엿볼 수 있는 인물은 원효(元曉, 617~686)와 의상
(義湘, 625~702)이다. 의상 이후에도 많은 학승이 입당(入
唐)하여 화엄을 연구했다. 이 분야에 관한 연구는 현재 한
국 학계에 많은 연구 성과가 있다. 물론 이때의 화엄 연구
는 60권본 『화엄경』이 주류를 이루었다. 이 과정에서 자
연, 운화 지엄(雲華智儼, 602~668)과 현수 법장(賢首法藏,
643~712)의 화엄교학은 각종 논의의 중심이 되었다. 이
런 풍조는 고려 시대에도 계속된다. 탄문(坦文, 900~975)
이 그렇고, 균여(均如, 923~973)가 그렇고, 결응(決凝,
964~1053)이 그렇다.

그런데 여기에서 주목할 인물이 출세했으니 그가 바로
의천(義天, 1055~1101)이다. 의천은 청량 징관의 사상을
계승하는 진수 정원(晉水淨源, 1011~1088) 대사와의 교류
를 통해[75], 80권본 『화엄경』까지도 연구의 시야에 넣는

교구본사 화엄사, 2002, pp.155~162.
75) 신규탁, 「古代 韓中佛敎交流의 一考察; 高麗의 義天과 浙江의 淨源」,
『동양철학』제27집, 한국동양철학회, 2007, pp.233~236.

다.[76] 즉 『화엄경』의 연구에 있어서 지엄의 『화엄경수현기』와 법장의 『화엄경탐현기』는 물론, 청량의 『화엄경소』까지 포함하여, 그들의 교학을 소위 '표준(標準)'으로 삼고자 했다.

그러나 고려 땅에 청량의 『화엄경소』가 전래 된 것은 오래되었지만, 그 연구는 상대적으로 활발하지 못했다. 특히 『청량소초』 연구 흔적은 보이지 않는다. 이렇게 볼 때 고려 시대의 화엄 연구는 역시 60권본 『화엄경』을 중심으로 한 지엄과 법장의 교학이었다고 할 수 있다.

80권본 『화엄경』을 대본으로 한 청량 징관의 화엄 교학이 한국불교에 확산된 것은 조선 시대에 들어서였다. 조선 시대 초에 불교가 선교(禪敎) 양종(兩宗)으로 축소되면서 '교종'에서는 『화엄경』으로 인재를 선발하게 되었다.

『경국대전』의 「도승(度僧)」 조항에서 이렇게 명시하고 있다. "'선종'과 '교종' 양종에서는 3년마다 승과 선발 시험을 관장한다. '선종'은 『경덕전등록』과 『선문염송』을 시험과목으로, '교종'은 『화엄경』과 『십지론』을 시험과목으로 시행하되 각각 30명씩 뽑는다."[77]

이 조항으로 보아서도 알 수 있듯이, 『화엄경』은 '교종'

---

76) 『大覺國師文集』 (卷第1)(한불전4, p.52상). "故華嚴大經者, 咸以儼藏淸凉三家義疏, 永爲標準, 而旁用諸家補焉."
77) 신규탁, 『한국 근현대 불교사상 탐구』, 새문사, 2012, pp.478~479.

의 중심 교과목이었음을 알 수 있다. 이런 정황은 조선 세조 때의 문신 성현(成俔, 1439~1504)이 지은 『용재총화』의 곳곳에서도 볼 수 있다. 그렇기는 하지만, 이때의 『화엄경』이 80권본인지 60권본인지는 명확하지 않다.

80권본 『화엄경』이 조선에 널리 퍼지게 된 것은 역시 숙종 7년(1681, 辛酉)에 임자도(荏子島)의 대장선(大藏船) 표착(漂着) 사건 이후이다. 당시 순천 송광사를 중심으로 활동하던 백암 성총(栢巖性聰, 1631~1700) 선사는 5,000여 판에 달하는 화엄 교학 계통의 서적을 판각한다. 필자는 이 사건을 '화엄르네상스'라 하여 소개한 바 있다.78)

청량의 『화엄경수소연의소초』가 숙종 15년(1689)에 낙안(樂安)의 징광사(澄光寺)에서 개판(開版)되었으나, 영조 45년(1769) 화재로 전소된다. 영조 50년(1774) 설파 상언(雪坡尙彦) 선사가 다시 판각하여 지금의 경상남도 함양군 서상면 상남리 남덕유산(南德裕山) 자락에 있는 영각사(靈覺寺)에 보관했으나, 이 또한 1907년 화재로 소실되었다.

그 후 호남의 영기(永奇) 선사가 철종 7년(1856)에 영각사판 판본을 복각하여 현재 서울 강남의 봉은사의 판전에 봉안한다. 해방 후 남한의 강원에 유통되는 것은 봉은

---

78) 신규탁, 『한국 근현대 불교사상 탐구』, 새문사, 2012, pp.178~179.

사판 『청량소초』이다.

1689년 징광사판을 봉안한 지 3년이 지난 1692년에 백암 성총은 화엄 대법회를 연다. 백암 성총의 전통은 제자 무용 수연(無用秀演, 1651~1719)[79]에게 이어져 화엄의 교학(敎學)과 남종선의 선문(禪文) 강의가 점점 확산해 갔다.

한편, 편양 언기(鞭羊彦機, 1581~1644)의 문하에 화엄 학승들이 많이 배출된다. 편양의 문하에서 풍담 의심(風潭義諶, 1592~1655)이 나왔고, 다시 풍담 문하에 월담 설제(月潭雪霽, 1632~1704), 월저 도안(月渚道安, 1633~1715), 상봉 정원(霜峰淨源) 등이 배출되어 화엄의 강학(講學)이 계승된다.

월저 도안 스님은 『화엄경』을 열람하고 틀린 점을 교정하고 『음석(音釋)』을 했다고 하는데, 『음석』의 내용은 전하지 않는다. 그러고 보면 고려 시대에 대각 국사 의천 대사가 『화엄경』을 번역했다는 것과 더불어, 이 『음석』은 역사 기록에 보이는 두 번째의 『화엄경』 번역으로 볼 수 있다. 다시 월담 설제의 문하에는 환성 지안(喚醒志安, 1664~1729)이 출현하여 영조 원년(1725) 금산사에서 화

---

[79] 1700년 백암 성총이 지리산 신흥사에서 입적하자, 그의 강석을 이어서 화엄과 선문을 강의한다.

엄 대법회를 열고, 다시 환성의 문하에 '화엄십지이구지보살'로 칭송되는 설파 상언(雪坡尙彦, 1701~1769)[80] 강백이 출세한다.

한편, 월저 도안의 문하에 설암 추붕(雪巖秋鵬, 1651~1706)이 나와 해남 대둔사에서 강학을 했고, 설암 추붕의 문하에 회암 정혜(晦菴定慧, 1685~1741)[81]가 출세하여 순천 선암사에서 화엄을 강한다.

한편, 상월 새봉(霜月璽封)이 영조 30년(1754) 순천 선암사에서 화엄 강회를 개최한다. 상월 새봉의 강석에는 묵암 최눌(默庵最訥, 1717~1790)을 비롯하여 연담 유일(蓮潭有一, 1720~1799), 사암 채영(獅巖采永)[82], 용담 조관(龍潭慥冠, 1700~1762) 등도 참석한다.

이 중 묵암 최눌의 『화엄과도(華嚴科圖)』 즉 『화엄품목회요(華嚴品目會要)』는 지금도 화엄 강사들의 손을 떠나지

---

80) 법계상으로 보면, 편양 언기→풍담 의심→월담 설제→환성 지안→호암 체정으로 이어지고, 호암 체정의 문하에 설파 상언과 연담 유일로 이어진다. 설파의 화엄 관계 저술로는 『鉤玄記』와 『華嚴隱科』 및 『十地品 私記』 등이 있다.

81) 회암 정혜(晦菴定慧, 1685~1741): 회암의 『華嚴經疏隱科』는 지금도 화엄학승들에게 활용되고 있다.

82) 사암 채영(獅巖采永)의 생몰 연대는 자세하지 않으나, 월저 도안의 5세손으로 1762년(영조 38년)부터 선문의 각종 문보(門譜)를 수집하여 드디어 1764년(영조 40년) 전주 송광사에서 『서역중화해동불조원류』를 간행한다.

를 않는다. 『화엄품목회요』는 청량의 『대방광불화엄경소
초』<황(荒) 자 권>에 나오는 '화엄십종분과(華嚴十種分
科)'를 정리 소개하면서, 한편으로는 미진한 부분을 보충
한 것으로, 간경(看經)의 지남(指南)이 되고 있다.

묵암 최눌과 쌍벽을 이루는 화엄 종장은 연담 유일인
데, 연담을 길러낸 화엄 종장이 바로 설파 상언(雪坡尙彦,
1701~1769)이다.83) 설파 상언은 호암 체정과 회암 정혜
회상에서 화엄과 선을 배운 당대 최고의 학승으로, 경상
도 안의에 있는 영각사에서 『청량소초』를 판각했음은 이
미 앞에서도 말했다. 연담이 비록 법계상으로는 설파와
사형 사제 사이지만, 실제로는 설파의 문하에서 30여 년
간 화엄을 배운 제자이다.

한편 영남 출신이지만 설파 상언을 흠모한 인악 의첨
(仁嶽義沾, 1746~1796)이 설파의 화엄 교학을 계승한다.84)
인악 의첨은 설파의 『화엄은과(華嚴隱科)』를 바탕으로 『
청량소초』에 대한 사기(私記)를 내기도 했다.

한편 설파의 은법(恩法) 제자로 백파 긍선(白坡亘璇,

---

83) 설파 상언과 연담 유일은 법맥 상으로는 형제간이지만, 강맥의 전수
면에서는 스승 제자의 관계이다.
84) 화엄을 비롯한 강학(講學)의 풍토는 문중이나 지역의 간격을 넘나
들면서 탁마한다. 강학에 '부휴계'와 '편양계'를 나누는 것은 큰 의미
가 없다.

1767~1852)이 출세하여 화엄과 선문(禪文)의 '설화(說話)' 전통을 이어간다.[85] 백파의 학문은 다시 세월이 한참 지나 구한말의 석전(石顚) 박한영에게 이어진다. 구암사 사문 영호 정호(映湖鼎湖, 1870~1948) 강백이 바로 그 인물이다.[86] 영호 강백 문하에서 운기 성원(雲起性元, 1900~1983) 강백이 배출되었고, 그 강학은 중앙승가대 교수를 역임하고 현재 양산 통도사 율원에 주석하는 노혜남(盧慧南; 1943~생존) 강백으로 이어진다.

또 구암사 사문 석전 강백의 문하에 운허 용하(耘虛龍夏, 1892~1980) 강백이 배출되고 그 문하에 월운 해룡(月雲海龍, 1929~2023) 강백[87]이 나왔으니, 두 강백은 모두 양주 봉선사 다경실(茶經室)에 주석하면서 동국역경원장을 이어 맡아 <한글대장경> 번역 불사를 1964년 시작하여 2001년에 완수한다.

---

85) 백파 긍선(白坡亘璇)의 학맥과 활동 및 저술에 대해서는 다음의 번역서에 실린「선문수경 해제」참조. 백파 긍선 집설, 신규탁 옮김, 『선문수경(禪文手鏡)』, 서울: 동국대학교출판부, 2012.

86) 신규탁, 「석전 박한영 강백의 교학 전통」, 『석전 영호대종사』, 조계종출판사, 2015, pp.63~97

87) 운허와 월운 강백의 번역 사업에 대해서는 다음의 책 참조. 신규탁, 「제3장. 불경의 한글 번역을 통해본 한국불교의 정체성」, 『한국 근현대 불교사상 탐구』, 새문사, 2012. ; 『月雲堂家裏事』(신규탁 엮음, 조계종출판사, 2018.) ; 『못다 갚을 은혜; 月雲堂途中事』(신규탁 엮음, 운당문고, 2023).

한편 위에서도 언급했지만, 설파와 연담은 법계상으로는 형제이지만, 학문적으로 연담 유일은 설파의 강석에서 30여 년간 수학한다. 설파의 학문을 계승한 연담은 묵암과 더불어 심성(心性)을 비롯한 각종 논쟁을 한다. 이러한 연담의 6세 문손이 바로 근현대 불교의 고승 백양사 만암 종헌(蔓庵宗憲, 1876~1957) 교정(敎正)[88]이다. 이런 인연으로 만암 선사의 제자인 묵담 선사에게 '사기'가 전해지고, 그것은 다시 담양 백운암에 주석하는 문손인 백운 스님에게 '유품'으로 전해졌고, 그 필사본들은 월운 강백의 회상에서 정서 출판된다.

화엄 교학에 대한 새바람은 백암 성총의 판각에 의해 일어나고, 18세기를 지나면서 유명한 화엄 종장들의 '사기(私記)'가 쏟아진다. 그리하여 경학을 하는 학인들의 '이력과정(履歷課程)'에 쓰이던 '사기'가 학인들의 손에서 손으로 전해 내려왔다. '사기'가 절 집안에서 돌아다니던 양상은 비록 미미하기는 하지만 일제 강점기를 거쳐 해방 후 남한에서는 그런대로 유지되었다.

그러나 강학(講學)에 있어 '사기'의 중요성을 인식하고,

---

[88] 만암 종헌(蔓庵宗憲; 1876~1957) : 대한민국 현대 불교사의 중심 인물의 한 분이다. 해방된 이듬해인 1946년 '조선불교 교헌'이 공포되자, 초대 교정에 박한영(재임 : 1946~1948), 제2대 교정에 방한암(재임; 1948~1951), 제3대 교정에 송만암(재임 : 1951~1957)이 추대된다.

이것을 후대에 물려줄 생각으로 몸소 '사기'를 정서(淨書)하고 간행(刊行)한 학승은 오랫동안 양주 봉선사 다경실에 주석했던 월운 강백이다. 필자의 현재까지의 조사에 따르면, 1957년(월운 강백 30세)에 등사본으로 나온 『능엄경환해산보기(楞嚴經幻解刪補記)』가 그 첫 작품이다. 이 책은 2005년에 『현토 교감 능엄경환해산보기(懸吐 校勘 楞嚴經幻解刪補記)』(김월운, 서울: 동국역경원)라는 서명으로 활자 인쇄된다. 이 책의 「간행서」를 통해, 그 전후의 사정을 알 수 있기에 아래에 인용 소개한다.

『능엄경환해산보기(楞嚴經幻解刪補記)』는 약칭(略稱) 『환해(幻解)』라 한다. 고려 한암 보환(閑庵 普幻) 스님이 『계환해(戒環解)』의 오류를 시정하기 위해 지은 사기(私記)이다. 내가 통도사에서 『능엄경(楞嚴經)』을 볼 적에 도무지 무슨 말인지 모르겠어서 "사기(私記)를 보면" 으레 『환해(幻解)』를 보라 해놓고는 넘어가니, 『환해(幻解)』를 만나야만 살 것 같았다.
그러던 어느 날 사하촌(寺下村), 신평(新坪)엘 다녀오는 길에 뜻밖에도 엿장수의 고물 짐에 이 고본(古本)이 있는 것이 아닌가? 너무나 반가워서 얼마인가를 주고 물려받았다. 돌아와서 사부(師傅 : 운허 노사)님께 보여드렸더니, 역시 퍽이나 좋아하셨다. 그 후 얼마를 지난 서기 1957년, 지금은 고인이 된 도환(道還) 학인에게 필경(筆耕)을 시켜 프린트판으로 간행한 것이 그간 아쉬운 대로 유통되었는데 잘 보이지 않는 흠이 있어 정서판(淨書版)을 내면 좋겠다고 생각했다.

여기서 필자에게 눈길을 끄는 대목 중의 하나는 위의 인용문에 밑줄을 친 표시한 "사기(私記)를 보면"이다. 이때의 사기(私記)란 무엇인가? 그것은 연담 유일과 인악 의첨 두 강백이 낸 소위 『능엄경사기(楞嚴經私記)』이다. 월운 강백은 33세 되던 해인 1960년에 통도사[89] 강사로 재직하면서 '인악 스님의 사기'를 『능엄사족(楞嚴蛇足)』이라는 서명을 달아 필경하여 프린트본으로 간행한다.

『능엄사족』의 뒤편에 실린 「사교사기(四敎私記) 인행후(印行後) 사(辭)」를 보면 '사기' 간행에 즈음한 월운 강백의 전후 사정을 알 수 있다. (　) 괄호 안의 한글 병음은 필자가 첨가한 것이다.

偶然(우연)한 動機(동기)로 『四敎私記(사교사기)』를 印行(인행)해서 看經同志(간경동지)들을 便利(편리)케 하였으면 좋겠다! 한 것이 於焉(어언) 三年前(3년전)인 戊戌歲初(무

---

[89] 1960년의 통도사 : 이 책 끝에 강원 방함록이 붙어있다. 산중노덕 九河, 주지 碧眼, 조실 耘虛, 강사 月雲, 선덕 月下·謙谷·一菴·幻月 등이다. 현대 한국불교 역사의 중요한 한 장면이기에 부기(附記)한다,

술세초)였다. 그것이 말빚이 되어 至難(지난)하지만 般若(반야) 起信(기신) 圓覺(원각) 등의 차례로 겨우 프린트版(판)으로써 이제 그 끝을 보게 되니 시원섭섭하다. 시원타기보다도 悚懼(송구)함이 앞선다. 그 까닭은 이 알량한 솜씨가 仁老(인로)의 본뜻을 얼마나 그르쳐놓았겠나! 그리고 後日(후일)에 보시는 이 얼마나 이맛살을 찌푸리겠나! 함을 잘 아는 때문이다. 그러나 첫째는 나 힘없고 둘째는 보고 쓰는 台本(대본)들이 거의 誤書(오서) 투성이니 어찌하랴. 보시는 이 이 点(점) 깊이 양해하시기를 바란다. ……
<필자 생략>…… 끝으로 변변치 못한 이 冊子(책자)들이 小分(소분)이나마 經學同志(경학동지)들의 伴侶(반려)가 될 수 있다면 多幸(다행)일 뿐이요 머지않아 대가 있어 完本(완본)을 내어주실 줄 懇心姑待(간심고대)하는 바이다.

佛記(불기) 2504年(년) 庚子(경자) 結冬日(결동일)

이 인용문을 통해서 우리는 통도사 강원에서 1958년 봄부터 1960년 겨울에 이르는 약 3년에 걸쳐, 『금강경』, 『대승기신론』, 『원각경』, 『능엄경』의 강본(講本)들에 대한 '사기(私記)'가 월운 강백에 의해 프린트판으로 정서(淨書) 간행되었음을 알 수 있다. 위의 인용문에 나오는 "仁老(인노)"는 인악 의첨 강백이다. 위 인용문에서 "머지않아 대가 있어 完本(완본)을 내어주실 줄 懇心姑待(간심고대)하는 바이다"라고 했는데, 월운 강백의 간절한 소망은 끝내 이루어지지 않았다. 결국은 강백 자신의 '업(業)'으로 남아, 50년의 세월이 지나 2008년 2월에 월운 회상의 능엄학림에서 다시 정서된다.[90]

사기를 언급을 하는 김에 『화엄경』 관련 사기 정리에 대한 월운 스님의 집념과 그 결실을 간단하게 소개하기로 한다. 『월운당가리사』(신규탁 엮음, 2018, pp.174~216)에 의하면, 스님에 의해 정리 탈초 된 사기의 종류는 총 20종 27책에 달한다. 그 제목과 출판년도만 인용하면 다음과 같다.

『능엄경환해산보기』(1957), 『금강경사기』(1958), 『원각경사기』(1960), 『능엄사족』(1960), 『제교행상』(1960), 『치문하마기』(1984), 『석가여래행적송』(1995), 『화엄청량소초 십지품 삼가본사기』(2책, 2002), 『화엄청량소초현담기』(2책, 2004), 『현토 교감 능엄환해산보기』(2005), 『화엄청량소초 삼현』(2책, 2006), 『화엄청량소초 십지품 후삼

---

90) (1) 『대승기신론』 관계 사기로는 연담의 『起信蛇足』과 인악의 『起信私記』가 현존하는데 이것을 각각 『기신론 사기 Ⅰ』과 『기신론 사기 Ⅱ』로 정서했다. (2) 『능엄경』 관계 사기로는 연담과 인악 두 분의 사기가 현존하는 데 이를 각각 『능엄경 연담기』, 『능엄경 인악기』로 정서했다. (3) 『금강경』 관계 사기로는 연담, 인악, 백파 등 세 분의 사기가 현존하는데, 이를 각각 『금강경 발병기』, 『금강경 인악기』, 『금강기』로 정서했다. (4) 『원각경』 관계 사기로는 연담과 인악 두 분의 사기가 현존하는데, 이를 『원각경 광명기』로 정서했다.

분』(2책, 2008),『금강경사기』(3책, 2008),『기신론사기』(2책, 2008),『서장사기』(2008),『선요사기』(2008),『사집사기』(2008),『능엄경사기』(2013),『대방광원각수다라요의경사기』(2013).

이 중『화엄경』의『청량소초』관계는 모두 4종에 달한다. 자세한 서지정보는『월운당가리사』(신규탁 편, 조계종출판사, 2018년)를 참조하기 바란다. 그 책에는 월운 강백이 저술하고 번역한 모든 책의 서문과 발문을 인용, 소개하고 있다.

3.『화엄경』구조 이해와 해석 지평

회편(會編)된 청량 징관의『대방광불화엄경수소연의초』가 성총(性聰) 강백에 의해 판각된 이후, 18세기 이후 조선에서는 이 책을 강본(講本)으로 한 연구가 심화되었음은 위에서 본 대로이다. 결과적으로 조선 후기의『화엄경』연구는 이 책에 대한 '이해'와 '해석'에서부터 출발한 셈이 된다. 이 점은 고려에 이르기까지 60권본『화엄경』을 대본으로 한 연구 전통과는 다른, 소위 '새로운 전통'이다.

이렇게 새롭게 형성되어가는 전통에는 많은 특징이 있지만,『화엄경』의 본문과 그 주석의 내용을 '이해'하기 위해 '과목을 나누고 그 이름을 붙이는 작업'을 꼽을 수 있다. 이런 작업은 동진의 도안(道安, 314~385) 법사 이래 불교 경학(經學)의 오래된 전통이지만, 당나라 시대 화엄 교학자들에게 와서 더욱 전문화되고 세분되었다. 물론 이렇게 과목을 나누는 전통은 기본적으로 '교상판석(敎相判釋)'을 통한 입교개종(立敎開宗)의 철학에 기반한다.

'교상판석'이 생기게 된 요인과 그 목적을 여기에서는 간략하게만 언급하기로 한다. 자세한 것은 【해설 1】로 실은 「현담으로 풀어 본 화엄교학」의 <3.>으로 미룬다.

'교판'을 하게 된 우선 꼽을 수 있는 이유로, 대승경전이 '편찬된 역사적 순서'와 그것이 '중국 땅에 전래 순서'가 달랐던 점, 또 경전 사이에 모순적인 내용이 있어서 이것을 바라보는 '일관된 철학 체계의 정비'가 요구되었던 점, 그 둘을 꼽을 수 있겠다.

의해승(義解僧)들은 '권실대변(權實對辦)'이라는 과목(科目)을 설정하여, 각 경전에 나타난 '교리(敎理)'들을 해부하여 '권교'와 '실교'를 구별하는 작업을 한다. 이런 연장선에서 해당 경전도 분석하게 된다. 특히 『화엄경』에 실린 '이야기들'은 한 시기 또는 한 사람 (또는 한 공동체)에서 편찬된 것이 아니다. '단일 경전으로서의 『화엄경』'으로 '편집'하는 과정에서, 이 『경』을 일관되게 엮기 위한 소위 '가닥 잡기'가 필요했다. 그리하여 '편집자'의 의도를 파악하는 일이 중요하게 대두되었다.

그러나 중국 지역 사람이나, 또는 중국 땅에 불교를 전한 서역 사람들은 이 『경』들을 모두 '법신(法身) 부처'가 화현(化現)한 석가모니불의 금구(金口) 친설(親說)로 믿고 이해했다. 이런 인식 위에 이들은 다양한 말씀 속에 들어있는 여래의 진실한 뜻 알기를 원했다.

기왕의 연구에서 알려졌다시피, 방대한 『화엄경』은 한 시기에 그리고 한 사람에 의해 문자로 기록된 것은 아니다.[91] 방대한 『화엄경』은 초기 대승경전이 생성되는 과정에서 소위 '지분경(支分經)'들이 먼저 문자로 기록되었고, 세월의 변천 속에서 60권본과 또는 80권본으로 종합된다. 이 책은 한자 불교권에도 전해져 특히 이 지역의 불교사상에 많은 영향을 미쳤는데, 60권본은 진(晉) 나라 시절 '불타발타라'에 의해 418~421년 사이에 한역되었고, 80권본은 당(唐)나라 시절 '실차난타'에 의해 695~699년 사이에 한역되었다는 말은 수차 했다.

『화엄경』의 '화엄(華嚴)'을 때로는 '잡화(雜華)'라는 용어로 번역하듯 『화엄경』은 '복잡'하다. 이런 '복잡'함을, 일관되고 또 유기적으로 설명하기 위해 의해승(義解僧)들은

---

91) 신규탁, 「'내가 보는' 세계의 실상에 대한 화엄교학적 성찰」, 『정토학연구』 제22집, 2014년 12월.

많은 '궁리'를 했다. 그 '궁리' 결과의 하나로 '화엄십종분과(華嚴十種分科)'를 들 수 있다. 이것은 '대경(大經)'의 전체 내용을 일목요연하게 설명하기 위한 연구자들의 지혜로운 '궁리'의 산물이다. '화엄십종분과'란 다음과 같다.

①본부삼분과(本部三分科) ②문답상속과(問答相屬科)
③이문종의과(以文從義科) ④전후섭첩과(前後躡疊科)
⑤전후구쇄과(前後鉤鎖科) ⑥수품장분과(隨品長分科)
⑦수기본회과(隨其本會科) ⑧본말대위과(本末大位科)
⑨본말편수과(本末遍收科) ⑩주반무진과(主伴無盡科)

이 '화엄십종분과'는 『대방광불화엄경소초』<황(荒) 자권>에 실린 것으로, 18세기 이후 조선 시대 화엄 강사들의 간경과 후학 지도에 기준이 된다. 위에서 소개한 묵암 최눌의 『화엄품목』도 이것을 기준으로 한 것이고, 모운 진언(慕運震言, 1622~1703)의 『대방광불화엄경칠처구회품목지도(大方廣佛華嚴經七處九會品目之圖)』, 그리고 『사회삼백일십대위문목지도(四會三百一十大位問目之圖)』, 또 『화엄사과관절도(華嚴四科貫節圖)』도 역시 그렇다.[92]

---

92) 첩자(帖子)로 만든 이 책은 진주 연화사 목판이 유행한다. 신규탁 해제, 『화엄품목』, 중도기획, 2016.

조선 후기 18세기에는 이렇듯이 『화엄경』의 경문 전체 체계를 꿰뚫기 위한 각종 「과(科)」와 「도(圖)」가 만들어진다. 이런 전통은 구한말 석전(石顚) 강백 회상인 '경기도 개운사 강원(京畿道高陽開運寺講院)'에서 세존 응화(世尊應化) 2955년(서기 1929년)에 프린트판으로 간행된 『화엄경소과(華嚴經疏科)』에도 이어진다.

이 책의 머리말 격인 「소고(小考)」를 보면, 이 프린트판의 원본은 송광사 강백, 해은(海隱) 화상이 소장한 10권 3책인데 형편상 「3현(玄)」과 「10지(地)」만을 선초(選抄)한다고 했다.[93] 이런 「과(科)」와 「도(圖)」들은 드디어 1998년 월운 대강백의 회상에서 집성(集成)되니, 그것이 바로 『화엄경소초과도집(華嚴經疏鈔科圖集)』[94]이다.

'10종분과' 중에서도 『청량소초』의 근간을 이루는 분과 방법은 문답상속과(問答相屬科)이다. '문답상속과'란, 『화엄경』에는 수많은 문답이 나오는데, 그런 문답을 기준으로 '대경'을 분과한 것이다. 이런 발상은 일찍이 운화사 지엄과 그의 제자 현수 법장에서 시작되어 청량 징관에 이르러 정착한다.

---

93) 신규탁, 「석전 박한영 강백의 교학 전통」, 『석전 영호대종사』, 조계종출판사, 2015, pp.63~97.
94) 김월운 편, 『화엄경소초과도집(華嚴經疏鈔科圖集)』, 대한불교조계종 교육원, 1998.

'문답상속과'는 크게 넷으로 분과되는데, (1)<거과권락생신분(擧果勸樂生信分)>[95], (2)<수인계과생해분(修因契果生解分)>[96], (3)<탁법진수성행분(托法進修成行分)>[97], (4)<의인증입성덕분(依人證入成德分)>[98]이 그것이다. 『화엄경』 전체를 신(信)·해(解)·행(行)·증(證)의 4과(科)로 짝짓는 틀을 제시하고 있어 많이 애용되었다.

『청량소초』[99]의 다음 인용문이 경의 본문에 등장하는 '질문-대답'의 연결 구조를 잘 드러내는 부분이다.

[疏1]
二에 問答相屬科者는 古云하되 此九會中에 大位問答이 總

---

95) 거과권락생신분(擧果勸樂生信分) : 제1회 초에서 제기된 40가지 질문은 그 회에서 모두 대답된다. 중간에 질문이 있기는 하지만, 큰 줄기의 질문은 아니다.
96) 수인계과생해분(修因契果生解分) : 제2회 초에 40가지의 질문이 있으니 총 제2회~제7회의 총 6회의 모임에서 대답한다.
97) 탁법진수성행분(托法進修成行分) : 제8회 초에 200가지 질문이 구름처럼 일어나니[雲興二百問]하니 2,000가지로 대답이 물병에서 물 솓아지듯[甁瀉二千答] 하였다.
98) 의인증입성덕분(依人證入成德分) : 크게 둘로 나눌 수 있으니, 제9회 초에 60가지 질문이 일어나자 여래께서 '사자빈신삼매'에 드시어 상서로 답하시니 이름하여 '돈증분(頓證分)'이고, 이어서 선재 동자가 남쪽으로 순례하여 법을 구하여 각각 문답이 있으니 이름하여 '점증분(漸證分)'이다.
99) 『대방광불화엄경소초』 「현담」권8(荒字卷) 87장,하엽~88장,하엽.

해설 3. 문답으로 가닥 쳐 읽는 『화엄경』 399

有五番이니 第一會中에 大衆起四十問하여 或當會答盡하니 名擧果勸樂生信分이요, 二는 從第二會初의 有四十問으로 至第七會末하여 答盡하니 名修因契果生解分이라. 中間에 雖有諸問이나 並是隨說隨問일새 非是大位問答이며 不思議品엔 不問因故일새라. 三은 第八會初에 起二百問하여 當會答盡하니 名託法進修成行分이요, 四는 第九會初에 起六十問하니 如來께서 自入師子頻申三昧하사 現相答하시니 名頓證法界分이요, 五는 福城東善財求法等의 別問別答이니 名歷位漸證分이라.

[鈔1]
古云하되 此九會者는 疏意存四할새 故擧古釋하니 以第五無大位問答故라.

[疏2]
古德이 以善財猶屬正宗故라. 今旣判入流通하면 則前唯四이나 兼取流通하여 以爲五分이라도 未爽通塗로다.

[鈔2]
古德이 以善財下는 二 密示今意니 意有其二라. 故但爲四이니 一은 五無大位問故이요 二는 第五는 屬流通故라. 故云하되 今旣判入流通하면 則前唯四라하니 第四는 應名依人證入成德分이니라. 兼取流通者는 順於古義이니 第一分中에 旣攝一部序分이라 不於正宗之內에 分爲五分일새 故

取流通하여 爲第五分이라도 理亦無違이나 但無大位之問일새 故疏合四耳니라.

여기에 나오는 "고운(古云)"의 '고'는 현수 법장을 지칭한다. 『탐현기』(권 제2)[100]에서 다음과 같이 말하고 있다.

今에 更尋下文에 總長分爲五하리라. 初品은 是教起因緣分이고 二는 舍那品中의 一周問答이니 名擧果勸樂生信分이오. 三은 從第二會로 至第六會來의 一周問答이니 名修因契果生解分이오. 四는 第七會中의 一周問答이니 名託法進修成行分이오. 五는 第八會中의 一周問答이니 名依人入證成德分이라. 流通의 有無는 以如上辯이라. 此五分은 皆依前起後하여 文次相生하고 義理周足하니 是故로 不增減也라.

4. 문답상속과에 의한 『화엄경』 가닥 치기

그러면 이하에서는 화엄의 역대 종장들이 공인한 ②문답상속과(問答相屬科)에 의해서, 『화엄경』 전체의 구조를 가닥 쳐 보기로 한다. '문답상속과'란, 『화엄경』에 등장하는 수많은 '문-답'들이 '서로 엮이는 양상[相屬]' 중에서

---

100) 法藏, 『華嚴經探玄記』(卷第二) 대정장35, p.125하.

큰 골격만 넷으로 추려 경전을 훈고하는 해석 방법의 일종이다.

앞에서 인용한 [疏1]과, 그것을 보충 설명한 [鈔1]에서는 '문-답'들이 '서로 엮이는 양상'을 넷으로 추리고 있다. 자세한 설명은 아래에서 진행되니 번잡을 피해 여기서는 명칭만 소개한다.

제1회를 <거과권락생신분(擧果勸樂生信分)>에, 제2회에서 제7회까지를 <수인계과생해분(修因契果生解分)>에, 제8회를 <탁법진수성행분(託法進修成行分)>에, 제9회를 <의인증입성덕분(依人證入成德分)>에, 각각 배속시켰다.

그런데, [疏2]와 그것을 보충 설명한 [鈔2]에 따르면, 제9회차의 「입법계품 제39」는 '근본[本] 법회'와 '가지[末] 법회' 두 단락으로 나눌 수 있고, 그리고 '근본 법회'에서 나온 '60가지' 질문은 세존께서 '사자빈신삼매'로 응답하셨으니 '돈증법계분(頓證法界分)'으로 치고, 이어서 '가지 법회'는 선재가 묻고 선지식이 대답했으니 이를 '역위점증분(歷位漸證分)'으로 쳐서, 총 5위(位) 문답으로 할 수도 있지 않겠느냐는 것이다.

이에 대해 필자의 입장은 이렇다. '유용성'의 측면에서는 5위(位) 문답으로 가닥 쳐도 되겠지만, 분류의 '합리성'의 측면에서는 4위 문답이 합당하다고 생각한다. 월운 스님의 『화엄경초역』에서도 4위 문답으로 추려 번역했다.

이런 이유 등으로 본 책에서는 4위 문답으로 가닥 친다.

1) 믿음의 대상

【제1회】: 보리도량에서 총 6품을 설함[101]

『화엄경』이 설해진 제1회 모임에서는 비로자나 법신불의 원만한 과보를 말하여, 중생들이 좋아하는 욕망을 일으켜 믿으려는 마음을 내게 하려는 구도에서 설법이 구성되었다고 해석했다. 이것을 이름하여 <거과권락생신분(擧果勸樂生信分)>이라 하는데, 여기에는 6개의 품이 배속된다. 즉 「세주묘엄품 제1」, 「여래현상품 제2」, 「보현삼매품 제3」, 「세계성취품 제4」, 「화장세계품 제5」, 「비로자나품 제6」이다.

이상의 총 6품은 내용상 크게 세 부분으로 과목이 나누어지니, (1)<교기인연분(敎起因緣分)>, (2)<설법의식분(說法儀式分)>, (3)<정진소설분(正陳所說分)>이다. 이것을 보기 쉽게 다음의 [표1]로 정리하고, 이하에서는 이 과목의 순서에 따라 설명해 가기로 한다.

---

101) 【제2회】 이하의 설명은 뒷면 p.421에 이어짐.

[표1] 제1회 : 거과권락생신분 품별 조견표

① 擧果勸樂 生信分	제1회 보리도량 (보현보살) 방광:치아·미간 비로장신삼매	(1)敎起因緣分			1.세주묘엄품
		(2)說法儀式分	遠方便		2.여래현상품
			近方便		3.보현삼매품
		(3)正陳所說分	果問	通辨	4.세계성취품
				別明	5.화장세계품
			因問		6.비로자나품

(1) 교기인연분(敎起因緣分)

이곳에서는 화엄의 가르침이 설해질 만한 직접 내지 간접적 원인이 갖추어지는 대목이다. [표1]에서 보다시피 이 대목은 「세주묘엄품 제1」에 해당하는데, 세분해서 10과목으로 나눌 수 있다. ①통현이문(通顯已聞), ②표주시처(標主時處), ③별명시분(別名時分), ④별현처엄(別顯處嚴), ⑤교주난사(敎主難思), ⑥중해운집(衆海雲集), ⑦칭양찬덕(稱揚讚德), ⑧좌내중류(座內衆類), ⑨천지징상(天地徵祥), ⑩결통무진(結通無盡).

①은 "내가 이렇게 들었다"는 대목으로, 『화엄경』에 나오는 다음의 이야기는 천상에서 계시로 내려온 것도 아니고, 사람들이 창작한 이야기도 아니다. 오직 여래께서 하신 것을 여러 대중이 다 함께 보았음을 드러내, 이하의 내

용은 믿을 만한 것임을 드러내는 부분이다.

②는 누가, 언제, 어디서를 드러내는 대목이니, 즉 "어느 때 부처님께서 마가다국 아란야 법 보리도량에서"를 지칭한다.

③은 시간을 더욱 구체적으로 특정하여 "처음 바른 깨달음을 이루시었다"라고 구체화했다.

④에서는 땅의 장엄, 나무들의 장엄, 여래께서 거처하시는 궁전들의 장엄, 여래께서 앉으신 사자좌의 장엄, 등을 조목조목 드러내셨다.

⑤에서는 교주의 불가사의함을 조목조목 드러내니, 10신(身)이 그것이다. 즉 보리신(菩提身), 위세신(威勢身), 복덕신(福德身), 의생신(意生身), 상호장엄신(相好莊嚴身), 원신(願身), 화신(化身), 법신(法身), 지신(智身), 역지신(力持身)이 그것이다.

⑥은 하염없는 대중들이 운집하는 것을 설하는 대목인데, 같은 세상에서 수행한 동생중(同生衆)과 다른 세상에서 수행한 이생중(異生衆)이 모여들었다. 동생중에는 이름에 '보(普)'라는 글자가 들어있는 10명의 보살을 비롯한 다양한 이름의 보살이 있으며, 이생중으로는 잡류 제신 <u>19</u>부중(部衆)과, 4천의 <u>8</u>부중(部衆)과, 욕계 <u>7</u>천중(天衆) 및 색계 <u>5</u>천중(天衆) 등 총 39부류마다 대표를 앞세워 하염없는 대중이 운집한다.

⑦에서는 이렇게 몰려온 대중들이 저마다 부처님을 게송으로 찬탄한다. 이생중으로 여러 욕계와 색계의 하늘 대중, 8부 대중, 여러 다양한 신중 등 총 39부류가 있다. 동생중으로는 보현 보살을 비롯하여 이름에 '보(普)'자 붙은 10명의 보살, 다른 이름 붙은 보살 10명이 등장한다.

⑧사자좌 속에 있던 대중들이 출현하여 각종 공양구로 공양을 올리고 부처님을 공경히 에워싸고 본래 온 방위에 앉는다. 그러고는 10분의 보살들이 대표적으로 게송을 읊는다.

⑨에서는 천지가 상서를 드러낸다. 즉 "이때 화장(華藏)으로 장엄한 세계바다가 부처님의 신통한 힘으로 그 땅의 온갖 것이 여섯 가지 열여덟 모양으로 진동했다." 그런 뒤에 이상에서 등장했던 '세간 맡은 모든 이[世主]'들이 하염없는 공양거리를 갖추어서 도량에 모인 이들에게 내려 준다.

⑩에서는 이상과 같은 현상이 여타의 화장세계 모든 곳에도 똑같이 일어난다고 마무리한다.

좀 장황해졌지만, 간단하게 말하면 비로자나 부처님께서 보리수 아래서 정각을 성취하셨다는 것, 그리고 하염없는 불·보살과 끝없는 세계와 무수한 중생들이 광대하고 끝없이 출현했다는 것이다. 이리하여 설법 도량, 설법 교주, 청법 대중 등이 갖추어진 셈이다.

※ 월운 스님은 이상의 ①~⑤까지만 추려서, 이 책 「제1장 믿음의 대상」 pp.16~21에 번역함.

● 참고 : 화엄경 청법 대중 공동체 (총 175대중)

서분(序分)에 41대중(동생중 1대중, 이생중 39대중, 사자좌 가운데 1대중)이 있고; 여기에 보리수 가운데서 나온 1대중과; 궁전 속의 무수한 1대중을 합하면 총 43대중이 있다. 이 43대중은 총 9회의 법회에 기본으로 따른다. 여기에 제1회에는 2대중(새로 모인 1대중, 부처님 미간의 1대중)을 합하여 45대중이 된다. 제2회에는 신중(新衆), 구중(舊衆)의 2대중이 합쳐지니 총 47대중이 된다. 제3회와 제4회에는 각각 4대중(신중, 구중, 증법중, 천신대중)이 합쳐져 각각 51대중, 55대중이 된다. 제5회에 가서는 111대중(신중, 구중, 도솔천궁 속의 107공양대중, 증법중, 천신대중)이 합쳐지니 총 166대중으로 늘어난다. 제6회에는 4대중(천신대중, 동생중, 이생중, 증법중)이 늘어나 총 170대중이 된다. 제7회와 제8회는 각각 보현 보살 등의 1대중만 늘어나니 차례로 총 171대중, 총 172대중이 된다. 제9회는 3대중(보살, 성문, 천왕)이 늘어 총 175대중이 된다. 구중(舊衆)은 중복되지만 회(會)에 따라 다르므로 아울러 계산했다. 이상은 1세계(世界)만을 계산한 것인데, 시방세계 및 다른 부류 국토의 티끌 수 국토까지 계산하면 무진무진하다. 이것이 화엄회해(華嚴會海)의 대중이다.

(2) 설법의식분(說法儀式分)

[표1]에서 보다시피 이 대목은 「여래현상품 제2」, 「보현삼매품 제3」에 해당하는데, 이 부분은 다시 2과목으로 나눌 수 있다. <1.원방편>에 해당하는 「여래현상품」과, <2.근방편>에 해당하는 「보현삼매품」이 있다.

● 먼저, <1.원방편>을 소개한다.

<원방편>에 해당하는 「여래현상품」은 ①중해동청(衆海同請; 수많은 대중이 함께 청함), ②광소유연(光召有緣; 광명으로 인연 있는 자를 부름), ③중소운분(衆召運奔; 대중들이 모여듦), ④현서표설(現瑞表說; 상서를 나타내어 설법하실 것을 표하심), ⑤칭양찬덕(稱揚讚德; 부처님의 공덕을 칭양하고 찬탄함), ⑥결통무궁(結通無窮; 다른 곳도 다 그렇다고 결론함)의 여섯 과목으로 나뉜다.

줄거리만을 추려보면, 근본 법륜인 큰 법을 듣기 위해 모인 대중이 설법을 청한다. 여래께서 이에 답하기 위해 입안의 치아 사이로 광명을 놓자 하염없는 세계와 불·보살이 드러난다. 양미간의 광명으로 설법할 법주들을 비추시고, 국토를 진동하여 대중들을 긴장하게 한다. 그때 부처님 앞에 '큰 연꽃'이 나타나서 화엄 정토를 드러낸다.

양미간의 백호 광명은 이하 화엄 대교의 근본이 부처님에서 나오는 것임을 밝히시기 위함이다.

이중, 대중들이 질문하는 ①중해동청(衆海同請) 대목은 『화엄경』 전체를 이해하는 데에 매우 중요하다. 이 대목에서 질문 40개가 쏟아지는데, 그 대답이 어디에서 어떻게 이루어지는지 짝지어 보는 건 방대한 『화엄경』을 체계적으로 독서하는 요령이다. 이하에서 40종의 질문을 인용하고 어느 품에서 대답이 이루어지는지를 [표2]로 첨부하여 독서인의 이정표로 삼으려 한다.

그때 모든 보살과 여러 세간 맡은 이들은 이렇게 생각하였다.

(1)어떤 것이 모든 부처님의 지위며, 어떤 것이 모든 부처님의 경계며, 어떤 것이 모든 부처님의 가지(加持)며, 어떤 것이 모든 부처님의 행하심이며, 어떤 것이 모든 부처님의 힘이며, 어떤 것이 모든 부처님의 두려움 없음이며, 어떤 것이 모든 부처님의 삼매며,[102] 어떤 것이 모든 부처님의 신통이며, 어떤 것이 모든 부처님의 자재함이며, 어떤 것이 모든 부처님의 능히 포섭하여 가질 이 없음이며,

(2)어떤 것이 모든 부처님의 눈이며, 어떤 것이 모든 부처님

---

[102] <대정장> 「교감기」에서, 이하의 "어떤 것이"부터 "자재함이며"까지는 <고려본>에는 없으나 <명본(明本)>에는 들어 있다 함.

의 귀며, 어떤 것이 모든 부처님의 코며, 어떤 것이 모든 부처님의 혀며, 어떤 것이 모든 부처님의 몸이며, 어떤 것이 모든 부처님의 뜻이며, 어떤 것이 모든 부처님의 몸빛이며, 어떤 것이 모든 부처님의 광명이며, 어떤 것이 모든 부처님의 음성이며, 어떤 것이 모든 부처님의 지혜일까? 세존께서 우리를 불쌍히 여겨 열어 보여 주신다면…….

(3) 그리고 시방세계의 모든 부처님이 모두 보살들을 위하여 세계바다[世界海]와 중생바다[衆生海]와 법계가 나란히 건립한 바다[法海安立海][103]와 부처님바다[佛海]와 부처님의 바라밀바다[佛波羅蜜海]와 부처님의 해탈바다[佛解脫海]와 부처님의 변화바다[佛變化海]와 부처님의 연설바다[佛演說海]와 부처님의 명호바다[佛名號海]와 부처님의 수명바다[佛壽量海]와,[104]

(4) 온갖 보살의 서원바다[一切菩薩誓願海]와 온갖 보살의 발심하여 나아가는 바다[一切菩薩發趣海]와 온갖 보살의 도를 돕는 바다[一切菩薩助道海]와 온갖 보살의 운전하는 바다[一切菩薩乘海]와 온갖 보살의 수행하는 바다[一切菩薩行海]와 온갖 보살의 벗어나는 바다[一切菩薩出離海]와 온갖 보살의 신통바다[一切菩薩神通海]와 온갖 보살의 바

---

103) <대정장> 교감기에, 이하의 "법계와 나란히 건립한 바다"는 <고려본>에는 없으나 <명본(明本)>에는 들어 있다 함.
104) 여기에 등장하는 질문 10가지가 『화엄경』 전체를 관통하는 총체적 질문이다.

라밀바다[一切菩薩波羅蜜海]와 온갖 보살의 지위바다[一切菩薩地海]와 온갖 보살의 지혜바다[一切菩薩智海]를 부처님 세존께서 우리에게 말씀해 주신다면…….

[여래현상품 제2]

이상의 질문은 크게 둘로 나누어진다. 첫째는 <직이념청(直爾念請; 곧장 마음으로 청하는 질문)>이고, 둘째는 <인예거법청(引例擧法請; 사례를 들어 법을 청하는 질문)>이다.

좀 더 세분하면, <직이념청>하는 질문 20개 중에서, 앞의 10개는 부처님의 '원만한 덕용'을 여쭈는 질문이고, 뒤의 10개는 '뛰어나신 몸매'를 여쭙는 것이다. 또 <인예거법청> 질문 20개 중에서 앞의 10개는 부처님의 '두루 하신 변화 작용'을, 뒤의 10개는 '깊고 넓은 인행의 공덕', 즉 깨달음이라는 결과의 원인 되는 수행인 보살행을 여쭙는다.

이상을 [표2]에 그려본다. 대조의 편의를 위해, 위 인용문과 아래의 [표2]에 짝을 맞추어 ⑴, ⑵, ⑶, ⑷의 숫자를 붙였다.

[표2] 여래현상품에 등장하는 40가지 질문

과	목	질문 내용	대답이 나오는 품
直爾念請; 곧장 마음속으로 대답해 주시기를 청함.	(1) 德用圓滿	諸佛地	여래현상
		諸佛境界	여래현상
		諸佛加持	여래현상
		諸佛所行	여래현상
		諸諸佛力	여래현상
		諸佛無畏	여래현상
		諸佛三昧	여래현상
		諸佛神通	여래현상
		諸佛自在	여래현상
		諸佛無能攝取	여래현상
	(2) 體相顯著	諸佛眼	이세간
		諸佛耳	이세간
		諸佛鼻	이세간
		諸佛舌	이세간
		諸佛身	이세간
		諸佛意	이세간
		諸佛身光	여래출현
		諸佛光明	불부사의
		諸佛聲	여래출현, 보현삼매
		諸佛智	여래출현
引例擧法請; 사례를 들어 가르쳐 주시기를 청함.	(3) 化用普周	世界海	화장세계, 세계성취, 비로자나, 여래현상, 보현삼매105)
		衆生海	광명각~십인106)
		法界安立海	세계성취
		佛海	화장세계, 불부사의, 십신상해, 여래수호광명공덕107)
		佛波羅蜜海	이세간108)
		佛解脫海	입법계, 불부사의 제33~여래출현 제37의 총 5품109)
		佛變化海	광명각, 아승기110)

		佛演說海	사성제[111]
		佛名號海	여래명호[112]
		佛壽量海	여래수량, 제보살주처
(4) 因德深廣		一切菩薩誓願海	10信을 설하는 제2회
		一切菩薩發趣海	
		一切菩薩助道海	10住를 설하는 제3회
		一切菩薩乘海	
		一切菩薩行海	10行을 설하는 제4회
		一切菩薩出離海	10廻向을 설하는 제5회
		一切菩薩神通海	
		一切菩薩波羅蜜海	10地를 설하는 제6회
		一切菩薩地海	
		一切菩薩智海	等覺을 설하는 제7회

105) 「비로자나품」에서는 다만 원인을 들어 세계 성취를 해석했고, 「여래현상품」과 「보현삼매품」에서는 다만 이유와 업만을 설법하고 세계해가 생긴 것에 대한 개별적인 대답은 없다.

106) 10구의 因問에서 別答하고 衆生海에서 通答한다. 因을 닦는 당사자 자체가 교화의 대상이 되는 중생이기 때문이다.

107) 「화장세계품」에서 능화(能化)의 주(主)로서 그 이름을 널리 거론했는데, 「불부사의품」, 「여래십신상해품」, 「여래수호공덕품」도 역시 그렇다.

108) 2,000가지의 수행 모두가 낱낱이 열반에 이르는 원인이 된다.

109) 20구의 질문에 각기 別答한 것 모두가 불국토를 밝힌다.

110) 근기에 따라 신통력으로 중생을 교화하는 것 모두가 身業의 조화이다. 각 會에서 본래의 자리를 떠나지 않으시고 다른 설법 자리로 옮기시는 것도 역시 조화이니, 「광명각품」의 長行은 身業이고, 「아승기품」 게송은 모두 佛德을 드러낸 것이다.

111) 6근으로 설법하시는 각각의 모두가 語業의 조화이다.

112) 근기에 맞추어 명호를 말해주었다.

이상으로, <1.원방편>에 해당하는 「여래현상품 제2」에 이르자 의문이 매우 간절해졌다. 이제는 답변이 나와야 할 순서이다. 이어서 <2.근방편>이 갖추어지는 「보현삼매품 제3」이 시작된다.

> ※ 월운 스님은 이상의 <1.원방편> 총 6개 과목 중에서 ④現瑞表說부터 ⑤稱揚讚德의 제10 게송까지만 추려, 이 책 「제1장 믿음의 대상」 pp.46~52에 번역함.

● 다음, <2.근방편>을 소개한다.

<2.근방편>에 해당하는 「보현삼매품 제3」은 ①삼매분(三昧分), ②가지분(加持分), ③기정분(起定分), ④현상작증분(現相作證分), ⑤모광찬덕분(毛光讚德分), ⑥대중게청분(大衆偈請分)의 여섯 과목으로 나뉜다.

한편 설법을 위해서는 먼저 삼매의 힘이 필요한데, 「보현삼매품 제3」은 그 장면을 다음과 같이 기술한다. 이 대목을 ①삼매분이라 한다.

"그때 보현 보살 마하살이 여래의 앞에 '연화장 사자좌'에 앉으사 부처님의 위신력을 받들어 삼매에 드시었다. 이 삼매는 이름이 '일체 제불 비로자나 여래장신(一切諸佛毘盧遮那如

來藏身)'이니, 모든 부처님의 평등한 성품에 두루 들어가 법계에서 모든 영상(靈像)을 능히 보이며, 넓고 크고 걸림이 없어 허공과 같고 법계의 소용돌이에 따라 들어가지 않는 데 없으며, 온갖 삼매의 법을 내기도 하고 시방의 법계를 널리 포함하기도 하며, 3세의 모든 부처님의 지혜 광명바다가 모두 여기에서 나오고 시방에 나란히 벌여 있는 바다들을 능히 나타내기도 하며, 온갖 부처님의 힘과 해탈과 모든 보살의 지혜를 모두 머금어 간직하고 온갖 국토의 티끌을 그지없는 법계를 용납하게 하며, 모든 부처님의 공덕바다를 성취하게 하고 여래의 크신 원력바다를 나타내어 보이며, 모든 부처님의 법륜을 유통하고 보호하여 끊어지지 않게 하였다."

「보현삼매품 제3」

이렇게 <①삼매분>이 끝나자, 시방의 여러 부처님이 보현 보살에게 구업과 의업과 신업으로 가피를 주시는데 이를 <②가지분>이라 한다.

다음에는 삼매에서 일어나니 이를 <③기정분>이라 한다. 이 세계에서 모든 보현 보살이 삼매에서 일어나니 땅이 흔들리는 등 각종 상서가 일어나니 이를 <④현상작증분>이라 한다.

이런 현상이 나타난 다음에는 모든 여래의 몸에 난 털구멍마다 광명이 솟아나더니 그 속에서 보현 보살의 공덕을 찬탄하는 게송이 울려 퍼진다. 이를 <⑤모광찬덕분>

이라 한다. 마침내는 대중들이 게송으로 보현 보살에게 한 말씀 청하는데 이를 <⑥대중게청분>이라 한다. 마지막 게송 하나를 소개하면 아래와 같다.

이 자리에 한량없는 모든 대중들	此中無量大衆海
임의 앞에 공경하고 머물렀으니	悉在尊前恭敬住
청정하고 묘한 법륜 말씀하소서	爲轉淸淨妙法輪
온 세계의 부처님들 기뻐하리라.	一切諸佛皆隨喜

※ 월운 스님은 <2.근방편>에 해당하는 「보현삼매품 제3」 모두를 이 책에서는 생략했음.

(3) 정진소설분(正陳所說分)

이상에서 설법을 들을만한 멀거나 가까운 인연들이 모두 갖추어졌다. 이제는 법을 설하여 그 질문 속에 담긴 궁금증을 풀어줄 순간이 왔다.

청법의 부탁을 받은 보현 보살은 「세계성취품 제4」를 시작으로 법문을 펼치니, 이를 <정진소설분(正陳所說分)>이라 한다. [표1]에서 보다시피 <정진소설분>은 「세계성취품 제4」, 「화장세계품 제5」, 「비로자나품 제6」 순으로 진행되는데, 우선 먼저 10종의 '바다[海]'를 관찰하고, 이어서 찬탄한다.

앞의 <정진소설분>은 다시 크게 둘로 나누어진다.「세계성취품 제4」와「화장세계품 제5」의 두 품은 '30구의 과문(果問)' 즉 수행한 원인 때문에 그 결과로 성취된 세계가 어떤지를 답하는 부분이고, 뒤의「비로자나품 제6」은 '10구의 인문(因問)' 즉 세계가 성취된 원인이 어떤지를 답하는 부분이다.

'30구의 과문'을 설하는 부분은 다시 둘로 나누어지니, 여러 부처님과 중생들의 국토를 '통틀어 설명하는[通辨]' 부문(「세계성취품 제4」)과, 본사께서 장엄하신 청정한 과보만 '따로 밝히는[別明]' 부문(「화장세계품 제5」)이다.

먼저,「세계성취품 제4」에서는 부처님의 의보(依報)를 보현 보살이 설해준다. 세계가 생긴 인연과 의지하여 머무는 형상과 체성 등을 설한다.「세계성취품 제4」의 과목은 ①강요를 총체적으로 표방하는 부분과 ②근본이 되는 뜻을 자세하게 늘어놓는 부분으로 나누어진다.

①강요를 총체적으로 표방하는 부분은 다시 4문(門)으로 나누어지니, <(1)첩문략탄(牒問略歎; 물음을 인용해서 간략하게 찬탄)>, <(2)허설분제(許說分齊; 설하겠노라 허락하는 대목)>, <(3)소설성익(所說成益; 설함이 이루는 이익)>, <(4)찬승권덕(讚勝勸德; 찬탄 경계하여 듣게 함)>이다.

②근본이 되는 뜻을 자세하게 늘어놓는 부분은 2문(門)으로 나누어지니, <(1)표거장문(標擧章門; 세계바다 이름 들

기)>와 <(2)의장별석(依章別釋; 제시된 이름을 하나하나 설명하기)>이다. 화엄의 그 유명한 '세계바다'가 성립되는 열 가지 인연 이야기가 바로 <(2)의장별석>에 등장한다.

> ※ 월운 스님은 이상의 「세계성취품 제4」 중에서 ①의 전부와, ②의 <(1)표거장문> 전체와 <(2)의장별석>[113]의 '1.俱起因緣' 중 '10종 인연설'까지만 추려, 이 책 「제1장 믿음의 대상」 pp.91~104에 번역함.

다음으로 「화장세계품 제5」에서 화장장엄세계바다는 비로자나 부처님이 과거에 인행(因行)을 닦으실 때 큰 서원으로 장엄하신 것이라고 보현 보살은 설한다. 이 대목도 3문(門)으로 나누어지니, <(1)화장인과자체(華藏因果自體; '화장'을 밝힘)>, <(2)찰해안포장엄(刹海安布莊嚴; '장엄'을 밝힘)>, <(3)소지찰망차별(所持刹網差別; '세계'를 밝힘)>이다.

이 모두는 본사이신 비로자나 부처님께서 장엄한 결과이다. 세계바다의 맨 밑에는 풍륜이 있고, 세계바다의 주위에는 철위산이 둘러 있고 그 안에 금강으로 된 땅이 있는데, 땅 위에는 향수해가 있고 그 사이에 향 물 강이 흐르

---

113) <(2)의장별석>에는 모두 10과문이 있다. 1.俱起因緣, 2.所依主, 3.形狀差別, 4.刹體性, 5.刹莊嚴, 6.刹淸淨, 7.佛出興, 8.劫住, 9.劫轉變差別, 10.無差別門.

며, 무수한 향수해 가운데에는 말할 수 없는 세계종(世界種)이 있고, 한 세계종마다 말할 수 없는 세계가 있다고 설한다. 이 책의 【부록2】의 <3천대천세계설 및 화장세계 해도 pp.504~505> 참조.

> ※ 월운 스님은 이상의 대목을, 이 책 「제1장 믿음의 대상」 p.106에 번역.

끝으로 「비로자나품 제6」에서는 비로자나 부처님의 본사(本事; 전생 일)를 거론하여 세계가 성취된 원인을 설한다. 즉 비로자나 부처님의 전신인 '대위광 태자'가 오랜 미진수 겁 이전에 '넓은 문 깨끗한 광명 세계바다[普門淨光明世界海]' 속에 있는 한 세계인 승음 세계(勝音世界)에서 행한 수행 공덕을 설하신다.

승음 세계에는 수미승운 부처님이 계셨는데, 태자는 그 부처님을 섬기면서 모든 삼매와 다라니와 반야바라밀다와 대자·대비·대희·대사·대원과 큰 변재를 얻었고, 그 부처님 열반하신 뒤에 다시 세 부처님을 섬기다가 목숨을 마치고, 다시 수미산에 태어나 부처님의 법문을 듣고 삼매의 힘으로 실상바다에 들어 이익을 얻었다고 한다. 이런 긴 세월 쌓은 큰 공덕으로 세계가 성취되었다고 한다.

「비로자나품 제6」을 독서할 경우에도, <1.본사(本事)의

때>, <2.본사(本事)의 장소>, <3.본사(本事)에서 네 부처님114) 섬기던 일> 등을 나누어 읽는 것이 좋다.

> ※ 월운 스님은 이상의 대목을 이 책에서는 모두 생략했음.

---

114) 네 부처님 : 일체공덕산(一切功德山) 수미승운(須彌勝雲) 부처님, 바라밀(波羅蜜) 선근(善根) 장엄(莊嚴) 부처님, 최승공덕해(最勝功德海) 부처님, 명칭보문(名稱普聞) 연화안당(蓮華眼幢) 부처님.

2) 올바른 견해

【제2회】~【제7회】에서 총 31품을 설함

법회가 이루어지는 장소에 주목하는 것도 『화엄경』 읽기의 독서 포인트이다. 첫 회의 모임은 정각을 이루신 보리수 아래였다. 이 모임에서는 비로자나 부처님의 원만한 과보를 설하여 그걸 듣는 중생에게 환희심을 내어 믿게 하려는 구도였다. 부처님의 원력으로 세계와 중생이 성취된 인연을 듣고 나니, 나도 그래야겠다고 발심하게 된다.

이제 장소를 달리하여 보광명전에서 제2회 모임이 시작된다. 제2회부터 제7회에 이르는 총 31품(品)에서는 원인되는 수행을 닦아 깨침의 과보를 얻는 인과 도리를 설하여, 우리 중생에게 지혜를 내게 하려는 구도가 깔려 있다.

법회의 장소는 제1회의 법회가 열린 보리수 아래를 떠나지 않고 다음 장소에서 펼쳐지니, 이 또한 '부처님께서 부리는 바다처럼 무궁한 변화' 즉 '불변화해(佛變化海)'의 일종이다.

화엄의 종장들은 제2회에 시작하여 제7회까지 계속되는 법회를 '문답상속과'의 4위(四位) 대과(大科) 중에서, <(2)수인계과생해분(修因契果生解分)>이라 이름 붙였다.

천상으로 법회 장소가 올라가지만, 이미 이전에 열렸던

법회 장소를 떠나지 않고 올라가니 위로 올라갈수록 깊이는 더욱 심오해진다. 제3회는 도리천궁, 제4회는 야마천궁, 제5회는 도솔천궁, 제6회는 타화자재천궁. 이렇게 천상 설법이 네 차례 이루어진다. 그리고는 다시 지상으로 내려와 보광명전에서 제7회가 열린다.

총 31개의 품, 6회 모임으로 구성된 <(2)수인계과생해분>에는 큰 질문이 모두 총 50개가 제기된다. 이미 알려졌듯이 불경의 글쓰기 방식은 혼자만의 독백보다는, 대부분 상대와의 대화 방식으로 이루어진다. 대화의 양이나 질 면에서 『화엄경』이 단연 으뜸이다. 그래서 '대방광'이라는 수식어가 붙는다. '방광'의 번역어인 'vaipulya'에는 '드넓은 대화'라는 뜻도 들어 있다.

이런 관계로 『화엄경』을 처음 접하는 독자들은 좀 복잡하게 생각할 수 있지만, 청량 국사 등 화엄 종장들께서 잡아주신 가닥을 잘 따라가면 큰 도움이 된다. 독자들은 각 질문을 어느 대목에서 답변하는지 주목해야 한다.

질문은 제2회의 첫 품인 「여래명호품 제7」에서 쏟아진다. 이제 간략하게 그 구조를 소개하기로 한다. 지난 제1회 모임에서는 '믿어야 할 대상'을 설하신 것이라는 말은 여러 번 반복했다. 지금부터 시작되는 제2회~제7회의 총 6회의 모임에서는 '어떤 수행을 닦으면 어떤 결과를 이루는지 주제별로 짝지어 각종 이론'을 설한다. 이를 표로 그리면 [표3]과 같다.

<(2)수인계과생해분>이라 이름 붙인 이번의 대단원은 「여래명호품 제7」을 시작으로 「여래출현품 제37」에 이르는 총 31품에 끝난다. 처음의 「여래명호품 제7」은 크게 세 문단으로 나누어지는데, ①'6성취'가 갖추어지는 <서분(序分)>, ②50구절로 40종의 질문을 여쭈어 설법을 청하는 <청분(請分)>, ③세존께서 여러 보살의 생각을 아시고 상서를 보이시는 방식으로 답변의 서막을 열고, 이어 지혜를 상징하시는 문수 보살이 자세하게 답변하는 <설분(說分)>이다.

전통 화엄교학에서는 위의 <③설분(說分)> 중에서 부처님께서 상서를 보여 답하신 것을 <여래현상답(如來現相答)>, 문수께서 언설로 답한 것을 <문수언설답(文殊言說答)>, 이렇게 과문(科文)을 붙인다. 답변은 「여래명호품 제7」 초반에서 시작하여 「여래출현품 제37」에 이르는 총 31품(品)에 걸쳐 진행되는데, 질문과 답변을 크게 세 묶음으로 가닥을 칠 수 있다. '(1)질문의 큰 가닥'을 치고, 이어서 '(2)답변의 큰 가닥'을 쳐 보기로 한다. 독자들의 열람 편의를 위해 깃발[▶]로 문단을 표시해두었다.

[표3] 제2회~제7회 : 수인계과생해분 품별 조견표

② 修因契果 生解分	제2회 보광명전 (문수보살) 10信法門	방광 : 양 발바닥 삼매에 들지 않으심(이유; 청중이 아직 믿음의 지위에 들지 못했으므로)	㉮答所依果問		7.여래명호품(身) 8.사성제품(口) 9.광명각품(意)
			㉯答所修因問	① 信	10.보살문명품 11.정행품 12.현수품
	제3회 도리천궁 (법혜보살) 10住法門	방광 : 양 발가락 무량방편삼매		② 解	13.승수미산정품 14.수미정상게찬품 15.십주품 16.범행품 17.초발심공덕품 18.명법품
	제4회 야마천궁 (공덕림보살) 10行法門	방광 : 양 허벅지 보살선사유삼매		③ 行	19.승야마천궁품 20.야마천궁게찬품 21.십행품 22.십무진장품
	제5회 도솔천궁 (금강당보살) 10廻向法門	방광 : 양 무릎 보살지광삼매		④ 願	23.승도솔천궁품 24.도솔천궁게찬품 25.십회향품
	제6회 타화자재천궁 (금강장보살) 10地法門	방광 : 양 미간 보살대지혜광명삼매		⑤ 證入	26.십지품

				27.십정품	
제7회 보광명전 (여래) 等妙覺法門	방광 : 양 미간·입 찰라제삼매	⑥ 等 佛		28.십통품	因 圓
				29.십인품	
				30.아승기품	
				31.여래수량품	
				32.제보살주처품	
		㈐ 答 所 成 果 問		33.불부사의법품	果 滿
				34.십신상해품	
				35.여래수호품	
				36.보현행품	
				37.여래출현품	

▶ (1) 질문의 큰 가닥

뒤의 p.436 인용문에 나오는 질문 중, ⑴의 10구절(佛刹~佛大菩提)은 <직이념청(直爾念請)>으로 다짜고짜 청하는 질문이다. 다음 ⑵~⑸의 40가지 질문은 <인례거법청(引例擧法請)>으로 사례를 들어 청하는 질문인데, 그중 ⑵의 10가지 질문은 문사(問辭)가 없다(설하는 뜻을 표방하여 자비심을 밝히려 함). 이어지는 30가지 질문 중에서 순서대로, ⑶의 10가지 질문은 '닦은 원인에 관한 질문[問因; 10住~10忍]'이며, 다음의 ⑷와 ⑸의 20가지 질문은 '이룬 결과에 관한 질문[問果]'으로 이것은 다시 ⑷의 <내

덕성만(內德盛滿)>에 관련한 10가지 질문[여래의 지(地)~여래의 무애(無礙)]과 ⑸의 <체상현저(體相顯著)>에 관련한 10가지 질문[여래의 안(眼)~여래의 원(願)]으로 나뉜다.

▶ (2) 답변의 큰 가닥

제2회에서 제7회에 이르는 총 6회에 걸친 답변은 총 31개의 품(品)에 배치된다고 했다.

㉮ <소의과문(所依果問; 의지할 대상인 부처님의 과보에 관한 질문)>에 답변하는 대목(총 3품) : 「여래명호품 제7」, 「사성제품 제8」, 「광명각품 제9」.

㉯ <소수인문(所修因問; 수행해서 닦아야 하는 원인에 관한 질문)>에 답변하는 대목(총 23품) : 「보살문명품 제10」, 「정행품 제11」, 「현수품 제12」, 「승수미산정품 제13」, 「수미정상게찬품 제14」, 「십주품 제15」, 「범행품 제16」, 「초발심공덕품 제17」, 「명법품 제18」, 「승야마천궁품 제19」, 「야마천궁게찬품 제20」, 「십행품 제21」, 「십무진장품 제22」, 「승도솔천궁품 제23」, 「도솔천궁게찬품 제24」, 「십회향품 제25」, 「십지품 제26」, 「십정품 제27」, 「십통품 제28」, 「십인품 제29」, 「아승기품 제30」, 「여래수량품

제31」, 「제보살주처품 제32」.

㈐ <소성과문(所成果問; 이루게 된 결과에 관한 질문)>에 답변하는 부분(총 5품) : 「불부사의법품 제33」, 「여래십신상해품 제34」, 「여래수호공덕품 제35」, 「보현행품 제36」, 「여래출현품 제37」.

얼핏 보면 좀 복잡하지만, 이 관문을 통과해야 전체의 가닥을 잡을 수 있다. 인내심을 가지고 내공을 쌓아야 한다. 큰 가닥은 위에서 잡았으니 이하에 잔잔한 가닥을 잡아보기로 한다. 숲이 울창한 산속도 자주 다니면 길이 나듯이 꾸준히 과목으로 가닥을 쳐서 경을 읽으면, 인간과 천상의 다양한 중생을 건지려[漉人天魚] 펼치신 부처님 가르침[張大敎網]의 은혜를 입을 수 있다.

> ㈎ 첫째; <소의과문(所依果問)>에 대한 답변 ☞
> 부처님의 과보를 밝히는데 총 2형식으로 답변. ⑴생각으로 청한 질문을 여래께서 신통을 보이는 형식으로 하신 답변이고, ⑵사안별로 청한 질문을 옆 사람이 주인공을 돕는 형식으로 문수가 부처님을 대신해서 언설로 하신 답변.

㉮ **答所依果問**(제2회 전반부 총 3품)**-장소: 보광명전**

(1)여래현상답(如來現相答) : 「여래명호품 제7」.
(2)문수언설답(文殊言說答) : 「사성제품 제8」.
　　　　　　　　　　　　　「광명각품 제9」.

> * 월운 스님은 이상의 대목을 이 책에서는 모두 생략했음.

> ㉯ 둘째; <소수인문(所修因問)>에 대한 답변 ☞
> 생해(生解)의 인행(因行)을 밝히는데 ①신(信)-②해
> (解)-③행(行)-④원(願)-⑤증입(證入)-⑥등불(等佛)
> 의 총 6단계로 나누어 답변.

① **明未信令信**(제2회 후반분 총 3품)**-보광명전**

(1)정해리관(正解理觀) : 「보살문명품 제10」.
(2)수연원행(隨緣願行) : 「정행품 제11」.
(3)덕용해수(德用該收) : 「현수품 제12」.

> * 월운 스님은 이 대목에서, 「보살문명품 제10」과 「정행품 제11」은 모두 생략하고, 「현수품 제12」의 일부분을115) 뽑아 이 책의 「제2장 올바른 견해」 pp.109~115에 번역함.

---

115) <덕용해수: 덕용으로 거두어줌>科는 <1.文殊發起: 문수 보살이 질문함>, <2.賢首廣說:현수 보살이 널리 대답함>, <3.十方現證;

② **明已信令解**(제3회 총 6품)-도리천궁

　(1)유치(由致)

　　㈀화주부기(化主赴機) : 「승수미산정품 제13」.

　　㈁조화찬불(助化讚佛) : 「수미정상게찬품 제14」.

※ 월운 스님은 이 대목에서, 「승수미산정품 제13」은 모두 생략하고, 「수미정상게찬품 제14」의 전체를 모두 뽑아, 이 책의 「제1장 믿음의 대상」 pp.53~89에 번역함.

　(2)정설(正說)

　　㈀당위행덕(當位行德)

　　　(1)변위(辨位) : 「십주품 제15」.

　　　(2)변행(辨行) : 「범행품 제16」.

　　　(3)변덕(辨德) : 「초발심공덕품 제17」.

　　㈁승진취후(勝進趣後) : 「명법품 제18」.

시방의 여러 보살이 증명함>으로 나뉘고, <현수광설>은 다시 <1.설할 것을 허락하는 4게송>, <2.뛰어난 덕을 바로 설하는 344게송>, <3.수지를 권하는 9게송>으로 구성된다. 이 중에서 월운 스님은 <문수발기>의 1게송 모두와, <현수광설> 중에서는 <1.>의 4게송 모두와, <2.>의 일부 12게송만 뽑아서 번역했다.

> ※
> 이곳은 월운 강백의 치경(治經)의 솜씨가 돋보이는 대목이라고 생각된다.116) 제15품~제18품의 4개 품은 <당회정설(當會正說)> 부분이다. '당회'란 제3회를 말하는데, 제3회는 위의 과목 <②明已信令解>에서 보다시피 '믿음-견해-수행-체험'에서 '견해'를 밝히는 대목이다. 특히 발심에 관한 견해.
> 월운 스님은 이 대목에서, 「현수품 제12」에서 일부를 뽑고, 이어서 「초발심공덕품 제17」 일부를 뽑고, 끝으로 「십주품 제15」 일부를 뽑아서, 이 책의 「제2장 올바른 견해」 pp.109~126에 번역함.

③ **明已解令行**(제4회 총 4품)**-야마천궁**

(1) 유치(由致) : 「승야마천궁품 제19」.
　　　　　　　　「야마천궁게찬품 제20」.
(2) 정종(正宗) : 「십행품 제21」.
(3) 승진취후(勝進趣後) : 「십무진장품 제22」.

---

116) 많은 부분을 줄이면서도 그 맥락을 잡아가는 것은 전체를 잘 아는 고수들만이 할 수 있다. 견기이작(見機而作; 상대나 상황에 걸맞게 늘이기도 하고 줄이기도 하는) 작가솜씨이다. 또 '수행'이나 '체험' 부분에 분량을 더 할당하고 '이론적 견해'는 좀 줄이려는 집필 의도도 엿보인다. 『화엄경』 본래의 품차(品次; 품의 순서)를 바꾸어 「초발심공덕품 제17」을 먼저 두고 이어서 「십주품 제15」을 배치한 것이며, 아래의 <승진취후(勝進趣後)>에 해당하는 「명법품 제18」을 과감하게 생략한 것 역시 『화엄경』의 핵심 줄거리를 초보자에게 잡아주려는 노파심절로 생각된다.

> ※ 월운 스님은 이상의 대목을 이 책에서는 모두 생략했음.

④ 明已行令起願 (제5회 총 3품)−도솔천궁

(1)유치(由致) : 「불승도솔천궁품 제23」,
　　　　　　　「도솔천궁게찬품 제24」.

(2)정종(正宗) : 「십회향품 제25」.

⑤ 明已願令證入(제6회 총 1품)−타화자재천궁

「십지품 제26」.

(1)서분(序分), (2)삼매분(三昧分), (3)가분(加分),

(4)기분(起分), (5)본분(本分), (6)청분(請分),

(7)설분(說分), (8)지영상분(地影像分),

(9)지이익분(地利益分), (10)지중송분(地重頌分).

> ※ 월운 스님은 이상에서 「십회향품 제25」과 「십지품 제26」의 두 품에서 일부분씩을 뽑아, 이 책의 「제3장 수행의 실제」 pp.129~150과 pp.151~176에 각각 번역함.[117]

---

117) 청량 국사의 과목 붙이기에서 보듯이 「십회향품 제25」은 <④明已 行令起願>科에 속하고, 「십지품 제26」은 <⑤明已願令證入>科에 속한다. 즉 '기원(起願; 발원하기)'과 '증입(證入; 실참에 들어가기)' 이 모두 다 이 대목에서 실제 수행이 진행된다고 본 점은 월운 강백의 '경안(經眼)'으로 해석할 수 있다.

6 明已證令等佛(제7회 전반 6품)—보광명전

(1)정답전문(正答前問)

　(ㄱ)명업용광대(明業用廣大) :「십정품 제27」.

　　　　　　　　　　　　　　「십통품 제28」.

　(ㄴ)명지혜심현(明智慧深玄) :「십인품 제29」.

(2)총현심광(總顯深廣)

　(ㄱ)설승덕무수(說勝德無數) :「아승기품 제30」.

　(ㄴ)설진일체시(說盡一切時) :「여래수량품 제31」.

　(ㄷ)설변일체처(說徧一切處) :「제보살주처품 제32」.

※

> 월운 스님은 이상의 대목을, 이 책에서는 모두 생략했음.118)

---

118) 생략하신 이유에 대해서 필자는 이렇게 생각해 보았다. 이 대목과 관련하여 『청량소초』에서도 <6 明已證令等佛>이라고 과(科)했듯이, 제7회 전반부의 총 6품에서는 이미 수행을 체험해서 부처님과 같은 경지에 이르게 하는 견해가(또는 이론이) 설해졌다고 했다. 그런데 월운 스님은 이 책에서「제4장 깨달음의 경지」라는 제목을 따로 마련 그곳에서 선재 동자의 구법체험을 배치했기 때문에, <6 明已證令等佛>에 해당하는 모든 품(品)을 생략하는 것이『화엄경』을 가려 뽑는 의도에 더 적절했을 것이다. 모쪼록 건강히 오래 사셔서 제자들의 이런 궁금증 다 풀어주시고, 종문교학(宗門敎學)의 북극성으로 우리 곁에 오래 계시기를 염원한다.

㉤ 셋째; <소성과문(所成果問)>에 대한 답변 ☞

이상에서는 ①에서 ⑥에 걸쳐 생해(生解)를 위해 닦아야 할 인행(因行)이 무엇인가에 답했고, 이하에서는 그런 수행으로 얻어지는 결과를 1)차별의 측면과 2)평등의 측면에서 답변.

㉤ 答所成果問(※제7회 후반 5품) - 보광명전

1) 차별인과(差別因果)

　(1) 총현불덕체용(總顯佛德體用)<德> :

　　　　　　　　　　「불부사의품 제33」.

　(2) 별현승덕지상(別顯勝德之相)<相> :

　　　　　　　　　　「여래십신상해 제34」.

　(3) 별현승덕용익(別顯勝德用益)<好> :

　　　　　　　　　　「여래수호공덕품 제35」.

2) 평등인과(平等因果)

　(1) 변인(辨因) : 「보현행품 제36」.

　(2) 명과(明果) : 「여래출현품 제37」.

※ 월운 스님은 이상의 총 5개의 품 중에서 <차별인과(差別因果)>에 해당하는 「불부사의품 제33」의 일부와[119] 「여래십신상해 제34」의 일부만[120] 추려서, 이 책 「제1장 믿음의 대

상」 pp.23~44에 번역함. 누구나 수행하면 평등하게 얻는 소위 <평등인과(平等因果)>에 해당하는 「보현행품 제36」과 「여래출현품 제37」은 모두 생략.121)

---

119) 위의 과목에서 보듯이 「불부사의품 제33」은 <총현불덕체용(總顯佛德體用; 부처님의 덕을 총체적으로 드러내는 부분)>이다. 이 부분은 더 과목을 가지 치면 <1.請分; 설법을 청함>, <2.加分; 부처님께서 신통력으로 가피하심>, <3.證分; 청련화 보살이 법계를 증득함>, <4.說分; 청련화 보살이 연화장 보살에게 법을 설함>이 된다. 월운 스님의 이 책에서는 <1>~<3>을 다 번역하고, <4.설분> 중에서 일부를 추려서 번역했다. 일부란, <4.설분>에서는 앞의 <3. 청분>에서 질문한 내용 즉, ①국토, ②본원력, ③종성, ④출현, ⑤불신, ⑥음성, ⑦지혜, ⑧자재, ⑨무애, ⑩해탈에 대해 대답하는데, 월운 스님은 그중 부처님께서 의지하여 머무시는 대상인 ①국토에 관련한 답변까지만 번역했다.

120) 부처님에게 여러 '상(相)'과 '호(好)'가 있는데, 「여래십신상해품 제34」는 '상(相; 총 97종)'에 해당하는 '승덕지상(勝德之相)'을 하나하나 드러내는 대목이다. 「제34품」은 크게 <1.계청허설(誡聽許說); 잘 들으라고 타이르고 설법을 허락하심>, <2.정진상상(正陳相狀); '상(相)'의 양상을 바로 진술하는 부분>, <3.결략현광(結略顯廣; 이 정도는 약과라고 이야기를 맺어 광대함을 들내는 부분>이다. 이 중에서 핵심은 <2>인데, 이 부분에서는 ①정수리에 있는 32상, ②미간에 있는 1상, ③눈에 있는 1상, ④코에 있는 1상, ⑤혀에 있는 4상, ⑥위턱에 있는 1상, ⑦어금니에 있는 1상, ⑧치아에 있는 1상, ⑨입술에 있는 1상, ⑩목에 있는 1상, ⑪어깨에 있는 5상, ⑫가슴에 있는 11상, ⑬손에 있는 13상, ⑭부자지에 있는 1상, ⑮볼기에 있는 1상, ⑯넓적다리에 있는 2상, ⑰장딴지에 있는 3상, ⑱발에 있는 13상을 차례로 설하고 있다. 월운 스님은 이 책에서 ①만 추려 번역했다. 다음에 이어지는 「여래수호공덕품 제35」에서는 '승덕지용(勝德之用)'에 해당하는 '호(好)'를 낱낱이 드러내고 있다. 월운 스님은 이 부분은 모두 생략했다.

121) <셋째; ㉯ <소성과문(所成果問)>의 본문은 깨달음이라는 결과를

이제 큰 과목을 통한 가지치기는 어느 정도 이해가 되었을 것이다. 좀 작은 가지로 접근해서 실제 독서에 도움이 되도록 해보기로 한다. 질문에 대해서는 경의 본문을 모두 인용하기로 하지만, 답변에 대해서는 품별로 요약해서 제시하기로 한다. 그렇게 하는 이유는 대답을 모두 인용하면 내용이 방대하여 독서의 방향성을 잃을까 염려되어서이다.

▶ (3) 질문 내용 전체 인용

이상으로 <▶ ⑴질문의 큰 가닥>과 <▶ ⑵답변의 큰 가닥)을 소개하여 <수인계과생해분>에 해당하는 총 31품의 가닥을 쳐 보았다.

이하에서는 제2회의 「여래명호품 제7」의 초반부에서 제기된 <▶ ⑶질문 내용 전체 인용>을 제시한 다음, <▶ ⑷각 품별 내용 요점 소개>를 통해, 『화엄경』 전체에 관통하는 큰 과목[大科]의 '질문-대답'의 얼개를 소개하기

> 성취한 원인에 대한 답변이다. 그렇게 때문에 이 대목에서는 특정해서 비로자나 부처님의 '인지(因地; 대지가 되는 수행)'와 과각(果覺; 열매 맺어진 깨달음)'이 드러난다. 그런데 청량 국사께서는 '인지'에 초점을 맞추었고, 월운 스님께서는 '과각'에 초점을 맞추었다. 그 결과 「제1장믿음의 대상 pp.23~43」 부분에 편제한 것으로 생각된다.

로 한다.

이때에 모든 보살이 이런 생각을 했다.
"만일 세존께서 우리를 불쌍히 여기신다면 좋아함을 따라서,

(1)부처님 세계와 부처님의 머무심과 부처님 세계의 장엄과 부처님 법의 성품과 부처님 세계의 청정함과 부처님이 말씀하신 법과 부처님 세계의 자체 성품과 부처님의 위덕과 부처님 세계의 성취함과 부처님의 큰 보리를 열어 보이시며,

(2)시방세계의 부처님 세존께서 일체 보살을 성취하기 위하여, 여래의 종성(種性)이 끊어지지 않게 하려고, 일체 중생을 구호하려고, 중생들에게 일체 번뇌를 끊게 하려고, 일체 행을 분명히 알려고, 모든 법을 연설하려고, 일체 더러움을 깨끗이 하려고, 일체 의심 그물을 영원히 끊으려고, 일체 희망을 뽑으려고, 일체 애착하는 곳을 멸하려고,

(3)모든 보살의 10주(住)와 10행(行)과 10회향(廻向)과 10장(藏)과 10지(地)와 10원(願)과 10정(定)과 10통(通)과 10정(頂)을 말씀하시고,

⑷또 여래의 지위[地]와 여래의 경계와 여래의 신력과 여래의 행하심과 여래의 힘과 여래의 두려움 없음과 여래의 삼매와 여래의 신통과 여래의 자재함과 여래의 걸림없음과,

⑸여래의 눈과 여래의 귀와 여래의 코와 여래의 혀와 여래의 몸과 여래의 뜻과 여래의 변재와 여래의 지혜와 여래의 가장 승한 원을 말씀하심과 같이, 원컨대 부처님 세존께서도 우리를 위하여 말씀하옵소서."

[여래명호품 제7]

이렇게 모든 보살들이 마음으로 생각한 것이, 한 단락에 10종의 질문으로 구단 지어진다. 그것을 도표로 그리면 [표4]와 같다. 위의 인용문에 붙인 아라비아 숫자와 아래의 [표4]에 붙은 숫자를 짝 맞추어 ⑴, ⑵, ⑶, ⑷, ⑸를 상호 대조하면 이해에 도움이 될 것이다.

[표4] 「여래명호품」에 등장하는 질문 40가지

과		목		내용	대답처
直爾疑問		(1) 問因所依果		1.佛刹	세계성취품→答世界安立海 화장세계품→答世界海
				2.佛住	
				3.佛刹莊嚴	
				4.佛法性	광명각품
				5.佛刹淸淨	
				6.佛所說法	사성제품
				7.佛刹體性	광명각품
				8.佛威德	광명각품
				9.佛刹成就	
				10.佛大菩提	광명각품
引例擧法請	標彼說意	(2)有悲而無問辭(伸問意); 어여삐 여기심은 있지만 질문을 한 것은 아님.			
	擧彼所說	問果所成因	(3)	1.菩薩十住	십주품
				2.菩薩十行	야마천궁품
				3.菩薩十廻向	불승도솔천궁품, 십회향품
				4.菩薩十藏	십장
				5.菩薩十地	십지
				6.菩薩十願	초지 중 답
				7.菩薩十定	십정품과 십통품에 모아서 답변
				8.菩薩十通	
				9.菩薩十忍	십인품
				10.菩薩十頂	答問不願[122]
		問因所成	(4) 內德成滿	1.如來地	後二十句問所成果, 全同初會.
				2.如來境界	
				3.如來神力	前會名佛加持, 離世間品各有十事.

			4. 如來所行	
			5. 如來力	
			6. 如來無畏	
			7. 如來三昧	
			8. 如來神通	
			9. 如來自在	
			10. 如來無碍	
	果	(5) 體相顯著	1. 如來眼	여래출현품, 불부사의품, 십신상해품.
			2. 如來耳	
			3. 如來鼻	
			4. 如來舌	
			5. 如來身	
			6. 如來意	
			7. 如來辯才	
			8. 如來光明	
			9. 如來智	
			10. 如來最勝	

이상의 40종에 달하는 질문은 소위 <수인계과생해분(修因契果生解分)>에서 답변이 나온다. 횟수로는 총 6회에 걸쳐 총 31품으로 구성되었다.

---

122) 答問不願 : 혹은 「십인품」 뒤에 노사나불이 심지법문을 설하기도 하고, 「십인품」 이하 네 품(品)을 모두 답하기도 한다.

▶ **(4) 각 품별 내용 요점 소개**

품별로 요점만 소개하되 특히 앞에서 소개한 '가닥 치기'와 연결하면서 각 품의 요점을 추려본다.

【제2회】: 보광명전(제1차)에서 총 6품을 설함[123]

[여래명호품 제7]-答佛住之問

이상의 <▶ (3)질문 내용 전체 인용>에서 보았듯이 「여래명호품 제7」에 40종에 달하는 질문이 쏟아진다. '질문'의 내용은 이 책의 pp.432~433에서 보았고, 그 질문에 대한 답변이 어떤 품에서 설해지는지는 pp.420~421의 [표3]의 ㉮, ㉯, ㉰와 [표4]의 ⑴~⑸로 도표화했다.

㉮는 우리의 의지의 대상이 되는 부처님이 어떤 분이신지에 대한 답변으로, 부처님의 몸[身]은 「여래명호품 제7」에서, 입[口]은 「사성제품 제8」에서, 뜻[意]은 「광명각품 제9」에서 설해진다.

「여래명호품 제7」에서는 부처님께서 신통으로 남서북동의 네 사방과 그 사이의 네 간방과 그리고 상하의 시방에 있는 세계 이름과 그곳 부처님들의 이름을 보여주신

---

123) 【제1회】의 설명은 p.403에서 이미 시작했고, 다음의 【제3회】 설명은 p.445에서 시작되니, 대조하시기 바람.

다. 뒤를 이어 제2회차 모임의 주인공이신 문수 보살이 부처님의 위신력을 받들어 무수한 불 세계와 그곳 부처님 명호 등을 답변한다.

명호는 부처님의 공덕 중에 신·구·의(身口意) 3업, 그 중 '몸'으로 하시는 업을 표현하고 있다. <'부처님의 머무심[佛住]'>에 관한 질문에 대해 '몸의 이름[身名]'이 <불국토에 따라 차별 있음>으로 답변한다.

[사성제품 제8]-答所說法問

본 품에서는 문수 보살께서 부처님의 3업 중에서 '입'으로 하신 가르침이 두루 하시어 원만하게 '4성제' 법문을 설하심을 밝힌다. 같은 '4성제' 법문이라도 시방에 펼쳐진 법계의 '국토'에 따라 중생마다 달리 부르고 있음을 알 수 있다. <불국토>와 <불연설해>와 <불소설법>에 관한 질문에 대해 답변한다.

[광명각품 제9]

부처님은 두 발바닥으로 백 억의 광명을 놓아 무수한 세계의 차별한 모습을 비추고, 문수 보살은 지혜의 광명으로 평등한 이치를 비추어서, 마침내 몸의 광명과 지혜의 광명이 합쳐 하나가 되고 '진여[理]'와 '현상[事]'의 원융한 진리를 깨치게 하였다.

해설 3. 문답으로 가닥 쳐 읽는 『화엄경』

부처님의 3업 중에서 '뜻'으로 하시는 업은 사량분별로 헤아릴 수 있는 게 아니기 때문에 광명으로, <불보리> 관련해서는 5종으로, <불위덕> 관련해서는 1종으로, <불법성> 관련해서는 4종으로 각각 답변하신다.

이상으로 [표3]의 <㉮소의과(所依果; 의지할 부처님의 과보)>, 월운 스님의 과목을 빌어오면 <믿음의 대상>에 관련한 질문의 답변을 모두 마치게 된다.

[보살문명품 제10]-明正解理觀

이렇게 하여 믿음직한 부처님에 대해서는 알았다. 그러나 아직 나도 그런 부처가 되어야겠다는 마음을 내지는 못했다. 이제 이하에서 부처 되겠다는 마음을 내게 하기 위한 법문이 펼쳐진다. 경학자들은 이를 ①명미신령신(明未信令信)으로 요약 표기했다.

이하「보살문명품 제10」부터「제보살주처품 제32」까지는 [표3]에서 볼 수 있듯이, <㉯소수인(所修因; 수행으로 닦아야 할 원인)>이 무엇이냐는 질문에 대한 답변이 시작된다. 즉, 수행을 어떻게 해야 할지, 그러면 어떤 결과를 얻는지, 역시 월운 스님의 과목을 빌어오면 <올바른 견해>와 관련한 법문이, 문수(믿음 관련 견해)-법혜(이론 관련 견해)-공덕림(실천 관련 견해)-금강당(발원 관련 견해)-금강장(지위 관련 견해)-보현(그 밖에 모든 견해) 등의 순으로 위대한 보살의 주관하에 펼쳐진다.

「보살문명품 제10」에서는 먼저, 문수 보살이 각수, 재수, 보수, 덕수, 목수, 근수, 법수, 지수, 현수 등 9명의 이름에 '수(首)' 자 들어가는 보살에게 질문을 하나씩 하여 모두 저마다 대답하게 한다. 마지막에 문수가 대답한다.

답변이 총 10종 나오는데, 여기에서는 믿음의 근거가 되는 지견과 견해[知解]를 내게 하려는 구도가 들어 있다. '10종의 답변'이란 부처님의, '연기', '교화', '업의 과보' '설법', '복 밭', '바른 가르침', '바른 실천', '수도를 돕는 바른 보조 수행', '한결같은 도', 그리고 마지막 한 문수 보살의 답변은 '깊고 깊은 경계'를 보여준다.

[정행품 제11]-明隨緣願行

이 품에서는 다양한 인연 따라 일상생활의 기거와 동작, 보고 듣는 대로 서원을 내어 실천 수행[願行]을 청정하게 해야 한다는 이야기로 구성되었다. 지수 보살이 질문하고 문수 보살이 답변하는 형식으로 진행된다.

답변은 총 141게송으로 되었는데, 예부터 다음과 같이 요약하여 많이 애독했다. 과목 이름을 <명수연원행(明隨緣願行)>이라 붙였듯이 인연에 따라 나누어보면, 재가할 때 11원, 출가 수계할 때 15원, 좌선할 때 7원, 장행피괘시(長行披掛時; 외출하거나 옷 입을 때) 6원, 양치하거나 씻을 때 7원, 걸식을 위해 마을로 갈 때 55원, 마을에서 걸식할 때 22원, 수행 처소로 돌아와 씻을 때 5원, 경을 읽거나 부처님을 뵙거나 탑에 절할 때 10원, 씻고 잘 때 3원, 이렇게 총 141원(願)이다.

이렇게 발원 수행하면 반드시 온갖 수승하고 묘한 공덕을 얻을 것이라며 법문을 맺는다.

[현수품 제12]-明德用該收

제2회의 마지막 품이다. 수행으로 생긴 공덕(功德)의 작용을 알리기 위해서 먼저 문수 보살이 게송으로 찬탄하여 아래처럼 발기(發起)하신다.

> 내 이제 보살들을 모두 위하여
> 부처님의 청정한 행 말하였으니
> 바라건대 당신도 이 회중에서
> 수행하던 좋은 공덕 말씀하소서.

이런 발기에 따라 현수 보살이 359.5게송으로 믿음[信]의 수행으로 생기는 공덕을 찬탄하고, 다시 10가지 삼매를 말하며 교묘한 비유로 깊은 이치를 말하고, 끝으로 법이 깊고 얕은 것과 믿고 이해하기 어렵고 쉬운 것을 비교하여 실제로 증득하는 것을 보여 주신다.

359.5게송은 셋으로 구분된다. 첫째의 총 4게송은 <설하겠노라고 겸손히 찬탄하는 게송>이고, 둘째의 총 344.5게송은 <뛰어난 공덕을 바로 설하는 게송>이고, 셋째의 총 9게송은 <비교하여 수지를 권하는 게송>이다.

둘째의 <뛰어난 공덕을 바로 설하는 게송> 총 344.5수(首)는 다시 다섯 부분으로 나누어지는데, 좀 복잡하지만 이렇게 나누어 읽지 않으면 의미 구조를 상실하기 쉽다. 다섯 부분은 이하와 같다. 『화엄경』 본문을 독서할 때 아래의 분류를 확인해가면서 읽으면 본문의 구조가 명확해질 것이다.

1) 발심의 행상을 노래 : 총 5게송.
2) 빼어난 공능을 간략히 노래 : 총 7게송.
3) 믿음에 갖추어진 행위를 노래 : 총 50.5게송.
4) 10종 삼매의 위대한 작용을 노래 : 총 203게송.
5) 현묘한 뜻을 비유로 노래 : 총 79게송.

【제3회】 : 도리천궁에서 총 6품을 설함

[승수미산정품 제13]-化主赴機

이상의 총 3품에서는 믿음[信] 관련 바른 견해를 밝혔고, 이하 총 6품에서는 각종 불교의 이론[解]에 관한 바른 견해를 밝힌다. 이를 경학자들은 <②명이신령해(明已信令解)>로 과문을 붙였다.

부처님은 성도하신 보리수나무 밑을 떠나지 않으신 채, 제3회차 설법을 위해 도리천의 제석천궁으로 올라가신다. 화신으로 나투신 부처님 오시는 것을 제석천왕이 뵈옵고, '보광명장'이라는 이름의 사자좌를 마련하여 맞이하여 모시고 예를 갖춘다.

하염없는 세계의 천자를 비롯하여 법왕들이 둘러싸 모시며 부처님의 공덕을 찬송하는 게송을 바친다.

[수미정상게찬품 제14]-助揚讚佛

이 모임에서는 이미 청중들의 믿음이 확고해졌다고 보고, 단계를 높여 각종 견해를 설법하시려는 설계로 법문이 구성된다. 즉, 10주(住)의 법문을 설하시려는 것이다. 시방의 부처님 세계로부터 법혜 보살 등 '혜(慧)' 자 들어가는 보살들이 운집하여 부처님의 공덕을 찬탄하니, 이제 3회 법회의 서막이 열린다. 본 법회에 들어갈 준비인 <유치(由致)>가 이렇게 마련되었다.

[십주품 제15]-辨位

이상 두 품을 통해 <유치(由致)>가 갖추어졌으니 이제는 제3회 도리천궁 법회의 본론인 <정설(正說)>이 나올 차례다. 드디어 10주의 법문이 시작된다. 모든 법문이 그렇듯이 부처님의 가피를 받은 보살님이 삼매에서 나와 부처님의 뜻을 전하는 형식으로 꾸며진다. 제3회차 법회의 설주(說主)는 법혜 보살이고, 들어간 삼매의 이름은 '무량방편삼매'이다.

삼매에서 일어나서 10주 법문을 설하니, 이른바 ①초발심주(初發心住), ②치지주(治地住), ③수행주(修行住), ④생귀주(生貴住), ⑤구족방편주(具足方便住), ⑥정심주(正心住), ⑦불퇴주(不退住), ⑧동진주(童眞住), ⑨법왕자주(法王子住), ⑩관정주(灌頂住)이다.

여기에서는 10주의 지위를 중점으로 설하신다. 본 품을 <변위(辨位)>라고 과목명을 붙인 경학 대가들의 안목에 감탄할 뿐이다.

'주(住)'란 무슨 뜻일까? 운허 스님의 『불교사전』에 의하면, "마음이 진제(眞諦)의 이치에 안주하는 위치에 이르렀다는 뜻으로 주(住)라 함"이라 했다. 즉 '마음먹기 수행'이다. '체험과 결부되는 수행'은 「이세간품」, 즉 '5주인과(五周因果)'로 말하면 제4의 성행인과(成行因果), '4분설(四分說)'로 말하면 <(3)탁법진수성행분(託法進修成行分)>에서 이루어진다.

[범행품 제16]-辨行

본 품을 경학가들은 <변행(辨行)>이라 과목명을 붙이는데, 정념 천자의 질문을 받은 법혜 보살은 자리행과 이타행으로 '청정한 수행[梵行]'을 차례로 대답한다. 예부터 많이 읽히는 품이니 자세하게 설명하기로 한다.

자리를 위한 범행으로 10가지 관찰이 설해진다. ①몸 자체를 관찰, ②몸의 작용을 관찰, ③언어 자체를 관찰, ④언어의 작용을 관찰, ⑤마음 자체를 관찰, ⑥마음 작용을 관찰, ⑦부처님은 어떤 분인가를 관찰, ⑧부처님의 가르침이란 무엇인가를 관찰, ⑨승가 공동체란 무엇인가를 관찰, ⑩계율이란 무엇인가를 관찰.

이렇게 10가지 측면에서 관찰하면 다음의 결과를 얻는다고 한다.

"이렇게 관찰하면, 몸에 취할 것이 없고, 닦는 데 집착할 것이 없고, 법에 머물 것이 없으며, 과거는 이미 멸하였고 미래는 이르지 못하였고 현재는 고요하며, 업을 짓는 이도 없고 과보를 받을 이도 없으며, 이 세상은 이동하지 않고 저 세상은 바뀌지 아니하느니라."

이렇게 관찰하고 나서 더 근원적인 물음을 던지라고 한다. 즉, 위의 10가지 관찰 중에 어느 것이 진정한 범행인가? 범행을 수행하는 나는 누구인가? 범행의 대상은 색,

수, 상, 행, 식 등 어떤 범주의 법에 속하는가?

이런 관찰을 한 다음에는 이하의 10종 지혜를 더 내야 한다고 한다. ①옳고 그름을 아는 지혜, ②3세의 업을 아는 지혜, ③선정·해탈·삼매를 아는 지혜, ④6근(根)의 기능을 아는 지혜, ⑤갖가지 지식을 아는 지혜, ⑥18계(界)를 아는 지혜, ⑦갖가지 수행법을 아는 지혜, ⑧멀리 있거나 가려진 것도 알 수 있는 천안(天眼)의 지혜, ⑨지난 업도 알 수 있는 숙명(宿命)의 지혜, ⑩번뇌의 습기를 아주 끊는 지혜.

그런 다음에 더 나아가 부처님께만 있는 열 가지 힘[十力]을 하나하나 관찰하고, 그 속에 담긴 뜻을 부처님께 여쭈어야 한다. 그런데 이렇게 관찰도 하고 여쭙기도 한 다음에는, 자비심을 내어 중생을 관찰하여 그들을 저버리지 말아야 한다고 한다.

"들은 뒤에는 크게 자비한 마음을 일으키나니, ①중생을 관찰하여 버리지 아니하며, ②모든 법을 생각하여 쉬지 아니하며, ③위 없는 업을 행하고도 과보를 구하지 말며, ④경계[境]란 요술같고, 꿈같고, 그림자같고, 메아리같고, 변화와 같음을 분명히 알지니라."

이렇게 범행을 닦은 결과로, ①모든 법에 '두 가지 이해

[不二]'를 내지 않아 온갖 부처님 가르침이 눈앞에 현전하며, ②초발심 하자마자 정각을 이루며, ③일체 법이 제 마음[自性]에서 나온 것임을 알며, ④지혜란 남에게서 오는 것이 아님을 알게 된다.

[초발심공덕품 제17]-辨德

경학가들은 본 품을 <변덕(辨德)>이라 과목 이름을 붙였다. 이미 청정한 행을 닦았기 때문에 밝은 덕이 드러난다. 10주의 공덕은 단계가 올라갈수록 공덕이 크게 마련이지만, 역시 첫 단계의 발심 공덕은 궁극의 깨침과 통한다는, 즉 원인 되는 수행인 '인행(因行)'과 그 결과로 얻어지는 공덕인 '과덕(果德)'은 시간적으로 동시적이며 공간적으로 광대한 법계와 동등하다는 이치가 설해진다.

[명법품 제18]-勝進趣後

멈추거나 머뭇거리지 말고 늘 정진하는 열 가지 수행 방법과 또 그렇게 수행하면 생기는 열 가지 청정한 법이 설해진다. 그리하여 10주 단계의 수행을 철저하게 완수해서, 다음의 단계인 10행으로 더 높이 나아가야 함을 밝힌다.

【제4회】: 야마천궁에서 총 4품을 설함

[승야마천궁품 제19]-明感應道交

이상의 총 6품에서는 각종 이론[解]에 대해 올바른 견해를 밝혔으니, 이하 총 6품에서는 각종 불교의 수행[行]에 관한 바른 견해를 밝힌다. 이를 경학자들은 <③명이해령행(明已解令行)>으로 과문을 붙였다.

역시 정각을 막 이루시던 보리수나무 밑을 떠나시지 않고 야마천의 보장엄전으로 올라가신다. 물론, 이미 지나온 보광명전이나, 도리천도 떠나지 않으신다. 야마천왕은 '보련화장'이라 이름하는 사자좌를 마련하여 부처님을 맞이하고 찬송을 올리는 등 예를 갖춘다.

이전의 제3회 모임에서 각종 지견과 견해에 대해 말씀하셨기 때문에, 제4회의 모임에서는 실천과 관련한 이론을 설하신다. 그중에서 본 품과 다음의 「야마궁중게찬품 제20」을 합쳐 본회가 열리게 된 이유를 설한다는 뜻으로 <유치(由致)>에 해당한다.

[야마궁중게찬품 제20]-明讚德現體

부처님의 신통력으로 시방세계에서 공덕림 보살 등 '림(林)'자 들어가는 10명의 보살이 수많은 보살과 구름처럼 몰려와 게송으로 부처님의 공덕을 찬송으로 올린다.

[십행품 제21]-當會正宗

이상의 두 품에서 수행이론을 설할 조건이 다 갖추어졌다. 비로소 제4회 모임 법회의 핵심이 드러나는 대목이다. 그런 뜻에서 본 품 전체를 <정종(正宗)>이는 과목명으로 이름 붙인다.

보살의 닦아야 할 수행 열 가지를 공덕림 보살이 부처님의 가피를 받아 '선사유삼매'에서 나와 설한다. 열 가지 수행의 이름만 나열하면 다음과 같다. ①환희행(歡喜行), ②이익행(饒益行), ③무위역행(無違逆行), ④무굴요행(無屈撓行), ⑤무치란행(無癡亂行), ⑥선현행(善現行), ⑦무착행(無着行), ⑧난득행(難得行), ⑨선법행(善法行), ⑩진실행(眞實行)이다.

각 수행에 관한 법문을 설할 적에 시방의 세계가 여섯 종류로 진동하고 무수한 보살들이 와서 공덕림 보살을 찬탄하며 게송으로 10행의 뜻을 거듭 빛낸다.

[십무진장품 제22]-勝進趣後

이상의 10행에서 한 단계 더욱 훌륭하게 나아가는 끝없는 덕의 행상을 보이는데, 이를 전래의 강당에서는 <승진취후(勝進趣後)>라고 과목 이름을 붙인다. '10장(藏)'을 설하시는데, ①믿음[信], ②계행[戒], ③내 잘못 부끄러워함[慚], ④남 잘못 부끄러워함[愧], ⑤법문 들음[聞], ⑥보시[施], ⑦지혜[慧], ⑧기억[念], ⑨말씀 수지독송[持], ⑩바른 법문[辯]이 그것이다. 그러면 '장(藏)'이란 무슨 뜻인가? 한마디로 말하면 큰 창고 즉 곳간이다. 그 속에 모든 법계의 공덕이 들어있는데, 보살은 그런 열 가지 곳간을 모두 채워둔다고 한다. 무엇 때문에 그런 무진장의 곳간을 채우는가? 결국은 스스로 위 없는 보리를 성취하기 위함이며, 한편으로는 다음과 같은 열 가지 이유 때문이다.

①일체 중생에게 이익을 주려고, ②본래의 서원을 잘 회향하려고, ③어느 때라도 끊어지지 않게 하려고, ④온 중생을 깨우치되 한정하는 마음을 두지 않으려고, ⑤드러난 형태로 회향하지만 티 없이 하려고, ⑥한 생각의 경계에 온갖 법이 다함 없게 하려고, ⑦크게 서원하는 마음이 변동 없게 하려고, ⑧모든 다라니를 잘 거두어 보존하려고, ⑨모든 부처님께서 온 중생을 보호 염려하심을 알게 하려고, ⑩일체 법이 부질없이 무상함을 알게 하려고.

【제5회】: 도솔천궁에서 총 3품을 설함

[불승도솔천궁품 제23]-化主赴感

이상의 총 4품에서는 각종 수행[行]에 대해 올바른 견해를 밝혔는데, 이하 총 3품에서는 그렇게 얻은 수행의 공덕을 중생들에게로 돌리는 발원[願]에 관한 바른 견해를 밝힌다. 이를 경학자들은 <④명이행령원(明已行令願)>으로 요약 표기했다.

제5회차 모임을 위해 부처님께서 도솔천궁으로 향하자, 도솔천왕은 부처님께서 멀리 오시는 것을 뵙고 '마니장'이라고 하는 사자좌를 설치한다. 물론, 이전에 모였던 모임 장소를 떠나시지 않음은 이곳도 상황은 마찬가지다.

[도솔천궁게찬품 제24]-助化讚佛
부처님께서 사자좌에 앉으시자 큰 보살들이 구름처럼 몰려와 부처님께 예배하고, 금강당 보살을 필두로 부처님의 공덕을 게송으로 찬양하여 감격 찬탄 예배한다. 경학가들은 이상의 두 품을 <유치(由致)>, 다음의「십회향품 제25」를 <정종(正宗)>이라 과목 이름을 붙이니 경의 내용 이해에 이정표 되기에 족하다.

[십회향품 제25]-當會正宗
금강당 보살이 부처님의 가피를 입어 '보살지광(智光) 삼매'에 들어가서 부처님의 한량없는 지혜를 얻고 나서는 삼매에 일어나 '10회향'을 설한다.

먼저, 각 세 곳으로 회향하니, 첫째는 대비심을 중생에게 베풀어 교화하기 위해 아래로는 중생들에게 회향하고,

둘째는 최상의 깨침을 얻기 위해 위로는 보리에 회향하고, 셋째는 회향하는 사람이나 이치가 모두 고요하기 때문에 바다처럼 그지없는 수행으로 보현법계의 공덕을 성취하는 진여실제(眞如實際)로 회향한다.

제5회에서 더 훌륭하게 나아가는 행 즉 <승진취후(勝進趣後)>에 해당하는 품(品)이 없는 이유에 대해, 예부터 경학 대가들은 다음과 같이 밝히고 있다. 즉, 앞에서 말한 10주와 10행을 포함하여 이곳의 10회향 전체가, 결국은 다음에 나오는 10지로 훌륭하게 더 나아가는 공덕이 되기 때문에, <승진취후>에 해당하는 품이 별도로 마련되지 않았다고 한다. 설득력 있는 해석이다.

한편, 수행으로 얻은 공덕이 나에게 축적된 뒤에 남에 베풀 때는 '회향'이라고 하고, 그러기 전에는 '발원'이라 한다. '발원'이 법계에 충만하면 나와 남을 함께 구호하는 결과로 '회향'이 완성된다. 그러면 '10회향'이란 무엇인가? 그 제목만을 들어본다.

①일체 중생을 구호하면서도 중생이라는 상(相)을 여의는 회향, ②깨뜨릴 수 없는 회향, ③모든 부처님과 평등한 회향, ④온갖 곳에 이르는 회향, ⑤다함 없는 공덕장 회향, ⑥일체 평등한 선근에 들어가는 회향, ⑦일체 중생을 평등하게 따라주는 회향, ⑧진여의 모양인 회향, ⑨속박도 없고 집착도 없는 해탈 회향, ⑩법계에 들어가는 무량한 회향.

【제6회】: 타화자재천궁에서 총 1품을 설함

[십지품 제26]

 이상의 총 3품에서는 각종 발원[願]에 대해 올바른 견해를 밝혔다. 이제 「십지품」에서는 실제 수행을 단계별로 체험해 들어가는[證入] 단계에 관련한 바른 견해를 밝힌다. 이를 경학자들은 <⑤명이원령증입(明已願令證入)>으로 과문을 표시했다.

 제6회차 설법을 위해 부처님께서는 타화자재천궁의 '마니보장전'에 여러 보살과 함께 계셨다. 타화자재천은 욕계의 총 6천 중에서 맨 위쪽에 있는 하늘 세계이다. 이 하늘에서는 남이 변해 나타내는 즐거움을 자유자재로 나의 쾌락으로 삼기 때문에 붙여진 이름이다.

 이 법회에 모인 보살들은 다 '아뇩다라삼먁삼보리'에서 물러가지 않는 이들인데, 각기 다른 세계에서 왔으며, 모든 보살의 지혜로 머무는 경계에 머무르고, 모든 여래의 지혜로 들어간 곳에 들어가서 부지런히 수행하여 쉬지 아니하며, 가지가지 신통을 잘 나타내며, 하는 일은 모든 중생을 교화하고 조복하여 때를 놓치지 아니하며, 보살의 모든 원을 성취하기 위하여 모든 세간과 모든 겁과 모든 세계에서 모든 행을 부지런히 닦아서 쉬지 아니하였다.

 보살의 복과 지혜와 '도를 돕는 일[助道]'을 구족하여 중생을 이익되게 하며, 일체 보살의 지혜 방편과 마침내 저 언덕[彼岸]에 이르렀으며, 일부러 생사와 열반에 들어감을 보이지만 보살행 닦기를 그만두지 아니하며, 일체 보살의 선정과 해탈과 삼매와 삼마발저(三摩鉢底)에 잘 들어가서 신통과 밝음과 지혜로 하는 모든 일이 자유자재하며, 일체 보살의 자유자재한 신력을 얻어 잠깐도 흔들리지 아니하고, 모든 여래의 대중이 모인 도량에 나아가서 대중의 우두머리가 되어 부처님께 설법을 청하며, 부처님의 바른 법륜을 보호하여 유지하고, 광대한 마음으로 여러 부처님을 공양하고 섬기며, 일체 보살의 행하는 사업을 부지런히 닦는 이들이었다.

그 몸은 일체 세간에 두루 나타나고, 그 음성은 시방 법계에 고루 미치고, 마음과 지혜는 걸림이 없어 3세의 모든 보살이 가지는 공덕을 모두 보고, 수행하여 원만하게 되어, 말할 수 없는 겁 동안에 말하여도 다할 수 없었다.

대표적 이름만 들어도 금강장(金剛藏) 보살을 필두로 해탈월(解脫月) 보살에 이르는 '장(藏)' 자 들어가는 무수한 보살들이, 물론 그 권속들까지도 운집했다. 총 대표격인 금강장 보살께서 '보살대지혜광명(菩薩大智慧光明) 삼매'에 들어 수많은 부처님으로부터 가피를 받는다.

그때 시방 부처님께서 각각 오른손을 펴서 금강장 보살의 정수리를 만지시었다. 정수리를 만지자 금강장 보살이 삼매에서 일어나, 일체 보살 대중에게 이렇게 말하였다.

"불자들이여, 모든 보살의 원은 잘 결정되어 혼잡하지 않고 볼 수 없으며, 광대하기 법계와 같고 끝없기 허공과 같아서 오는 세상이 끝날 때까지 이르며, 모든 부처님 세계에 두루 하여 일체 중생을 구호하며, 일체 부처님의 호념함이 되어 과거·미래·현재 여러 '부처님 지혜의 지(地)'에 들어갑니다."

그럼 '부처님 지혜의 지(地)'란 무엇인가? 그것은 보살 수행의 중심으로, ①환희지(歡喜地), ②이구지(離垢地), ③발광지(發光地), ④염혜지(燄慧地), ⑤난승지(難勝地), ⑥현전지(現前地), ⑦원행지(遠行地), ⑧부동지(不動地), ⑨선혜지(善慧地), ⑩법운지(法雲地)이다.

제3회차에서 설한 10주, 제4회차에서 설한 10행, 제5회차에서 설한 10회향 등은 수행 모두 관련 이론으로 '현위(賢位)'라고 하는 데 비해, 이곳 제6회에서 설한 10지(地)는 '성위(聖位)'로 특별 취급했다.

「십지품」은 10바라밀 수행과 결부시켜 지위에 따른 수행을 닦으면 어떤 결과가 드러나는지를 단계별로 설하고 있다. 비록 순차적으로 법문이 설해지기는 했지만 실제로는 한 가지 바라밀 각각 속에 각기 열 가지 바라밀이 구족했고, 또 역시 한 지위[地]에 각기 열 가지 지위를 모두 갖추고 있다고 한다. 이것이 『화엄경』에서만 나오는 특별한 가르침[別敎]인 원만융통한 보현행이다. 「10지품」은 화엄교학의 '원융' 수행을 잘 드러내고 있다.

【제7회】: 보광명전(제2차)에서 총 11품을 설함

[십정품 제27]-就定明用

이상의 「십지품」에서는 실제 수행을 단계별로 체험해 들어감[證入]과 관련한 바른 견해를 밝혔다. 이제는 부처님처럼 되는데 필요한 올바른 견해를 제7회차 전반부 총 6품에 걸쳐 설한다. 이를 경학자들은 <6명이증령등불(明已證令等佛)>로 과문을 표시했다.

한편, 제7회차 후반부 총 5품에서는 이상의 1에서 6까지 총 23품에 걸쳐, 수행을 닦으면 어떤 과보를 얻게 되는지에 대한 답을 내놓고 있다. [표3] 조견표의 <㉱답소성과문(答所成果問)>이 그것을 뜻한다.

제7회차 설법 장소는 이제 천상에서 내려와 보광명전이 된다. 욕계 맨 위층의 타화자재천까지만 올라갔다가는, 다시 지상으로 내려온다. 욕망이 지배하는 세상에 사는 중생 제도가 『화엄경』의 역할임을 보여 주는 장면이다.

법회 참석 회중들이 모두 '찰라제삼매'에 들었는데 보안 보살이 부처님의 위신력을 받들어 삼매에서 일어나 부처님께 법문해주시길 아래와 같이 청한다.

"세존이시여, 보현 보살과 보현의 행과 서원에 머무른 보살들이 얼마나 많은 삼매와 해탈을 성취하였기에 보살의 여러 가지 큰 삼매에 들기도 하고 나기도 하며, 혹은 편안히 머물기도 하며, 보살의 부사의한 넓고 큰 삼매에 잘 들어가고 나옴으로써 모든 삼매에 자유로우며, 신통과 변화가 쉬지 않나이까?"

그러자 부처님께서는 보현 보살이 이곳에 와 계시니 그대가 직접 물으라고 대답하신다. 그러나 모든 보살이 아무도 보현 보살을 보지 못한다.

그러자 부처님과 보현 보살과 주거니 받거니 질문과 대답이 진행된다. 이곳처럼 부처님께서 직접 답변하신 법문 사례는 극히 제한적이다. 이곳과 「아승기품 제30」과 「여래수호공덕품 제35」가 유일하다. 나머지는 보살들이 법을 설한다. 물론 여래의 신통력과 가피를 받아서 설했으니, 그 설법도 부처님의 뜻과 다르다고 말할 수는 없다.

마침내 부처님께서 보현 보살에게 '10종의 삼매'를 설하여 보현의 행(行)과 원(願)에 들어갈 수 있도록 하라고 명하신다. 명을 받들어 보현 보살이 설한 '10종의 삼매'의 명칭은 다음과 같다.

①넓은 광명[普光] 큰 삼매, ②묘한 광명[妙光] 큰 삼매, ③여러 부처님 국토에 차례로 가는[次第徧往諸佛國土] 큰 삼매, ④청정하고 깊은 마음인[淸淨深心行] 큰 삼매, ⑤과거의 장엄한 갈무리를 아는[知過去莊嚴藏] 큰 삼매, ⑥지혜 광명의 갈무리인[智光明藏] 큰 삼매, ⑦모든 세계의 부처님 장엄을 아는[了知一切世界佛莊嚴] 큰 삼매, ⑧중생의 차별한 몸인[衆生差別身] 큰 삼매, ⑨법계에 자유자재하는[法界自在] 큰 삼매, ⑩걸림 없는 바퀴인[無礙輪] 큰 삼매.

[십통품 제28]-就通明用

이어서 보현 보살은 선정의 힘으로 생기는 보살의 열 가지 신통에 대해서 설한다. 그 신통의 이름을 열거하면 다음과 같다.

①남의 속을 아는 신통, ②걸림 없는 하늘 눈 신통, ③전생 일을 아는 신통, ④내생 일을 아는 신통, ⑤걸림 없이 청정한 하늘 귀 신통, ⑥성품도 없고 동작도 없이 모든 세계에 가는 신통, ⑦모든 말을 잘 분별하는 신통, ⑧수없는 형상으로 몸을 나투는 신통, ⑨모든 법을 아는 신통, ⑩모든 법이 다 없어지는 삼매에 들어가는 신통.

이상의 「10정품」과 「10통품」에서는 <업의 작용이 넓고 큼[業用廣大]>을 설한 것이고, 아래의 「10인품」은

<지혜가 깊고 그윽함[智慧深玄]>을 설한 것이다. 이리하여 일단 <(1)앞에 나온 질문에 총체적 대답>이 끝난다.

[십인품 제29]-明智慧深玄

이어서 보현 보살은 여러 보살에게 '열 가지 인(忍)'에 대해 설하는데 이 '열 가지 인'을 얻으면 곧 일체 보살의 걸림 없는 인에 이르러 온갖 불법이 장애가 없고 다함이 없다고 한다. '인(忍)'은 범어 'kśāti'를 번역한 말인데, 확실하다고 인정하고 인가하는 특수한 지혜의 일종이다. '열 가지 인'의 명칭은 다음과 같다.

①음성인(音聲忍), ②순인(順忍), ③무생인(無生忍),
④여환인(如幻忍), ⑤여염인(如焰忍), ⑥여몽인(如夢忍),
⑦여향인(如響忍), ⑧여영인(如影忍), ⑨여화인(如化忍),
⑩여공인(如空忍).

이하의 총 3품에서는 <(2)깊고 넓음을 총체적으로 밝히는 대답>을 설하신다.

[아승기품 제30]-說勝德無數

심왕 보살이 부처님께서 알고 계시는 수량에 관해 질문하자, 부처님께서 직접 대답하신 품이다. 큰 수의 단위에 대해서 설하신다. 전에도 언급했지만 『화엄경』 본문에서 부처님의 친설 형식의 법문은 앞의 「십정품 제27」과, 이곳의 「아승기품 제30」과, 그리고 뒤에 나오는 「여래수호광명공덕품 제35」뿐이다.

[여래수량품 제31]-說盡一切時

다양한 부처님 세계의 수명에 대해서 심왕 보살이 설하고 있다. 이 사바세계의 교주이신 석가모니 부처님 세계의 1겁은 극락세계의 교주이신 아미타불 세계의 1일에 해당하고, 극락세계의 1겁은 가사당세계의 교주이신 금강견 부처님 세계의 1일에 해당하고, 이렇게 차례차례로 아승기 세계를 지나 마지막 세계의 1겁은 승련화세계의 1일이 되는데, 보현 보살과 함께 수행하는 큰 보살들이 그 세계 가운데 모두 가득하다고 한다.

[제보살주처품 제32]

심왕 보살이 설하기를 보살이 머무는 장소는 어디를 특정할 수 없이 무한한 공간에 걸쳐 무한하게 많다고 한다.

이상의 「아승기품」, 「여래수량품」, 「제보살주처품」은 시간과 공간과 그 속에 있는 보살 중생들의 무량·무변·무수함을 설한 부분이다. 이상으로서 <(2)총현심광(總顯深

廣)>을 설하는 총 3품을 마친다.

[불부사의법품 제33]-總明佛德體用

이곳 「불부사의법품」 이하 총 5품은 누구나 수행을 하면 성취할 수 있는 과보가 있음을 보여 주는 대목이다. 이런 뜻으로 과목 이름을 [표3] 조견표와 같이 ㉰답소성과문(答所成果問)이라고 한 것이다.

먼저 「불부사의법품」에서는 청련화 보살에게 가피력을 내려 수많은 부처님의 ①국토, ②서원, ③종성, ④출현, ⑤몸, ⑥음성, ⑦지혜, ⑧자유자재, ⑨걸림 없음, ⑩해탈 등이 얼마나 불가사의한지 알고 싶어 하는 보살들의 궁금증을 풀어주는 법문이 펼쳐진다.

[여래십신상해품 제34]-別顯勝德之相

「십신상해품」에서는 여래께서 갖추고 계시는 바다처럼 하염없는 몸매에 대해서 보현 보살이 답변하신다. 먼저 여래의 정수리에 대해 이렇게 설한다.

"불자들이여, 여래의 정수리에 보배로 장엄한 서른두 가지 거룩한 모습이 있습니다. 그 가운데 거룩한 모습이 있으니 이름이 모든 방위에 비치는 한량없는 큰 광명 그물을 두루 놓음[光照一切方普放無量大光明網]입니다. 온갖 기묘한 보배로 장엄하였고, 보배로운 머리카락이 두루 하여 보드랍고 치밀한데, 낱낱이 마니 보배 광명을 놓아 그지없는 모든 세계에 가득하여 빛깔[色相]이 원만한 부처님 몸을 나타내나니, 이것이 하나입니다."

이렇게 정수리에서 시작하여, 눈, 코, 혀, 입, 치아, 어깨, 가슴, 손, 발, 발가락에 이르기까지 97종의 거룩한 모습을 비롯하여 세계의 티끌 수만큼의 거룩한 모습이 있다고 한다.

[여래수호광명공덕품 제35]別顯勝德用益

앞의 「아승기품 제30」도 이곳의 「여래수호공덕 제35」도 부처님께서 친히 설하신 품이다. 보수 보살에게 여래께서 가지고 계시는 잘생긴 모습과 그것을 접하는 이들의 공덕을 설하신다. 첫 부분만을 인용하면 다음과 같다.

"여래·응공·정등각에게는 '따라서 잘생긴 모습[隨好]'이 있으니, 이름은 원만왕(圓滿王)이요, 이 잘생긴 모습에서 큰 광명이 나오니 이름이 치성(熾盛)이라, 칠백만 아승기 광명으로 권속을 삼느니라.
불자여, 내가 보살이었을 때에 도솔천궁에서 큰 광명을 놓았으니 이름이 광명 당기왕[光幢王]이며 열 부처 세계의 티끌 수 세계를 비추었느니라.

그 세계의 지옥 중생으로서 이 광명을 만난 이는 모든 고통이 쉬고 열 가지 청정한 눈을 얻었으며, 귀·코·혀·몸·뜻도 그와 같아서 즐거운 마음으로 뛰놀며 좋아하였느니라.

거기서 목숨을 마치고는 도솔천에 태어났는데, 그 하늘에 북이 있으니 이름이 '매우 사랑스러움[甚可愛樂]'이라. 저 천자가 태어난 뒤에 이 북이 소리를 내어 말하였느니라.

'여러 천자들아, 저는 마음이 방일하지 않고, 여래 계신 데서 선근을 심었으며, 지난 세상에 여러 선지식을 친근히 하였으므로 비로자나의 위신력으로 저기서 목숨을 마치고 이 하늘에 태어났다.'"

이렇듯이 부처님의 잘생긴 모습의 공덕에 대해 하염없음을 설하고 있다.

저 앞에서 설명한 「여래명호품 제7」에서 위의 이곳의 「여래수호공덕품 제35」까지 총 29개의 품은 각각의 인연에 따르는 '차별적인 인과 관계'를 설하셨는데, 이하의 「보현행품 제36」과 「여래출현품 제37」에서는 '평등한 인과 관계'를 설한다.

[보현행품 제36]-明稱果之因

이하의 두 품은 '평등인과' 즉, 어느 경우에나 항상 모두 일정한 원인만 갖추면 그에 따른 결과가 똑같다는 평등의 진리를 설한다. 이곳 「보현행품 제36」에서는 보편적으로 공통하는 원인에 대해 보현 보살이 설한다.

'10종의 원인'을 갖추면 평등하게 누구나 무량한 청정을 얻는다고 한다. '10종의 평등한 원인'을 설하는 보현 보살의 법문을 인용한다.

"보살 마하살이 모든 보살의 행을 빨리 만족하려거든 열 가지 법을 부지런히 닦아야 하나니, 무엇이 열인가. 이른바 ①마음에 일체 중생을 버리지 않음과, ②여러 보살에게 여래라는 생각을 내는 것과, ③일체 불법을 영원히 비방하지 않음과, ④모든 국토가 다하지 아니함을 아는 일과, ⑤보살의 행에 믿고 좋아함을 내는 일과, ⑥평등한 허공 법계 같은 보리심을 버리지 않음과, ⑦보리를 관찰하여 여래의 힘에 들어감과, ⑧걸림 없는 변재를 부지런히 익힘과, ⑨중생 교화에 고달픔이 없음과, ⑩일체 세계에 머무르되 마음에 집착이 없음이니, 이것이 열입니다."

[여래출현품] 제37-辨如因之果

이하의 「여래출현품」에서는 원인은 인연 따라 다르더라도, 수행을 닦기만 하면 누구나 부처가 된다고 보현 보살의 입을 통해 법문하신다. '여래의 출현'은 중생들 저마다 자신 속에 본래 갖춘 진여 자성이 드러나는 것으로, 다른 누가 출현하는 게 아니다.

앞의 저곳 「보현행품 제36」에서는 같은 '평등인과'를 설하면서도 '원인의 평등'을, 지금의 이곳 「여래출현품 제37」에서는 '결과의 평등'에 초점을 둔다.

법문이 시작되기 전에 여래의 미간 백호에서 '여래출현'이라는 이름의 광명이 솟아오른다. 여러 상서를 보이고는 다시 여래성기묘덕 보살의 정수리로 들어간다. 여래의 가지를 받은 여래성기묘덕 보살은 게송으로 부처님을 찬송하고 마지막에는 누가 여래의 법장자(法長子)인지 알려주시길 청한다. 이에 부처님은 입으로 '걸림 없고 두려움 없는 광명'을 발산하여 여러 상서를 보이시더니 마침내 보현의 입속에 부어 넣는다.

이렇게 힘 받은 보현에게 여래성기묘덕보살이 여래께서 보여 주신 상서의 의의를 묻자, 보현은 '여래가 출현하는 법문'을 하시려고 그러신다고 대답한다. 그러자 우리는 '여래 출현을 어떻게 이해해야 하는가에 대한 법문' 해주실 것을 청하자, 이에 보현은 열 가지 방면에서 '여래 출현'을 설법한다.

(1)첫째는 '여래 출현의 연고'를 열 가지로 답한다.
"①과거에 한량없이 일체 중생을 거두어 주려는 보리심을 이루려는 연고며, ②과거의 한량없이 청정하고 뛰어난 뜻을 이루려는 연고이며, ③과거에 한량없이 일체 중생을 구호하는 대자대비를 이루려는 연고며, ④과거에 한량없이 계속하는 행과 원을 이루려는 연고며, ⑤과거에 한량없이 복덕을 닦으면서 만족한 줄 모르는 마음을 이루려는 연고며, ⑥과거에 한량없이 부처님께 공양하고 중생 교화를 이루려는 연고며, ⑦과거에 한량없는 지혜와 방편과 청정한 도로를 이루려는 연고며, ⑧과거에 한량없이 청정한 공덕장을 이루려는 연고며, ⑨과거에 한량없이 장엄한 도의 지혜를 이루려는 연고며, ⑩과거에 한량없이 통달한 법과 이치를 이루려는 연고입니다."

(2)둘째는 한량없는 곳에서 '여래의 몸'을 보아야 한다며 열 가지 비유로 답한다.

(3)셋째는 '여래의 음성'은 다양한 방식으로 드러남을 알아야 한다며 열 가지 사례로 답한다.

(4)넷째는 '여래의 마음의 모양'은 한량없는 지혜로 알아야 한다며 열 가지 사례로 답한다. 그중 열 번째 사례는 역사적으로 많은 고승이 인용하는데 그만큼 『화엄경』의 사상을 핵심적으로 드러내 주기 때문이다. 길지만 본문을 아래에 인용한다.

또 불자여, 여래의 지혜는 이르지 못하는 데가 없으니, 왜냐하면 한 중생도 여래의 지혜를 갖추어 가지지 않은 이가 없지마는, 다만 허망한 생각과 뒤바뀐 집착으로 증득하지 못하나니, 만일 허망한 생각을 여의기만

하면 온갖 지혜와 저절로 생기는 지혜와 걸림 없는 지혜가 곧 앞에 나타나게 되리라.

불자여, 비유하면 큰 경책[經卷]이 있어 분량이 3천대천세계와 같은데 3천대천세계에 있는 일을 죄다 썼으니, 이른바 큰 철위산 가운데 일을 쓴 것은 분량이 큰 철위산만 하고, 땅덩이 가운데 일을 쓴 것은 분량이 땅덩이만 하고, 중천(中千) 세계의 일을 쓴 것은 분량이 중천 세계만 하고, 소천(小千) 세계의 일을 쓴 것은 분량이 소천 세계만 하며, 이와 같아서 4천하나 큰 바다나 수미산이나 땅에 있는 하늘 궁전이나 욕심 세계의 허공에 있는 하늘 궁전이나 형상 세계의 궁전이나 무형 세계의 궁전이나를 낱낱이 쓴 것은 그 분량이 다 그와 같느니라. 이 큰 경책의 분량이 비록 대천세계와 같지마는, 전체가 한 작은 티끌 속에 있으며, 한 작은 티끌 속과 같이 모든 작은 티끌들도 역시 그러합니다.

이때 어떤 지혜가 밝은 사람이 청정한 하늘 눈을 구족히 성취하여, 이 경책이 작은 티끌 속에 있으면서도 중생들에게 이익을 주지 못함을 보고는 '내가 꾸준히 노력하는 힘으로 저 티끌을 깨뜨리고 이 경책을 내어서 모든 중생을 이익케 하리라.' 이렇게 생각하고 즉시 방편을 내어서 작은 티끌을 깨뜨리고 이 큰 경책을 꺼내어 모든 중생에게 모두 이익을 얻게 하였으며, 한 티끌과 같이 모든 티끌을 다 그렇게 하였느니라.

불자여, 여래의 지혜도 그와 같아서 한량이 없고 걸림이 없어서 일체 중생을 두루 이익케 하는 것이 중생들의 몸속에 갖추어 있건마는, 어리석은 이의 허망한 생각과 집착함으로써 알지 못하고 깨닫지 못하여 이익을 얻지 못하느니라.
이때 여래께서 장애가 없이 청정한 지혜 눈으로 법계의 모든 중생을 두루 관찰하고 이렇게 말하였다.

'이상하다, 이상하다. 중생들이 여래의 지혜를 구족하고 있으면서도 어째서 어리석고 미혹하여 알지도 못하고 보지도 못하는가. 내가 마땅히 성인의 도로 가르쳐서 허망한 생각과 집착을 영원히 여의고 자기의 몸속에서 여래의 광대한 지혜가 부처와 같아서 다름이 없음을 보게 하리라.'

그리고 곧 저 중생들에게 성인의 도를 닦아서 허망한 생각을 여의게 하며, 허망한 생각을 여의고는 여래의 한량없는 지혜를 얻어서 일체 중생을 이익하여 안락케 하느니라.
불자여, 이것이 여래의 마음의 열째 모양이니 보살 마하살들은 마땅히 이렇게 알아야 하느니라."

(5)다섯째는 '여래가 깨친 경계'는 온 세계의 모든 게 여

래께서 깨친 경계인 줄을 알아야 한다며 '비 내림'과 '바다'의 비유로 답한다.

(6)여섯째는 '여래의 행'은 무애행이며 진여행이라고 답한다.

(7)일곱째는 '여래의 정각 이루심'은 "온갖 이치에 관찰함이 없고, 법에 평등하여 의혹이 없으며, 둘이 없고 모양이 없으며, 행(行)도 없고 그침도 없으며, 한량이 없고 짬이 없으며, 두 쪽을 멀리 떠나서 중도(中道)에 머물며, 모든 글자와 말을 초과한 줄을 알아야 하느니라"라고 답하며 여러 비유로 이해를 돕는다.

(8)여덟째는 '여래의 법륜 굴리심'은 그 바탕이 적요하고 모습과 작용이 깊고 넓다고 답한다. 언어와 문자가 한량없듯이 법륜 굴리심도 그렇다고 비유로 이해를 돕는다.

(9)아홉째는 '여래의 열반하심'을 제대로 이해하려면 근본 성품[根本自性]을 알아야 한다고 답한다. 그러면서 여래 열반의 근본 속성은 ①체성이 진실하고 항상하며, ②모든 덕용을 다 갖추었으며, ③출몰에 항상 흔적이 없으며, ④줄었다 늘었다가 없으며, ⑤사라지더라도 오묘한 방식으로 있으며, ⑥인연을 따라 나왔다 들어갔다 하며, ⑦드러나는 듯 숨고 숨은 듯 드러나며, ⑧완전한 작용에 한량이 없으며, ⑨본바탕에 있고 없음을 떠나며, ⑩끝내 어디에도 머묾이 없다고 답한다.

⑽열째는 '여래를 친견하고 심은 선근'은 아무리 작고 순간이라도 헛되지 않고 반듯이 그에 상응하는 좋은 결과가 있다고 답한다. 그러면서 다이아몬드를 삼키면 끝내 소화되지 않고 밖으로 나옴과, 작은 불씨로도 수미산만 한 마른 풀을 싹 태움과, 희말라야산에 있는 약왕나무의 효능, 등으로 비유를 들어 이해를 돕는다.

이상과 같이 『화엄경』 제50권에서 제52권에 걸친 총 3권의 법문을 마친 보현 보살에게, 이 네 천하는 물론 시방 세계에 가득한 모든 세계에 계시는 '80갑절 말할 수 없는 나유타 세계'의 티끌 수 여래가 "잘했다"라고 칭찬하여 증명한다. 이런 수많은 여래는 모두 이름이 보현이다.

3) 수행의 실제

【제8회】: 보광명전(제3차) 총 1품을 설함

이상의 총 6회에 걸친 총 31품의 법문은 보살이 갖추어야 할 '올바른 견해'를 단계별로 설했다. 이 단계에 짝맞추어 제8회차로 보광명전(거듭 세 번째)에서 펼쳐진 「이세간품 제38」(제53권~제59권, 총 7권)의 보광명전 법회는, 그간의 모든 단계를 포섭하여 실제 수행으로 진입하는 수행의 실제가 설해진다.

보혜 보살이 200가지 질문을 구름 일[雲興二百問] 듯 제기하자, 보현 보살이 각각의 질문마다 10종으로 총 2,000가지 답변을 물병에서 콸콸 물 쏟아내[瓶瀉二千答] 듯이 한다. 이런 구성상의 이유로 '과목 나누기'와 '과목 이름 붙이기'가 선명하게 대비되기도 한다. 실천이 어렵지, 독서의 가닥 치기는 상대적으로 쉽다.

전통적으로 80권본 『화엄경』의 분단(分段)으로 '5주인과(五周因果)' 분류법도 활용되는데, 이 중 네 번째인 '성행인과주(成行因果周)' 전체가 「이세간품」 한 품을 완전하게 품고 있다. 그뿐만 아니라, 「이세간품」은 '신·해·행·증'의 '문답상속과(問答相屬科)'로 나누더라도, 제3의 '행(行)'에 해당하는 <(3)탁법진수성행분(託法進修成行分)>에 단독으로 배당된다. 또 「이세간품」에 상당하는 지분경으로 『도세경(度世經)』이란 이름으로 독립 유행했듯이, 독립적인 면이 강하다.

「이세간품(離世間品)」은 한문의 글자 그대로 세간의 일체 오염을 떨쳐버리고 청정한 부처의 삶을 살아가는 실천을 주제로 하고 있어, 세상에 살면서 세상일에 물들지 않고 잘 살아가는[度] 대승 보살의 실천을 극명하게 보여주는 법문집이다.

[표5] 제8회 : 탁법진수성행분 문답 조견표

『청량소초』의 10門 分科	『도세경』의 6段 分科	
①序分		
②三昧分		
③發起分		
④起分		
⑤請分	6問	1. 問10信
		2. 問10住
		3. 問10行
		4. 問10回向
		5. 問10地
		6. 問因圓果滿
⑥說分	6答	1. 答10信
		2. 答10住
		3. 答10行
		4. 答10回向
		5. 答10地
		6. 答因圓果滿
⑦結勸分		
⑧現瑞分		
⑨證成分		
⑩偈頌分		

위에서도 언급했듯이 '문답상속과(問答相屬科)'의 분과 방식에 의하면 「이세간품」은 <(3)탁법진수성행분(託法進修成行分)>에 해당한다.

이 문답을 『청량소초』에서는 '화엄대경(華嚴大經)'의 지분경(支分經)인 『도세경』에 의거하여, 『경』의 문구를 다음

과 같이 '6단(段)'으로 나눈다.124)

> (1)初는 二十句이니 問十信行이오, (2)二는 從發普賢心下의 二十句이니 問十住行이오, (3)三은 從力持下의 三十句問이니 十行之行이오, (4)四는 從如實住下의 二十九句이니 問十迴向行이오, (5)五는 從身業下의 五十句이니 問十地行이오, (6)六은 從觀察下의 五十一句이니 問因圓果滿行이라.

이상의 '6단 분과'에 의하여 질문 총 200개를 나누어 배치하면 다음과 같다. 여기에서는 먼저 운허 스님의 한글 번역을 인용하여 질문의 내용이 무엇인지를 알아보고, 그 질문의 답변을 부류별로 묶어서 독서의 갈피를 잡을 수 있도록 가닥 쳐 보기로 한다.

> ※ 월운 스님은 이상의 대목을, 이 책에서는 모두 생략했음.125)

---

124) 『華嚴疏鈔』(권53), 醶字卷 17하. 『度世經』에는 6단으로 묻고 답한다. 반면, 『화엄경』의 「이세간품」에서는 200종의 질문을 먼저 하고, 그런 뒤에 2,000종으로 합쳐서 답변한다. 이 점이 서로 좀 다르다.

125) 생략하신 이유는 이 책 p.431의 각주 117)에서 설명했다. 즉, 「십회향품 제25」와 「십지품 제26」에서 이미 수행에 필요한 바른 지견이 충분히 설해졌다. 그러니 청량 등 전래의 화엄종사들이 「이세간품 제38을」 <(3)탁법진수성행분(託法進修成行分)> 과목에 배치하여 수행의 실제가 이곳에서 설해진다고 말했더라도, 중복할 필요가 없다고 여겼기 때문이라 생각된다. 또 「입법계품 제39」에서도 수

(1) 10신 관련 질문 : 총 20문

"①무엇이 보살 마하살의 의지며, 무엇이 신기한 생각이며, 무엇이 행이며, 무엇이 선지식이며, 무엇이 부지런히 정진함이며, 무엇이 마음에 편안함이며, 무엇이 중생을 성취함이며, 무엇이 계행이며, 무엇이 스스로 수기 받을 줄을 아는 것이며; ②무엇이 보살에 들어감이며, 무엇이 여래에 들어감이며, 무엇이 중생의 마음에 들어감이며, 무엇이 세계에 들어감이며, 무엇이 겁에 들어감이며, 무엇이 3세를 말함이며, 무엇이 3세에 들어감이며, 무엇이 고달프지 않은 마음을 냄이며; ③무엇이 차별한 지혜며, 무엇이 다라니며, 무엇이 부처를 연설함이오니까?"

① 자분(自分)의 행만(行滿) 관련 질문 : 9문

　　依, 奇特想, 行, 善知識, 勤精進, 心得安隱, 成就衆生, 戒, 自知受記.

② 승진(勝進)의 행원(行圓) 관련 질문 : 8문

　　入菩薩, 入如來, 入衆生心行, 入世界, 爲入劫, 說三世, 入三世, 發無疲厭心.

행 52위와 선재 동자의 구법의 계위가 대비적으로 설해지기 때문이다. 이 모두 『화엄경』을 추려서 번역하는 즉 '抄譯'하는 장점을 살려 줄거리를 제대로 이해시키기 위함으로 생각된다.

③ 2행(行)의 구경 관련 질문 : 3문

差別智, 陀羅尼, 演說佛.

(2) 10주 관련 질문 : 총 20문

"①무엇이 보현의 마음을 냄이며, 무엇이 보현의 행하는 법이며, 무슨 연고로 큰 자비를 일으키며, 무엇이 보리심을 내는 인연이며; ②무엇이 선지식에게 존중한 마음을 일으킴이며, 무엇이 청정함이며; ③무엇이 모든 바라밀이며, 무엇이 지혜가 따라 깨달음이며; ④무엇이 증명하여 아는 것이며; ⑤무엇이 힘이며; ⑥무엇이 평등이며, 무엇이 불법의 진실한 뜻[實義句]이며; ⑦무엇이 법을 말함이며, 무엇이 지님[持]이며; ⑧무엇이 변재며, 무엇이 자유자재며; ⑨무엇이 집착 없는 성품이며, 무엇이 평등한 마음이며; ⑩무엇이 지혜를 냄이며, 무엇이 변화오니까?"

① 발심주 : 4문

發普賢心, 普賢行法, 起大悲, 發菩提心因緣.

② 치지주 : 2문

於善知識起尊重心, 淸淨.

③ 수행주 : 2문

諸波羅蜜, 智隨覺

④ 생귀주 : 1문

證知.

⑤ 구족방편주 : 1문

  力.

⑥ 정심주 : 2문

  平等, 佛法實義句.

⑦ 불퇴주 : 2문

  說法, 持.

⑧ 동진주 : 2문

  辯才, 自在.

⑨ 법왕자 : 2문

  無著性, 平等心.

⑩ 관정주 : 2문

  出生智慧, 變化.

(3) 10행 관련 질문 : 총 30문

"①무엇이 힘으로 지님이며, 무엇이 큰 위안을 얻음이며, 무엇이 불법에 깊이 들어감이며, 무엇이 의지함이며, 무엇이 두려움 없는 마음을 냄이며; ②무엇이 의혹 없는 마음을 냄이며; ③무엇이 불가사의며; ④무엇이 교묘하고 비밀한 말이며, 무엇이 교묘하게 분별하는 지혜며, 무엇이 삼매에 들어감이며, 무엇이 두루 들어감이며, 무엇이 해탈하는 문이며, 무엇이 신통이며, 무엇이 밝음이며, 무엇이 해탈이며, 무엇이 동산과 숲이며, 무엇이 궁전이며; ⑤무엇이 즐기는 것이며, 무엇이 장엄이며; ⑥무엇이 동하지 않는 마음을 냄이며; 무엇이 깊고 큰마음을 버리지 않음이며; ⑦무엇이 관찰함이며, 무엇이 법을 말함이며; ⑧무엇이 청정이며, 무엇이 인(印)이며; ⑨무엇이 지혜 광명이 비침이며, 무엇이 같을 이 없는 데 머무름이며; ⑩무엇이 못났다는 생각이 없는 마음이며, 무엇이 산처럼 더하는 마음이며, 무엇이 위 없는 보리에 들어가는 바다같은 지혜오니까?"

① **환희행** : 5문
　力持, 得大欣慰, 深入佛法, 依止, 發無畏心.

② **요익행** : 1문
　發無疑惑心.

③ **무위역행** : 1문
　不思議.

④ **무굴요행** : 10문
　巧密語, 巧分別智, 入三昧, 遍入, 解脫門, 神通, 明, 解脫, 園林, 宮殿.

⑤ **이치란행** : 2문
　所樂, 莊嚴.

⑥ **선현행** : 2문

發不動心, 不捨深大心.

⑦ **무착행** : 2문

觀察, 說法.

⑧ **난득행** : 2문

淸淨, 印.

⑨ **선법행** : 2문

智光照, 無等住.

⑩ **진실행** : 3문

無下劣心, 如山增上心, 入無上菩提如海智.

(4) 10회향 관련 질문 : 총 29문

"①무엇이 보배처럼 머무름이며, 무엇이 금강같은 대승의 서원하는 마음을 냄이며, 무엇이 크게 발기(發起)함이며, 무엇이 끝까지 큰일[究竟大事]이며; ②무엇이 무너지지 않는 믿음이며, 무엇이 수기며; ③무엇이 선근을 회향함이며, 무엇이 지혜를 얻음이며; ④무엇이 그지없이 광대한 마음을 냄이며; ⑤무엇이 묻힌 갈무리[伏藏]며; ⑥무엇이 계율과 위의며; ⑦무엇이 자재함이며; ⑧걸림 없는 작용 즉, 무엇이 중생의 걸림 없는 작용이며 무엇이 세계의 걸림 없는 작용이며, 무엇이 법의 걸림 없는 작용이며, 무엇이 몸의 걸림 없는 작용이며, 무엇이 소원의 걸림 없는 작용이며, 무엇이 경계의 걸림 없는 작용이며, 무엇이 지혜의 걸림 없는 작용이며, 무엇이 신통의 걸림 없는 작용이며, 무엇이 신력(神力)의 걸림 없는 작용이며, 무엇이 힘의 걸림 없는 작용이며; ⑨무엇이 유희며, 무엇이 경계며, 무엇이 힘이며; ⑩무엇이 두려움 없음이며, 무엇이 함께하지 않는 법[不共法]이며, 무엇이 업이며, 무엇이 몸이오니까?"

① 구호일체중생이중생상회향 : 4문
   如寶住, 發如金剛大乘誓願心, 大發起, 究竟大事.

② 불괴회향 : 2문
   不壞信, 授記.

③ 등일체제불회향 : 2문
   善根迴向, 得智慧.

④ 지일체처회향 : 1문
   發無邊廣大心.

⑤ 무진공덕장회향 : 1문
   伏藏.

⑥ 수순견고일체선근회향 : 1문
   律儀.

⑦ 등수순일체중생회향 : 1문
   自在.

⑧ 진여상회향 : 10문
   (無礙用)[126], 衆生無礙用, 刹無礙用, 爲法無礙用,

身無礙用, 願無礙用, 境界無礙用, 智無礙用, 神通無礙用, 神力無礙用, 力無礙用.

⑨ **무박무착해탈회향 : 3문**

遊戱, 境界, 力.

⑩ **입법계무량회향 : 4문**

無畏, 不共法, 業, 身.

(5) 10지 관련 질문 : 총 50문

"①무엇이 몸의 업이며, 무엇이 몸이며, 무엇이 말이며, 무엇이 말의 업을 깨끗이 닦음이며, 무엇이 수호함을 얻음이며, 무엇이 큰일을 마련함이며, 무엇이 마음이며, 무엇이 마음을 냄이며, 무엇이 두루한 마음이며, 무엇이 여러 근(根)이며; ②무엇이 깊은 마음이며, 무엇이 더 느는 깊은 마음이며, 무엇이 부지런히 닦음이며, 무엇이 결정한 지해[解]며, 무엇이 결정한 지해로 세계에 들어감이며, 무엇이 결정한 지해로 중생계에 들어감이며; ③무엇이 익힌 버릇[習氣]이며, 무엇이 가짐[取]이며, 무엇이 닦음이며, 무엇이 불법을 성취함이며, 무엇이 불법에서 물러감이며, 무엇이 생사를 여의는 길이며; ④무엇이 결정한 법이며, 무엇이 불법을

---

126) 별도의 문답이 아니고 이하에 나올 문답의 주제가 '無礙用'임을 표방한 용어이므로 숫자에 넣지 않는다. 자세한 것은 『청량소초』(제56권 상9) 참조.

내는 길이며, 무엇이 대장부의 이름이며; ⑤무엇이 도(道)며, 무엇이 한량없는 도며, 무엇이 도를 도움이며; ⑥무엇이 도를 닦음이며, 무엇이 도를 장엄함이며; ⑦무엇이 발이며, 무엇이 손이며; ⑧무엇이 배며, 무엇이 오장이며, 무엇이 마음이며; ⑨무엇이 갑옷을 입음이며, 무엇이 싸우는 도구며; ⑩무엇이 머리며, 무엇이 눈이며, 무엇이 귀며, 무엇이 코며, 무엇이 혀며, 무엇이 몸이며, 무엇이 뜻이며, 무엇이 다님[行]이며, 무엇이 머무름이며, 무엇이 앉음이며, 무엇이 누움이며, 무엇이 머무를 곳이며, 무엇이 다닐 곳이오니까?"

① **환희지 : 10문**
身業, 身, 語, 淨修語業, 得守護, 成辦大事, 心, 發心, 周遍心, 諸根.

② **이구지 : 6문**
深心, 增上深心, 勤修, 決定解, 決定解入世界, 決定解入衆生界.

③ **발광지 : 6문**
習氣, 取, 修, 成就佛法, 退失佛法道, 離生道.

④ **염혜지 : 3문**
決定法, 出生佛法道, 大丈夫名號.

⑤ **난승지 : 3문**
道, 無量道, 助道.

⑥ **현전지 : 2문**

修道, 莊嚴道.

⑦ **원행지 : 2문**
足, 手.

⑧ **부동지 : 3문**
腹, 藏, 心.

⑨ **선혜지 : 2문**
被甲, 器仗.

⑩ **법운지 : 13문**
首, 眼, 耳, 鼻, 舌, 身, 意, 行, 住, 坐, 臥, 所住處, 所行處.

(6) 인원과만 관련 질문 : 총 51문

"①무엇이 관찰함이며, 무엇이 두루 관찰함이며, 무엇이 기운을 가다듬음[奮迅]이며, 무엇이 사자후며, 무엇이 청정한 보시며, 무엇이 청정한 계율이며, 무엇이 청정한 참음이며, 무엇이 청정한 정진이며, 무엇이 청정한 선정이며, 무엇이 청정한 지혜며, 무엇이 청정한 인자[慈]며, 무엇이 청정한 어여삐 여김[悲]이며, 무엇이 청정한 기쁨[喜]이며, 무엇이 청정한 버림[捨]이며, 무엇이 이치며, 무엇이 법이며, 무엇이 복덕으로 도를 돕는 거리[助道具]며, 무엇이 지혜로 도를 돕는 거리며, 무엇이 밝음이 만족함이며, 무엇이 법을 구함이며, 무엇이 법을 밝히 앎이며, 무엇이 법을 수행함이며, 무엇이 마며, 무엇이 마의 업이며, 무엇이 마를 여의는 업이며, 무엇이 부처를 봄이며, 무엇이 부처의 업이며, 무엇이 교만한 업이며, 무엇이 지혜의 업이며, 무엇이 마에게 거두어 잡힘이며, 무엇이 부처에게 거두어 잡힘이며, 무엇이 법에 거두어 잡힘이며;

② 무엇이 도솔천에 머물러서 짓는 업이며, 무엇이 도솔천궁에서 없어짐이며, 무엇이 태에 들음을 나툼이며, 무엇이 미세한 길을 나타냄이며, 무엇이 처음 태어남을 나툼이며, 어째서 히죽이 웃으며, 어째서 일곱 걸음을 걸으며, 어째서 동자의 처지를 나투며, 어째서 내전에 있음을 나투며, 어째서 출가함을 나투며, 어째서 고행함을 보이며, 어떻게 도량에 나아가며, 어떻게 도량에 앉으며, 무엇이 도량에 앉았을 때의 특수한 모습이며, 어째서 마군을 항복 받으며, 무엇이 여래의 힘을 이룸이며, 어떻게 법륜을 굴리며, 어째서 법륜 굴림을 인하여 깨끗한 법[白淨法]을 얻었으며, 어째서 여래·응공·정등각께서 반열반하심을 보이었나이까?"

① 등각위 : 32문

觀察, 普觀察, 奮迅, 師子吼, 淸淨施, 淸淨戒, 淸淨忍,

淸淨精進, 淸淨定, 淸淨慧, 淸淨慈, 淸淨悲, 淸淨喜, 淸淨捨, 義, 法, 福德助道具, 智慧助道具, 明足, 求法,

明了法, 修行法, 魔, 魔業, 捨離魔業, 見佛, 佛業, 慢業, 智業, 魔所攝持, 佛所攝持, 法所攝持.

② 묘각위 : 19문
住兜率天所作業, 於兜率天宮歿, 現處胎, 現微細趣, 現初生, 現微笑, 示行七步, 現童子地, 現處內宮, 現出家,
示苦行, 往詣道場, 坐道場, 坐道場時奇特相, 示降魔, 成如來力, 轉法輪, 因轉法輪得白淨法,
如來應正等覺示般涅槃.

이상의 한글 번역 어휘의 선택에서 보았듯이 운허 스님이 아니고서는 감히 누구도 구현해내지 못할 번역이다. 부처님의 말씀을 우리말로 빛낸 큰 어른이시다. 위의 인용문에서 필자는 [;] 부호를 넣어서 '큰 단위의 과목'을 표시했고, [,] 부호를 넣어서 '단위 명사'를 끊어 표기했다.

4) 깨달음의 경지

【제9회】: 기수급고독원 총 1품을 설함

『화엄경』의 마지막 한 품이 남았으니 「입법계품 제39

」이다. 이 품에서는 이상의 제1회에서 제8회에 걸쳐 총 38품에서 설하신 내용을 선재 동자가 선지식을 만나 실참하여 법계[127)]에 들어가는 수행 길을 설하고 있다.

「입법계품 제39」는 독립적으로 유행하던 40권본『화엄경』[128)]과 비교하면 번역한 사람과 번역한 시대의 차이로 자구에 약간의 같고 다름이 있을 뿐 내용은 거의 일치한다.

경학의 대가들은 제39품의 전체 법회는 크게 둘로 나눈다. 전반부를 <(1) 근본[本] 법회>, 후반부를 <(2) 가지[末] 법회>라고 이름을 붙인다.

> 월운 스님은 <(1) 근본[本] 법회>는 생략하고, <(2) 가지[末] 법회> 마지막에서 선재 동자가 문수를 만나는 대목만, 이 책 「제4장 깨달음의 경지」 단락 pp.179~204에 번역함.

---

127) 법계 : 진리의 세계라는 뜻. 이 책의 [해설 2] <3.『화엄법계관문』과의 관계, pp.359~364> 참조.
128) '40권본『화엄경』' : 갖춘 이름은『대방광불화엄경』(전 40권)이다. 이 번역은 단일 품(品)으로 이루어졌는데, 품명(品名)은 「입부사의해탈경계보현행원품(入不思議解脫境界普賢行願品)」이다. 별행본『보현행원품』(전 1권)과 구별하기 위해, 이 책에서는 '40권본『화엄경』'로 표기했다. 이에 관한 서지적 설명은『화엄경 보현행원품소』(청량 징관 소, 신규탁 역주, 운당문고, 2022, 해제) 참조.

(1) '근본[本] 법회'의 얼개

세존께서 슈라바스티국에 있는 제타 숲 '외로운 이 돕는 동산' 속 '대장엄 누각'에 보현 보살과 문수 보살을 우두머리로 하는 500명의 보살과 500명의 성문, 그리고 국왕, 그리고 그 권속들과 무수한 대중이 함께 자리한다. 이 대목을 <①서분(序分)>이라 한다.

이때 모인 대중들이 부처님과 부처님 가르침에 대한 60가지의 궁금증을 일으켜 설법해주실 것을 청하는데, 그 내용은 제1회의 「여래현상품 제2」에 나오는 40가지의 질문 내용과 비슷하다. 이 대목을 <②청분(請分)>이라 한다.

대중들의 이런 생각을 아시고, 부처님께서는 법문을 해주시기 위해 '사자의 기운 뻗는 삼매[師子頻申三昧]'에 드시자, 온갖 신비한 현상이 벌어진다. 이 대목을 <③삼매분(三昧分)>이라 한다.

그때 시방에서 하염없는 보살들이 몰려오는데 이 대목을 <④원집신중(遠集新衆)>이라 한다.

그런데 이상한 일이 벌어진다. 사리불을 우두머리로 하는 성문들도 함께 제타 숲에 있었지만 '여래의 신통한 힘'을 비롯하여 '보살의 행이 원만함' 등에 대해 아무도 그걸 보지 못한다. 못 보는 이유를 비유로 설명해주시니, 이 대목을 <⑤거실현득분(擧失顯得分)>이라 한다.

그런데 '비로자나 원광명(願光明) 보살'을 포함한 '법계 차 별원(願) 지 신통 보살' 등 10명의 보살이 이어가면서 부처님의 공덕을 게송으로 찬탄하는 대목이 펼쳐지는데, 이를 <⑥게송찬덕분(偈頌讚德分)>이라 한다.

이어서 보현 보살이 열 가지 법으로서 '사자의 기운 뻗는 삼매'의 뜻을 말해주는 대목이 진행되는데, 이를 <⑦보현개발분(普賢開發分)>이라 한다.

이때 세존께서는 모든 보살을 '사자의 기운 뻗는 삼매'에 들게 하려고 미간에 있는 큰 백호에서 광명을 놓아 시방의 세계를 비추시니, 모든 보살은 온갖 세계의 장엄을 보고, 여래의 바다 같은 공덕에 깊이 들어가는 대목이 나온다. 이 대목을 <⑧호광조익분(毫光照益分)>이라 과목 이름을 붙인다.

드디어 법계의 큰 아드님이신[法界 長子] 문수 보살이 부처님의 위신력을 받자와 이제까지 있었던 상서로운 일들을 13수의 게송으로 갈무리하는 대목이 나오는데 이를 <⑨문수술덕분(文殊述德分)>이라 한다.

끝으로 모든 숲에 모인 모든 보살이 부처님의 '사자의 기운 뻗는 삼매'에 들어 저마다 하염없는 중생을 제도하는 위대한 작용을 체험한다. 이를 <⑩무애대용분(無涯大用分)>이라 한다. 이렇게 해서 제타 숲의 '근본[本]

법회'가 막을 내린다. 그러고는 장소를 옮겨 '가지[末] 법회'가 시작된다.

(2) '가지[末] 법회'의 얼개(선재 동자의 구법 여행)

문수사리 보살이 제타 숲에서 나와 사리불 목건련 등 여러 사람을 데리고 남쪽으로 가다가 복성 동쪽 언덕[福城東畔]에 이르러 장엄한 당기의 사라 숲속에 있는 탑에 머무시니, 우바새 우바이 동남동녀들이 무수히 모여들었다.

문수 보살은 그 속에서 선재 동자(善財童子)를 발견한다. 그러고는 선지식을 만나는 수행 길 떠나기를 권한다. 선재 동자는 문수 보살의 가르침대로 남방으로 110개 성곽을 지나 차례로 53명의 선지식을 방문하여 묘한 법문을 얻는 일이 펼쳐지니, 이것이 '가지[末] 법회'이다.

처음 문수를 만난 것은 '10신'을 얻은 것이고, 남방으로 계속 구법 여행을 떠나 '10주'의 법을 체득하고, 또 남방으로 가서 '10행'의 법문을, 또 '10회향'의 법문을, 또 '10지'의 법문을 체득하고, 또 마야 부인을 시작으로 다시 문수 보살을 만나 '등각'의 법문을 체험하고, 문수 보살의 권유로 마지막으로 보현 보살을 만나 '묘각'의 법문을 체험한다.

그때 시방의 세계들이 여섯 가지로 진동하고, 부처님은 보현 보살을 찬탄하고 보현 보살은 게송을 설하여 화엄 법회의 광대한 대화와 게송 등을 모두 마치게 된다. 『화엄경』 제80권 끝 마지막 두 게송을 소개하면 다음과 같다.

세계 티끌같은 마음 세어서 알고
큰 바닷물이라도 마셔 다하고
허공을 측량하고 바람 맨대도
부처님의 공덕은 말로 다 못해

이러한 공덕바다 누가 듣고서
기뻐하며 믿는 마음 내는 이들은
위에 말한 공덕을 얻게 되리니
여기에서 의심을 내지 말아라.

이 게송 중에서 앞 게송은 '사시불공' 의례 예문 중에서 축원하기 전에 부처님을 찬탄 고백하는 대목에도 등장한다. 많이 익숙한 게송이다. 원문을 적어보면 다음과 같다.

찰진심념가수지   刹塵心念可數知
대해중수가음진   大海中水可飲盡
허공가량풍가계   虛空可量風可繫

무능진설불공덕　無能盡說佛功德

이렇게 '탄백성'으로 염불을 하고 나서 "앙고~시방삼세~" 하면서 축원을 한다. 절에 기도 다니는 사람은 다 들어본 그 유명한 게송이 바로 『화엄경』에 나온다. 운허 스님께서 주석하시던 봉선사 금당(金堂)에는, [큰법당]이라 한글로 현판을 달았고, 주련도 역시 위의 한글 게송 네 짝을 기둥에 달았다.

53 선지식을 친견하고 가르침을 받는 대목은 크게 네 형식으로 순차적으로 진행된다.

(1) 의교취구(依敎趣求) ⇒ (2) 현경자문(見敬諮問) ⇒
(3) 칭찬수법(稱讚授法) ⇒ (4) 겸기추승(謙己推勝).

즉, (1)전에 만난 선지식의 일러줌에 따라 새로운 선지식을 찾는 구법 여행을 출발하고, (2)그 선지식께 뵈옵고 절한 뒤 수행 길을 여쭈면, (3)그러면 그 선지식은 잘 왔노라고 선재 동자를 칭찬한 뒤 법을 설하고, (4)이에 선재 동자는 공손히 인사를 올리고 또 다른 선지식을 추천받아 구법 여행을 계속한다. 『화엄경』 80권 중에서 제60권~제80권이 「입법계품」이니, 분량으로 보면 약 1/3이나 된다.

그런데, 예부터 『화엄경』 전체를 1부와 2부로 나누고, 수행의 승진과 지위의 높아감을 선재 동자가 만나는 선지식과 대조하기도 한다. 필자가 보기에 꼭 그렇지만은 않지만, 이 또한 『화엄경』 읽는 방법의 하나이니 [표6]으로 열람의 편리를 도모한다.

[표6] 제9회 : 의인증입성덕분(依人證入成德分) 지위 대조표

寄位	現相	53선지식 이름(寄位名)
10信	① 寄位修行相 (41명)	1.문수보살(10信)
10住		2.덕운비구(1.發心住) 3.해운비구(2.治地住) 4.선주비구(3.修行住) 5.미가장자(4.生貴住) 6.해탈장자(5.具足方便住) 7.해당비구(6.正心住) 8.휴사우바이(7.不退住) 9.비목선인(8.童眞住) 10.승열바라문(9.法王子住) 11.자행동녀(10.灌頂住)
10行		12.선견비구(1.歡喜行) 13.자재주동자(2.饒益行) 14.구족우바이(3.無違逆行) 15.명지거사(4.無屈撓行) 16.법보계장자(5.離癡亂行) 17.보안장자(6.善現行) 18.무염족왕(7.無着住) 19.대광왕(8.難得行) 20.부동우바이(9.善法行) 21.변행외도(10.眞實行)
10回向		22.육향장자(1.救護一切衆生離衆生相회향) 23.바시라선사(2.不壞회향) 24.무상승장자(3.等一切佛회향) 25.사자빈신비구니(4.至一切處회향) 26.바수밀다녀(5.無盡功德藏회향) 27.비슬지라거사(6.隨順堅固一切善根회향) 28.관자재보살(7.隨順一切衆生회향) 29.정취보살(8.眞如相회향) 30.대천신(9.無縛無着解脫회향) 31.안주신(10.等法界無量회향)
10地		32.바산바연저주야신(1.歡喜地) 33.보덕정광주야신

		(2.離垢地) 34.희목관찰중생주야신(3.發光地) 35.보구중생묘덕주야신(4.焰慧地) 36.적정음해주야신(5.難勝地) 37.수호일체성주야신(6.現前地) 38.개부일체수화주야신(7.遠行地) 39.대원정진력주야신(8.不動地) 40.묘덕원만주야신(9.善慧地) 41.구바녀(10.法雲地)
等覺	② 會緣入實相 (11명)	42.마야부인 43.천주광녀 44.변우동자사 45.선지중예 동자 46.현승우바이 47.견고해탈장자 48.묘월장자 49.무승군장자 50.최적정바라문 51.덕생동자·유덕동녀
	③攝德成因相	52.미륵보살
	④智照無二相	53.다시 친견한 문수보살
妙覺	⑤顯因廣大相	54.보현보살

5. 맺음말 ; 별행본『보현행원품』

끝으로 별행본『보현행원품』의 책 형성을 설명하려고 한다.『보현행원품』의 내용은 소위 40권본『화엄경』속에 들어있는 한 부분인데, 이 관계를 알기 위해서는 반복적이지만 환기 차원에서 다시 설명한다.

한문 번역본『화엄경』은 권수에 따라, 60권본도 있고 80권본도 있는데, 이 둘은 내용과 순서가 비슷하다. 한편 40권본도 있는데, 이 경의 내용은 위의 두 번역본에 들어있는 「입법계품」과 내용이 비슷하다.

「입법계품」은 선재 동자가 구법 여행에서 만나는 선지식들과의 이야기로 꾸려졌다. 문수 보살의 안내로 선재는 '덕운 비구'(40권본에는 '길상운 비구'로 번역)를 만난다. 이 만남에서 한 가르침 배우고 나면 다시 다음 선지식을 소개받는다. 이렇게 하기를 52명을 만나 거치더니, 다시 그 문수 앞에 선다. 이때 문수 보살이 보현 보살을 소개한다. 문수 보살의 권유로 선재 동자가 구법 여행 마지막으로 만난 스승이 바로 보현 보살이다.

이렇게 마지막으로 만난 '보현 보살과의 대화'가 40권본 『화엄경』으로 치면 제38권, 제39권, 제40권에서 진행되는데, 그중 제40권 속에는 60권본이나 80권본의 「입법계품」 어디에도 들어 있지 않은 특별한 '이야기'가 들어 있다. 이걸 따로 뽑아 별도의 책으로 세상에 유통했으니, 그것이 바로 단행본 『보현행원품』이다.[129]

이렇게 큰 책에서 일부만 뽑아 따로 유통한 책을 별행본(別行本)이라고 하는데, 이 작업을 감행한 경학 대가의 안목은 탁월했다. 대가는 『보현행원품』이야말로, 방대한 저 『화엄경』 전체의 안목이라고 교상판석(敎相判釋)도 내렸다.

---

[129] 한 권의 독립된 책이어서 부호를 『 』로 붙였다. 이제는 『전체 책』 속에 들어있는 「한 부분」이 아니다. 부분인 품은 「 」 부호를 붙인다.

바로 그 안목 있는 경학 대가가 바로 청량 징관(淸凉澄觀, 738~839) 국사다. 국사께서는 별행본에 주석을 붙여『화엄경보현행원품소』(전 1권)130)를 지었다. 그의 제자 규봉 종밀(圭峰宗密, 780~841) 선사는 스승의 주석에 복주(復註)하고 과문(科文)도 내었다. 그것이 바로『화엄경보현행원품소초』(전 6권)와『화엄경보현행원품소과문』(전 1권)이다.

이런 대가들의 안목과 솜씨로 '보현 행원에 관한 이야기'는 독립 경으로 대접받게 되었다. 그것이 바로『보현행원품』이다. 이 책은 긴 세월 동양 3국 여러 지역에서 다양한 형태로 널리 애독되었다.

우리나라의 경우만 해도, 고려 시대에 균여 대사는 향가로 <보현십원가>를 지어 유통했다. 조선 시대에 들어서도 여러 번 목판으로 새겨졌는데, 경학가들의 책상 위에 유통되는 단행본『화엄경보현행원품』은 단연 동화사 판이 으뜸이다.

그 책은 건륭 원년(1736년) 2월 경상도 팔공산 동화사에서, 화엄 강백 기성 쾌선(箕城快善; 1693~1764) 스님이 목판에 새겨 찍어 제방에 보급한 것이다. 붓글씨로도 유

---

130) 이 책의 서지 사항은『화엄경 보현행원품소』(청량 징관 소, 신규탁 역주, 운당문고, 2022, pp.328~356) 참조.

명한 화엄 강백의 자필 서문도 앞에 붙어 독서인의 눈을 호강시킨다. (이 책의 입구 사진 참조.)

근대에는 경운 원기(擎雲元奇, 1853~1936) 강백이 『사문일과(沙門日課)』 속에 편제시켜 '일용과송(日用課誦)'의 편리를 도모했고, 현대에는 운허 스님이 1966년 동국역경원 개념 2주년 기념으로 『보현행원품·보문품·보안장』을 다시 찍어 한글 세대에게 널리 읽혔으니, 이 모두 뿌리 깊은 한국 불교의 내력이다.

『보현행원품소』와 그 『초』를 읽으면 읽을수록 청량과 규봉 두 화엄 대가께서, 왜 이토록 분량도 작은 『보현행원품』에 공들였는지 알 수 있다. 대승불교의 핵심은 보살행이고, 수많은 보살행을 『화엄경』 속에 체계적으로 모아 담았고, 그렇게 편집된 『화엄경』의 방대한 이야기를 한 권의 『보현행원품』으로 응축시켰다는 말이 실감 난다. '공덕경'인 줄만 알았으니, 두 대가의 『소』와 『초』를 만나지 못했더라면 '무상심심미묘법(無上甚深微妙法)'을 손에 쥐고도 놓칠 뻔했다.

> 월운 스님은 이 대목의 전체를 「제4장 깨달음의 경지」부분에 '보현 보살의 행원'이라는 제목을 붙여서, 이 책 pp.206~252에 모두 번역해 두었음. 자세한 것은 거기로 미루고 여기서는 간단하게 10종의 행원 이름만 소개해 마치로 한다. ①예경제불(禮敬諸佛) ②칭찬여래(稱讚如來) ③광수공양(廣修供養) ④참제업장(懺除業障) ⑤수희공덕(隨喜功德) ⑥청전법륜(請轉法輪) ⑦청불주세(請佛住世) ⑧상수불학(常隨佛學) ⑨항순중생(恒順衆生) ⑩보개회향(普皆廻向).

돌이켜보면 『화엄경』과 한국 땅과의 인연은 참으로 장구함을 알 수 있다. 삼국 시대와 통일 신라 시대에는 교학의 중심에 섰고 그 여파로 고대 시대부터 '화엄 신앙'으로 민중에 퍼져 현재에도 이어진다. 조선 시대에는 강원(講院) 커리큘럼인 이력과정(履歷課程)의 최고위 과목으로 채택되어 천재 학승들이 연이어 '사기(私記)'로 자신의 독서와 수행 결실을 보이셨으며, 그것은 제자들에게 '사기 내리기'로 스승과 제자 사이의 전강(傳講) 신표로 이어진다. 이와 더불어 그간에 만들어진 각종 '과도(科圖)'도 강당(講堂) 학인(學人)들의 손에서 손으로 전해졌다.

장엄한 낙조(落照)와도 같고 회광반조(廻光返照)와도 같은 인연의 씨앗이 뿌려졌다. '운허-월운'의 인연이 '스승

-제자'로 맺어지는 사건이 1949년 남해 화방사(花芳寺)에서 일어났다. 1959년 운허는 양산 통도사의 불교전문강원의 강석(講席)을 월운에 물린다. 월운 강백은 1996년부터 2016년까지 약 20년간 '봉선사능엄학림'에서 학인들과 사기(私記)를 정리하고 입력하고 교정하여 출판하여 화엄 교학에 관련한 고문헌들을 결집(結集)한다. 조선조 역대 화엄종주(華嚴宗主)의 축적된 사유와 실천의 산물을 현대의 지성계에 연결해 주고 있다. 고려 대각 국사께서 제종(諸宗)의 교장(敎藏)을 신편(新編)하신 불사에 버금간다 할 수 있겠다.

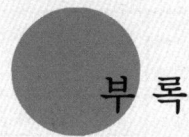

부록

1. 80화엄경 구조도 · 502

2. 3천대천세계설 및 화장세계해도 · 504

3. 3천대천세계 구상도 · 506

[부록1]

‖ 80화엄경 구조도 ‖

會	住處 (會主) <放光>	品次	說法	入定	分次
제1회	보리도량 (보현보살) <齒,眉間>	1.세주묘엄품 2.여래현상품 3.보현삼매품 4.세계성취품 5.화장세계품 6.비로자나품	如來 依正法	毘盧藏身 三昧	① 擧果勸樂 生信分
제2회	보광명전 (문수보살) <兩足輪>	7.여래명호품 8.사성제품 9.광명각품 10.보살문명품 11.정행품 12.현수품	10信法	未入定 .. 信未入位 故	
제3회	도리천궁 (법혜보살) <兩足指>	13.승수미산정품 14.수미정상게찬품 15.십주품 16.범행품 17.초발심공덕품 18.명법품	10住法	無量方便 三昧	② 修因契果 生解分
제4회	야마천궁 (공덕림보살) <兩足趺>	19.승야마천궁품 20.야마궁중게찬품 21.십행품 22.십무진장품	10行法	菩薩善思 惟三昧	

제5회	도솔천궁 (금강당보살) <兩膝輪>	23.승도솔천궁품 24.도솔천궁게찬품 25.십회향품	10廻向法	菩薩智光 三昧	
제6회	타화자재천궁 (금강장보살) <眉間白毫>	26.십지품	10地法	菩薩大智慧光明 三昧	
제7회	보광명전 (여래) <眉間,口>	27.십정품 28.십통품 29.십인품 30.아승기품 31.수량품 32.제보살주처품 33.불부사의법품 34.여래십신상해품 35.여래수호 광명공덕품 36.보현행품 37.여래출현품	等覺 妙覺法	刹那際 三昧	
제8회	보광명전 (보현보살) <방광없음>	38.이세간품	二千行	華嚴藏 三昧	③ 托法進修 成行分
제9회	급고독원 (여래·선우) <眉間白毫>	39.입법계품 40.보현행원품 (별행본)	果法	獅子嚬呻 三昧	④ 依人證入 成德分

[부록2]

‖ 3천대천세계설 ‖

수미산을 중심으로 하여 그 주위에 4대주가 있고, 그 주변에 9산 8해가 있는데 이것을 모두 합쳐 1소세계라 한다. 소세계가 1,000개 모이면 소천세계(小千世界)를 이룬다. 소천세계가 1,000개 모이면 중천세계(中千世界)를 이룬다. 중천세계(中千世界)가 1,000개 모이면 대천세계(大千世界)를 이룬다. 이렇게 1,000이 세 번 곱해졌다고 해서 '3천대천세계'라 한다. '3천대천세계'는 10억 개의 태양계로 이루어진 셈이다. '3천대천세계'의 세계마다 부처님이 계셔 교화를 담당한다. 이는 『범망경』에서 설하는 불국토설인데, 한국불교는 이 학설을 따른다.

지금 우리가 사는 '사바(娑婆: sahā)세계'에 교화의 주인[娑婆敎主]으로 왔다 가신 화신불이 석가모니불이다. 대한민국은 사바세계 중에서도 4대주의 남쪽의 '염부제주'에 속하고, 그중에서도 '해동'에 속한다. 축원할 때 많이 들을 수 있는 소리이다.

한편, 대승경전에는 무수한 불국이 등장하는데, 『화엄경』의 '화장세계설'은 이 책 「1.6 세계 생성의 원인」(pp.105~106)에 엿볼 수 있다.

화장세계해도

‖ 3천대천세계 구상도 ‖

천상 天上	공거천 空居天	무색계 無色界	4공천 四空天	비상비비상처천 무소유천 식무변처천 공무변처천		천상계
		색계 色界	정범지 淨梵地	색구경천 선현천 선견천 무열천 무번천 무상천		
			4선천 四禪天	광과천 복생천 무운천		
			3선천 三禪天	변정천 무량정천 소정천		
			2선천 二禪天	광음천 무량광천 소광천		
			초선천 初禪天	대범천 범보천 범중천		
	지거천 地居天	욕계 欲界	6욕천 六欲天	타화자재천 화락천 도솔천 야마천		
				도리천	꼭대기	도리천	9산(山) 8해(海)
				4천왕천	중턱	4천왕천	*수미산을 중심으로 7
				동.지국천 북.다문천	1.수미산	남.증장천 서.광목천	금산(金山) 이 둘러있

지상 地上		2. 지쌍산 3. 지축산 4. 담목산 5. 선견산 6. 마이산 7. 상비산 8. 지지산		고, 그 산 안쪽마다 바다가 있 어 7해(海) 를 이룬다.	인간계 축생계 아귀계
		4대주 　　동～승신주　　남～섬부주 　　북～구로주　　서～우화주			
		9. 철위산			아수라계
지하 地下	8열 지옥		8한 지옥		지옥계
	등활지옥 흑승지옥 중합지옥 호규지옥 대규지옥 염열지옥 극열지옥 아비지옥		알부타지옥 니랄부타지옥 알석타지옥 학학파지옥 호호파지옥 온발라지옥 발특마지옥 마하발특마지옥		
	지　　　　륜（地　輪）				
	수　　　　륜（水　輪）				
	화　　　　　륜（火　輪）				
	풍　　　　　　륜（風　輪）				

부록　507

참고 서적

『大方廣佛華嚴經』, 實叉難陀 譯, 대정장10.
『大方廣佛華嚴經』, 般若 譯, 대정장10.
『注華嚴法界觀門』, 宗密 注, 대정장45.
『華嚴金獅子章雲間類解』, 淨源 述, 대정장45.
『華嚴經行願品疏』, 淸凉 疏, 신찬속장5.
『大方廣佛華嚴經疏鈔』(全 78冊), 淸凉, 봉은사, 1856.
『大方廣佛華嚴經』(全 10冊) 臺灣; 圓道禪院, 2016.
『화엄경 45』, 이운허 역, 동국역경원, 1966. (40권본)
『화엄경 42·43』(전 2책), 이운허 역, 동국역경원, 1968. (80권본)
『화엄경 40·41』(전 2책), 이운허 역, 동국역경원, 1975. (60권본)
『불교의 깨묵』, 이운허, 동국역경원, 1972년, 1983.
『華嚴經抄譯』, 김월운 역, 동국역경원, 1978.
『華嚴經疏鈔科圖集』, 김월운 편, 대한불교조계종 교육원, 1998.
『대방광불화엄경』(전 7책), 김윤수, 한산암, 2011.
『화엄경청량소초』(전 34책), 석반산, 담앤북스, 2020.
『月雲堂家裏事』, 신규탁 엮음, 조계종출판사, 2018.
『규봉 종밀과 법성교학』, 신규탁, 올리브그린, 2013.
『화엄경보현행원품소』, 신규탁 역주, 운당문고, 2022.

‖ 찾아 보기 ‖

이 책에 쓰인 중요 교상, 과목, 법수, 교판, 훈고 관련

問答相屬科

거과권락생신분 399, 403
수인계과생해분 399, 424
탁법진수성행분 399, 475
의인증입성덕분 399, 494

大位科問

1. 질문40; 여래현상품
   409~411, 412~413
2. 질문50; 여래명호품
   436~427, 438~439
3. 질문200; 이세간품
   477~487
4. 질문54; 입법계품
   494~495

信解行願證佛 6分說

1. 미신령신(未信令信) 428
2. 이신령해(已信令解) 429
3. 이해령행(已解令行) 430
4. 이행령기원(已行令起願) 431
5. 이원령증입(已願令證入) 431
6. 이증령등불(已證令等佛) 432

39품과 이 책에 인용된 곳

1. 세주묘엄품 15
2. 여래현상품 45
3. 보현삼매품 415
4. 세계성취품 90
5. 화장세계품 106
6. 비로자나품 419
7. 여래명호품 436
8. 사성제품 441
9. 광명각품 441
10. 보살문명품 442
11. 정행품 443
12. 현수품 109
13. 승수미산정품 445
14. 수미정상게찬품 53
15. 십주품 123
16. 범행품 447
17. 초발심공덕품 116
18. 명법품 450
19. 승야마천궁품 451
20. 야마궁중게찬품 451

찾아 보기 509

21. 십행품 452
22. 십무진장품 452
23. 불승도솔천궁품 453
24. 도솔천궁게찬품 454
25. 십회향품 129
26. 십지품 151
27. 십정품 459
28. 십통품 461
29. 십인품 462
30. 아승기품 463
31. 여래수량품 463
32. 제보살주처품 463
33. 불부사의법품 39
34. 여래십신상해품 23
35. 여래수호광명공덕품 465
36. 보현행품 467
37. 여래출현품 467
38. 이세간품 473
39. 입법계품 179
40. 보현행원품 205

ㄱ

가분(加分) 431
강본(講本) 392, 394
강원(講院) 270, 384, 392,
　　398, 499, 500

거실현득분(擧失顯得分) 490
관(觀) → 법계관(法界觀)
교(敎), 교체(敎體) 272, 289
교기인연분(敎起因緣分) 263,
　　404
교상판석(敎相判釋)
　　283~289, 395, 497
교의분제(敎義分齊) 276, 335
교판(敎判), 5교(敎), 10종(宗)
　　283~288, 302, 304~306
교학의 사제 전승 270,
　　274~275, 301, 384~386
권실대변(權實對辨) 271, 395
규봉 종밀(圭峰宗密) 256, 266,
　　274~276, 381, 497
근방편(近方便) 408, 414

ㄴ

내덕성만(內德盛滿) 425

ㄷ

대승기신론 행상 277, 340,
　　365, 368, 393
대승법상교(大乘法相敎) 275,
　　285

대승파상교(大乘破相敎) 275, 287, 306
대연화(大蓮花) 47, 408
대위문답(大位問答) 399, 400
대중게청분(大衆偈請分) 414, 416
대해불변유(大海不變喩) 133
덕용원만(德用圓滿) 412
덕용해수(德用該收) 428, 444
도안(道安) 270, 295
동생중(同生衆) 405, 407

ㅁ

멸정유(滅定喩) 153
몽매유(夢寐喩) 154
무인설(無因說) 303
무장애법계(無障礙法界) 361
묵암 최눌(默庵最訥) 317, 331, 386, 389, 397
문답상속과(問答相屬科) 317, 329, 399, 401, 475
문수발기(文殊發起) 429
미간(眉間) 24, 45, 404, 407, 408, 409, 424, 425, 434, 468

ㅂ

법(法)-의(義) 363, 366
법계관(法界觀) 266, 275, 277~281
법성(法性) 256, 302, 365, 366
별행경(別行經) 312
별행본(別行本) 331, 376, 488, 495, 503
보현행원품 205, 495
본유(本有)-신훈(新熏) 365
부류품회(部類品會) 311
불퇴전주(不退轉住) 124

ㅅ

사기(私記), 과도(科圖) 375, 387, 388, 390, 393, 398, 499
4무색정(四無色定) 119, 121
4무량심(四無量心) 119, 121, 131
4법계(四法界) 277~282
사법계관(事法界觀) 277, 280
4분설(四分說) 330, 399
사사무애(事事無碍) 266, 275, 281~282

찾아 보기 511

사사무애법계관(事事無碍法界觀) 281~282, 332
4선(四禪) 119
사인설(邪因說) 303
삼매분(三昧分) 414, 415, 431, 489
3성(三性) 306, 342
3신불(三身佛, 法-報-化) 22, 27, 29, 43, 48, 260, 320, 396, 403
30구과문(三十句果門) 417
설법의식(說法儀式) 403, 408
설분(說分) 423, 431, 434
설파 상언(雪坡尙彦) 375, 384, 386, 387
세계바다[世界海] 23, 90, 99, 100, 105, 106, 416
소설성익(所說成益) 417
소성과문(所成果問) 427, 433, 434, 459, 464
소수인문(所修因問) 426, 428
소승교(小乘敎) 274, 276, 284, 306, 348, 350, 355
소의과문(所依果問) 426, 427
수연원행(隨緣願行) 428, 443
수행의 지위(단계) 265, 309, 424, 447, 458, 475, 494
승과(僧科) 383
승선유(乘船喩) 159
승진(勝進) 429, 430, 450, 452, 455, 477
시방현증(十方現證) 428
10구인문(十句因門) 417
10대대(十待對) 277, 308
10덕용(十德用) 412, 428, 444
10무진장(十無盡藏) 452
10사5대(十事五對) 308, 309
10선도(十善道) 119, 121
10신(十身) 267, 405
10신상해(十身相海) 22, 464
10인(十忍) 462
10정(十定) 461
10종광대법(十種廣大法) 125
10종(十宗) 304~306
10종분과(十種分科) 317, 387, 397
10종인연설(十種因緣說) 100, 418
10종지바라밀(十種智波羅密) 190
10종평등인과(十種平等因果) 468~469

10주(十住) 447
10지(十地) 458
10체상(十體相) 412
10현(十玄), 10현 연기 281, 335~337, 351~356
10회향(十廻向) 129, 455

ㅇ

여래출현(如來出現) 264, 266, 280, 312, 466~473
5교(五敎) 283~289, 306
5대(五對) 308~309
53선지식(五三善知識) 494
5욕락(五欲樂) 142
5주인과(五周因果) 307, 447, 474
운허 용하(耘虛龍夏) 12, 261, 269, 270, 316, 325, 499
원방편(遠方便) 408, 414
원융문(圓融門) 265, 302, 309, 459
월운 해룡(月雲海龍) 256, 270, 301, 315, 316, 324, 388, 391
월운당가리사 324, 515
월운당도중사 324, 517

유치(由致) 429, 430, 431, 446, 451, 454
6바라밀 131
6상(六相) 456~457
의장별석(依章別釋) 418
의해승(義解僧) 379, 395, 397
이법계관(理法界觀) 278
이사무애법계관(理事無碍法界觀) 266, 279
이생중(異生衆) 405, 406, 407
인원과만(因圓果滿) 259, 485
인천교(人天敎) 275, 283, 306
일륜보조유(日輪普照喩) 134
일승현성교(一乘顯性敎) 275, 287, 306
임자도(荏子島) 373, 374, 384

ㅈ

장교소섭(藏敎所攝) 271~272
정해리관(正解理觀) 428
조선의 화엄경 연구 373~375, 380~394
조화찬불(助化讚佛) 429, 454
종취론(宗趣論), 종(宗) 302~309
주변함용관(周徧含容觀)

찾아 보기 513

360~364
중해운집(衆海雲集) 404

ㅊ

차별인과(差別因果) 307, 433
찬승권덕(讚勝勸德) 417
첩문략탄(牒問略歎) 417
청량 징관(淸凉澄觀) 255, 262,
　　301, 311
청량소초의 서지(書誌)와 판각
　　255, 262, 384~385
청분(請分) 414, 416, 423,
　　431, 489
체상현저(體相顯著) 412, 426,
　　439
총현심광(總顯深廣) 432, 464
칭양찬덕(稱揚讚德) 404, 408,
　　414

ㅌ

탐현기(探玄記) 316, 383, 401

ㅍ

평등인과(平等因果) 307, 433,
　　467, 468

표거장문(標擧章門) 417, 418

ㅎ

항포문(行布門) 265, 309
허설분제(許說分齊) 417
현담(懸談, 玄談) 255, 256
현서표설(現瑞表說) 408
현수 법장(賢首法藏) 266, 282,
　　301, 307, 335, 338,
　　362~369, 373, 382, 401
화엄경 번역 및 주석
　　261, 313~315, 318~325,
　　374~476
화엄경 청법 10대중(大衆)
　　268~269, 407
화엄경 출현의 직간접 이유
　　263~264, 266~269
화엄르네상스 314, 373~375
화용보주(化用普周) 412
화장세계(華藏世界) 90, 105,
　　418, 505
화주부기(化主赴機) 429, 445,
　　453
현수광설(賢首廣說) 428

탈공 후기

어른의 글의 만진다는 것이 이렇게 어려운 줄 새삼 느꼈습니다. 입력하고 편집하는 과정에서 사부님의 뜻에 어긋난 점 있으면 살펴주시기를 바랍니다.

운악산 하면 봉선사이고, 봉선사 하면 운허와 월운이고, 운허와 월운 하면 역경(譯經)과 의해(義解) 그리고 <한글대장경>입니다. 봉선사는 우리글 불경 번역의 본산(本山)이며, 화엄교학의 종찰(宗刹)입니다. 많은 책이 그 인연으로 세상에 나왔지만, 보급에는 인연의 출몰이 있습니다. 절판된 책을 다시 내고, 분량이 큰 책을 요즈음 사람들이 읽기 좋게 줄여 보급하여, 3장 법사님들 은공에 조금이라도 보답하길 마음에 다졌습니다.

사부님의 손자 상좌 혜성 스님의 발원으로, 사부님께서 평생 쓰고 번역하신 서적 수집에 착수했습니다. 목록별로 분류하고 그 서문을 모아 『월운당가리사(月雲堂家裏事)』(신규탁 엮음, 조계종출판사, 2018)를 출간하며 망백(望百)을 빌었습니다.

90세 생신을 맞이하여, 그 목록에 따라 사부님의 책을 광선유포하기로 다짐하던 차에, 수종사 동산 스님의 도움이 마중물이 되었습니다. 사부님의 『화엄경초역』을 첫출

발로 삼게 된 사연을 [해설 1](pp.331~332)의 끝자락에 밝히면서 『법화경』「권지품」의 말씀으로 다짐합니다. "유원세존(唯願世尊) 불이위려(不以爲慮)."

2020년 12월 15일
연세대 철학과 교수 신규탁

  이상은 약 3년 전 이 책을 출판하면서 쓴 후기였다. 2020년 음력 11월 12일은 사부님 92세 생신인데 양력으로는 12월 26일이었다. 그날 맞추어 폐백 삼아 올리고 함께한 문형제(門兄弟)와도 수희공덕 하려는 생각이었다. 인쇄된 책을 받아들자 먼저 다경실을 찾아 사부님께 올렸더니, 퍽 대견해하셨다.

  생신 때 다시 뵙겠다고 물러나 인사를 올리는데, 마당까지 배웅을 나오셨다. 손을 빌려드렸더니 잡으시고는 '보고 가는 꽃밭' 끝자락으로 향하시면서 말씀하셨다. "탈공도 알지. 이 자리에 있던 후박나무가 제법 컸었는데, 큰 나무가 집 근처에 있으면 비바람에 위험하다고 사중에서 베었지."

  필자도 20대 초부터 그 나무를 보았다. 지금은 판사관무헌(判事官務軒) 자리에 허름한 스레트집이 있었는데, 월운 스님께서 주지 소임을 보면서 그곳에 기거하셨다. 운허 노스님께서 제자의 주지 취임 기념으로 축대 밑에 심으셨다고 들었다. 묘목 가꾸기에 남다르셨던 운허 노스님은 광동학교학생들과 그 일을 많이 하셨는데, 볼품없고 좀 비리비리하다고 아이들이 버린 걸 손수 심으셨단다.

1980년 10월 10일 다경실 첫 주인 운허 스님께서 세연을 달리하셨다. 두 번째 주인으로 월운 스님께서 조실로 드시면서 후박나무도 옮겨 심었다. 나뭇잎이 품도 크고 원만해서인지 아니면 제자에게 그렇게 살라는 뜻이신지, 노사께서는 그 나무를 군자목(君子木)으로 별명 하셨단다. 90세의 노년에도 사부님이 생각나시는가 보다.

2023년 6월 16일 월운 스님도 선적에 드셨다. 유고를 모아 『못다 갚을 은혜; 月雲堂途中事』로 책 이름 붙여 반포했다. 우러러볼수록 높아만 가는 스승님이신데, 그 스승께서 평생 마음에 품으신 운허 노스님. 그런 노스님께서 예경하시는 비로교주. 진진하고 찰찰하며 혼입하고 원융한 『화엄경』을 닮으셨나.

사부님께서 친히 지으신 <수경게>로 마음을 다잡으며, 괘구의(掛垢衣)하랍시는 부촉을 가슴에 새깁니다. 부디 증명하소서.

2024년 2월 5일
脫空 拜上

수 경 게
收 經 偈

금문성법의활연
今 聞 聖 法 意 豁 然

시지본월잉재천
始 知 本 月 仍 在 天

종자불의생애로
從 玆 不 疑 生 涯 路

원사견지상현전
願 使 堅 持 常 現 前

말씀듣자 마음열려
부처인줄 알았으니
일생토록 의심않고
시시때때 활용하리

■ 月雲 海龍

1929년 음 12월 12일(음 11월 12일) 경기도 장단군 출생. 1949년 남해 화방사에서 운허 화상을 은사로 출가. 1959년 운허 화상으로부터 전강 받아 통도사 강사 취임. 그 후 봉선사, 중앙승가대학 등에서도 강의. 동방문화대학교, 중앙승가대학교, 동국대학교에서 명예 철학박사 수여. 동국역경원장 재임하던 2001년 <한글대장경> 총 318책 완간. 역서와 저서로는 『선문염송설화』, 『경덕전등록』, 『조당집』, 『원각경주해』, 『금강경강화』, 『대승기신론강화』, 『인본욕생경주해』, 『무상계강화』, 『화엄경소초과도집』, 『삼화행도집』, 『일용의식수문기』 등 100여 종과 전통강원 강본 사기 탈초 등이 있음.

월운 강백의 저술 목록집인 『월운당가리사』(신규탁 편저, 조계종출판사, 2018)와 월운 강백의 회고담인 『못다 갚을 은혜; 월운당 도중사』(신규탁 엮음, 운당문고, 2023) 참조.

2023년 6월 16일(음 4월 28일) 봉선사 다경실에서 입적.

■ 脫空 辛奎卓

월운 강백과의 인연으로 교학 연구를 시작하여, 1994년 동경대학에서 문학박사 학위를 취득하고, 연세대 철학과 교수로 부임하여 화엄철학·선불교·중국철학사·도교사상 등 강의. 저서로 『규봉종밀과 법성교학』, 『선문답의 일지미』, 『한국 근현대 불교사상 탐구』, 『때 묻은 옷을 걸치고』, 『불천강경법회요람』 등이 있고, 번역서로 『화엄과 선』, 『원각경·현담』, 『선문수경』, 『화엄경보현행원품소』, 『화엄경초역해설』, 『선과 문학』, 『화엄종주 경운원기 대선사 산고집』 등이 있다.

ananda@yonsei.ac.kr

화엄경초역해설

2020년 12월 24일 초 판 1쇄 발행
2024년 03월 01일 개정판 1쇄 발행

월운 해룡 역 / 신규탁 해설
발행인 신규탁
발행처 운당문고
보급처 화엄학연구소

등 록   제 2020-000223호
       주소 경기도 고양시 일산동구 호수로 640
       청원레이크빌 1508호
       전화 02)2123~2400
       메일 ananda@yonsei.ac.kr
       교신저자 신규탁

                값 27,000원

   ISBN 979-11-972912-3-4